プリント形式のリアル過去問で本番の臨場感！

広島県

ノートルダム清心中学校

2025年春受験用

解答集

本書は，実物をなるべくそのままに，プリント形式で年度ごとに収録しています。
問題用紙を教科別に分けて使うことができるので，本番さながらの演習ができます。

■ 収録内容

・解答集（この冊子です）

書籍ＩＤ番号，この問題集の使い方，最新年度実物データ，リアル過去問の活用，解答例と解説，ご使用にあたってのお願い・ご注意，お問い合わせ

・2024（令和６）年度 ～ 2021（令和３）年度　学力検査問題

○は収録あり	年度	'24	'23	'22	'21		
■ 問題収録		○	○	○	○		
■ 解答用紙（算数①は書き込み式）		○	○	○	○		
■ 配点							

全教科に解説があります

注）問題文等非掲載：2024年度国語の[一]，2021年度社会の1

問題文などの非掲載につきまして

著作権上の都合により，本書に収録している過去入試問題の本文や図表の一部を掲載しておりません。ご不便をおかけし，誠に申し訳ございません。

本文の一部を掲載できなかったことによる国語の演習不足を補うため，論説文および小説文の演習問題のダウンロード付録があります。弊社ウェブサイトから書籍ＩＤ番号を入力してご利用ください。

なお，問題の量，形式，難易度などの傾向が，実際の入試問題と一致しない場合があります。

教英出版

■ 書籍ＩＤ番号

入試に役立つダウンロード付録や学校情報などを随時更新して掲載しています。
教英出版ウェブサイトの「ご購入者様のページ」画面で，書籍ＩＤ番号を入力してご利用ください。

書籍ＩＤ番号　I20432  

（有効期限：2025年9月30日まで）

【入試に役立つダウンロード付録】
「要点のまとめ(国語／算数)」
「課題作文演習」ほか

■ この問題集の使い方

年度ごとにプリント形式で収録しています。針を外して教科ごとに分けて使用します。①片側，②中央のどちらかでとじてありますので，下図を参考に，問題用紙と解答用紙に分けて準備をしましょう（解答用紙がない場合もあります）。

針を外すときは，けがをしないように十分注意してください。また，針を外すと紛失しやすくなりますので気をつけましょう。

① 片側でとじてあるもの

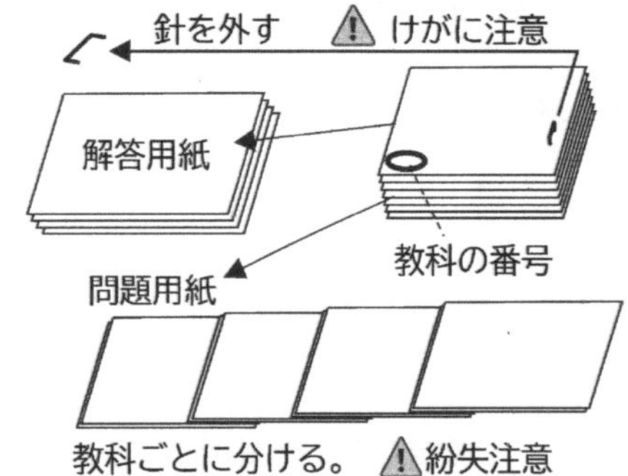

② 中央でとじてあるもの

針を外す　けがに注意
解答用紙
教科の番号
問題用紙
教科ごとに分ける。　紛失注意

※教科数が上図と異なる場合があります。
解答用紙がない場合や，問題と一体になっている場合があります。
教科の番号は，教科ごとに分けるときの参考にしてください。

■ 最新年度 実物データ

実物をなるべくそのままに編集していますが，収録の都合上，実際の試験問題とは異なる場合があります。実物のサイズ，様式は右表で確認してください。

問題用紙	Ｂ５冊子(二つ折り) 算その①：Ｂ４片面プリント(書込み式)
解答用紙	Ｂ４片面プリント

リアル過去問の活用

～リアル過去問なら入試本番で力を発揮することができる～

✿ 本番を体験しよう！

問題用紙の形式（縦向き / 横向き），問題の配置や余白など，実物に近い紙面構成なので本番の臨場感が味わえます。まずはパラパラとめくって眺めてみてください。「これが志望校の入試問題なんだ！」と思えば入試に向けて気持ちが高まることでしょう。

✿ 入試を知ろう！

同じ教科の過去数年分の問題紙面を並べて，見比べてみましょう。

① 問題の量

毎年同じ大問数か，年によって違うのか，また全体の問題量はどのくらいか知っておきましょう。どのくらいのスピードで解けば時間内に終わるのか，大問ひとつにかけられる時間を計算してみましょう。

② 出題分野

よく出題されている分野とそうでない分野を見つけましょう。同じような問題が過去にも出題されていることに気がつくはずです。

③ 出題順序

得意な分野が毎年同じ大問番号で出題されていると分かれば，本番で取りこぼさないように先回りして解答することができるでしょう。

④ 解答方法

記述式か選択式か（マークシートか），見ておきましょう。記述式なら，単位まで書く必要があるかどうか，文字数はどのくらいかなど，細かいところまでチェックしておきましょう。計算過程を書く必要があるかどうかも重要です。

⑤ 問題の難易度

必ず正解したい基本問題，条件や指示の読み間違いといったケアレスミスに気をつけたい問題，後回しにしたほうがいい問題などをチェックしておきましょう。

✿ 問題を解こう！

志望校の入試傾向をつかんだら，問題を何度も解いていきましょう。ほかにも問題文の独特な言いまわしや，その学校独自の答え方を発見できることもあるでしょう。オリンピックや環境問題など，話題になった出来事を毎年出題する学校だと分かれば，日頃のニュースの見かたも変わってきます。

こうして志望校の入試傾向を知り対策を立てることこそが，過去問を解く最大の理由なのです。

✿ 実力を知ろう！

過去問を解くにあたって，得点はそれほど重要ではありません。大切なのは，志望校の過去問演習を通して，苦手な教科，苦手な分野を知ることです。苦手な教科，分野が分かったら，教科書や参考書に戻って重点的に学習する時間をつくりましょう。今の自分の実力を知れば，入試本番までの勉強の道すじが見えてきます。

✿ 試験に慣れよう！

入試では時間配分も重要です。本番で時間が足りなくなってあわてないように，リアル過去問で実戦演習をして，時間配分や出題パターンに慣れておきましょう。教科ごとに気持ちを切り替える練習もしておきましょう。

✿ 心を整えよう！

入試は誰でも緊張するものです。入試前日になったら，演習をやり尽くしたリアル過去問の表紙を眺めてみましょう。問題の内容を見る必要はもうありません。どんな形式だったかな？受験番号や氏名はどこに書くのかな？…ほんの少し見ておくだけでも，志望校の入試に向けて心の準備が整うことでしょう。

そして入試本番では，見慣れた問題紙面が緊張した心を落ち着かせてくれるはずです。

※まれに入試形式を変更する学校もありますが，条件はほかの受験生も同じです。心を整えてあせらずに問題に取りかかりましょう。

2024 解答例　ノートルダム清心中学校

令和6年度

《国　語》

［一］ 問一．(1)エ　(2)イ　(3)オ　問二．ウ　問三．ア　問四．ア　問五．オ　問六．ウ　問七．死ぬよりつらい思いを理解して本心を受け止めてくれた娘の勇気に感動し、娘を信じて生きようと思ったから。

［二］ 問一．トラブルから生まれる出会いがなく孤独を感じたり、自分一人で得る情報量に不安を感じたりするということ。　問二．エ　問三．ア　問四．エ　問五．ウ　問六．特定の誰かに依存する安全な生活からぬけ出し、不確実性を知りながらも、街で偶然声をかけてくれた見ず知らずの人を信じ、無責任な優しさを頼って生きるということ。

［三］ 問一．①存続　②垂直　③誕生　④提案　⑤耕　⑥貸／借　⑦平身低頭　⑧門戸開放　⑨誠心誠意　⑩伝統芸能　問二．①ア　②ク　③エ　④カ　⑤キ

《算　数》（その①）

1 (1)27.6　(2)$2\frac{8}{11}$

2 $2\frac{5}{8}$

3 62500

4 102

5 8

6 168

7 1575

8 10.26

9 60

《算　数》（その②）

※1 (1)13608円　(2)13500円　(3)13個

2 (1)4：3　※(2)105秒　※(3)90，$14\frac{2}{7}$

3 (1)90 cm²　※(2)54 cm²　※(3)28 cm²　※(4)11：7

※の式は解説を参照してください。

《理　科》

1　問１．ダム／遊水地／てい防 などから１つ　問２．①地震計　②震度　③火山　問３．イ，カ

問４．①オ　②ウ　③イ　問５．(1)ウ　(2)エ　問６．(1)８　(2)60　理由…Ｓ波が届くまでの時間が長いから。

2　問１．エ，オ　問２．イ，ウ，カ　問３．4.50　問４．①大きく　②短い　③大きく　問５．ウ

問６．①ア　②ケ

3　問１．ウ，オ　問２．イ　問３．ウ　問４．ウ　問５．オ

問６．エ

4　問１．ウ　問２．ア　問３．(1)右グラフ　(2)①イ　②ウ

問４．(1)エ　(2)期間…Ｈ　理由…設定温度よりも体温が低いから。

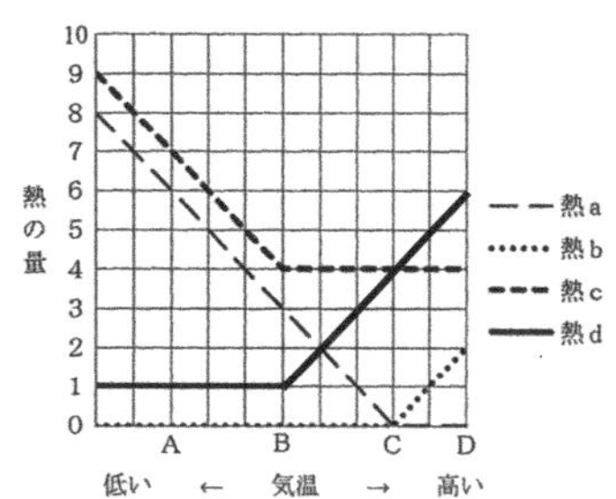

《社　会》

1　問１．エ　問２．ア　問３．(1)エ　(2)東京や横浜などの大消費地に近く，新鮮さを求められる牛乳の生産に適している　問４．ウ　問５．エ　問６．(1)バイオマス発電　(2)ウ　(3)土砂崩れ

2　問１．北東　問２．ウ　問３．グリニッジ　問４．ア　問５．南アメリカ

3　問１．イ　問２．イ　問３．(1)エ，カ　(2)イ　問４．大隈重信　問５．君主の権力が強い　問６．ウ

問７．オ　問８．鹿児島県

4　問１．造船の技術があり，支配下に置いて日本侵攻に協力させていた高麗が，抵抗を続けていた

問２．Ｉの戦いの後，鎌倉幕府が海岸に防塁を築かせていたから。　問３．エ

5　問１．イ　問２．裁判員制度　問３．ウ　問４．安全保障理事会　問５．宅配ボックスを利用

問６．(1)50　(2)エ　問７．Ｘ．ア　Ｙ．エ　問８．(1)合唱の投票数が過半数の16より少ない〔別解〕合唱以外の投票数の合計が，合唱の投票数より多い　(2)イ

《2024　国語　解説》

[一]

著作権上の都合により文章を掲載しておりませんので、解説も掲載しておりません。ご不便をおかけし、誠に申し訳ございません。

[二]

問一　――線①の直前に「出会いを奪う」とあり、それは、「安全」であると「トラブル～冒険するからこそ、そこに人との出会いが生まれる」ということが起きないという意味。また、西島さんが「快適さっていうのは、人を孤独にしますよ。なんの手助けもなく行けちゃうし～平坦で安全なところ～自分だけで情報をキャッチしなくちゃいけないんで、なんかあんまり人ってきてない気がしちゃう」と言っていることから読みとり、まとめる。

問二　――線②の直前で「(会ったばかりの見ず知らずの人から)声をかけてもらうことは、とてもありがたい～でも一〇〇パーセント安全とは言えません～介助の仕方が、自分にとって好ましくない場合もある」と述べていることに、エが適する。

問三　西島さんは、基本的に「トラブルがあったとしても、それは冒険。冒険するからこそ、そこに人との出会いが生まれる」という考え方である。その西島さんについて、――線③の直前で「小さくないリスクを毎回覚悟しながら(「だまされる覚悟」をもって)～見知らぬ人に委ねています。もちろんありがたいと思う。でもどうなるか分からない。その不確実性を知りながら」と述べている。これらの内容から、アのような理由が読みとれる。

問四　――線④の３行後の「責任がないからこそ差し伸べられる手」、４～６行後の「責任がないから優しくできる～手をかしてくれる、でもそのあとその人が無事に家についたかとか、目的地についたかとか、知らない」ということにあたるもの。つまり、困っていそうな初対面の人に手を貸すが、相手との関係はその場限りであるというような例である。よって、エが適する。

問五　――線⑤の直後の２段落で「ばったり街で会った人～無責任な優しさを頼るという方法は、彼女(西島さん)が自立して生きていくために必要～特定の誰か、たとえば親に依存する～安心で、楽かもしれない。けれども～親がいなくなったときに自分の生活が立ち行かなくなってしまう～だから～『安心』の枠外に出る～自立するために、依存先を街中に分散させることにした」と述べていることから、ウのような理由が読みとれる。

問六　直前に「それは、とりもなおさず(すなわち)」とあるから、「それ」が指す内容を読みとる。「それ」は、直前の一文にある「『安心』の枠外に出ること」。「『安心』の枠」とは何か、そこから出てどのようにするのかがわかるように、具体的に説明する。

《2024　算数(その①)　解説》

1 (1)　与式$=2.4\times12.5-0.984\div0.41=30-2.4=$**27.6**

(2)　与式$=5.5-\frac{9}{11}\times(\frac{7}{2}\div\frac{3}{5}-\frac{8}{9}\times2\frac{3}{4})=5.5-\frac{9}{11}\times(\frac{7}{2}\times\frac{5}{3}-\frac{8}{9}\times\frac{11}{4})=5.5-\frac{9}{11}\times(\frac{35}{6}-\frac{22}{9})=$
$5.5-(\frac{9}{11}\times\frac{35}{6}-\frac{9}{11}\times\frac{22}{9})=5.5-(\frac{105}{22}-2)=5.5-(4\frac{17}{22}-2)=5\frac{1}{2}-2\frac{17}{22}=5\frac{11}{22}-2\frac{17}{22}=4\frac{33}{22}-2\frac{17}{22}=2\frac{16}{22}=\mathbf{2\frac{8}{11}}$

2 **【解き方】$3\frac{3}{7}=\frac{24}{7}$をかけても，$10\frac{2}{3}=\frac{32}{3}$をかけても整数になる分数は，分母が24と32の公約数で，分子が7と3の公倍数である。**

最も小さい分数を求めるので，分母は24と32の最大公約数の8，分子は7と3の最小公倍数の21だから，求める分数は$\frac{21}{8}$＝**2$\frac{5}{8}$**である。

3　1㎠は，１辺が１㎝＝$\frac{1}{100}$mの正方形の面積だから，実際の面積は，１辺が$\frac{1}{100}$×25000＝250(m)の正方形の面積なので，250×250＝**62500**(㎡)

4　**【解き方】過不足算を利用する。１人に配る個数を７－５＝２(個)増やすと，全体で必要な個数は22＋10＝32(個)増える。**

人数は32÷２＝16(人)だから，おかしの個数は，７×16－10＝**102**(個)

5　**【解き方】毎分20Ｌの割合で水を入れると，毎分$\frac{240}{15}$Ｌ＝毎分16Ｌの割合で水がたまる。**

水がぬける割合は，20－16＝４より，毎分４Ｌである。したがって，毎分34Ｌの割合で水を入れると，34－４＝30より，毎分30Ｌの割合で水がたまる。よって，240÷30＝**8**(分)でいっぱいになる。

6　**【解き方】１日ずつさかのぼって残ったページ数を考える。**

２日目にもし９ページ多く読んだとすると，残りは53－９＝44(ページ)となったのだから，これが１日目の残りの100－60＝40(%)にあたる。したがって，１日目の残りは，44÷$\frac{40}{100}$＝110(ページ)である。

１日目にもし16ページ少なく読んだとすると，１日目の残りは110＋16＝126(ページ)となったのだから，これが全体のページ数の１－0.25＝0.75にあたる。よって，全体のページ数は，126÷0.75＝**168**(ページ)

7　**【解き方】２人の所持金の差は変わっていないことに注目する。**

最初，清子さんは6300×$\frac{5}{5+4}$＝3500(円)，愛子さんは6300－3500＝2800(円)持っていた。２人の所持金の差は3500－2800＝700(円)である。したがって，ある商品を買った後の２人の所持金の比11：７の比の数の11－７＝４が700円にあたるから，清子さんの所持金は，700×$\frac{11}{4}$＝1925(円)になった。よって，１人が出した金額は，3500－1925＝**1575**(円)

8　**【解き方】正方形はひし形にふくまれるので，正方形の面積は，(対角線)×(対角線)÷２で求められることを利用する。**

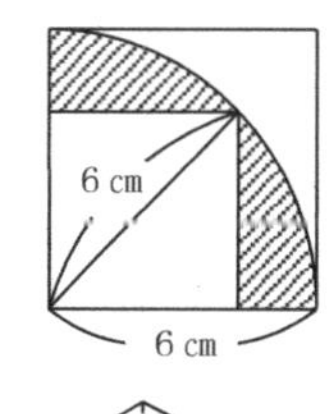

半径６㎝，中心角90°のおうぎ形の面積から，対角線の長さが６㎝の正方形の面積を引けばよいから，６×６×3.14×$\frac{90°}{360°}$－６×６÷２＝28.26－18＝**10.26**(㎠)

9　**【解き方】右図で色をつけた面を底面とする，高さが４㎝の四角柱とみる。**

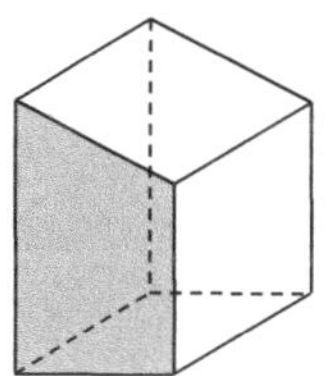

底面の台形の面積は，(４＋６)×３÷２＝15(㎠)

よって，体積は，15×４＝**60**(㎤)

《2024　算数(その②)　解説》

1　(1)　15120×(１－0.1)＝**13608(円)**

(2)　１割２分＝0.12だから，定価は仕入れ値の１＋0.12＝1.12(倍)である。

よって，仕入れ値は，15120÷1.12＝**13500(円)**

(3)　**【解き方】つるかめ算を利用する。**

定価で売ったときの１個あたりの利益は，15120－13500＝1620(円)，定価の１割引きで売ったときの１個あたりの利益は，13608－13500＝108(円)である。定価で50個売ったとすると，利益の総額は実際より，1620×50－61344＝19656(円)高くなる。したがって，定価の１割引きで売った個数は，19656÷(1620－108)＝**13(個)**

2　(1)　**【解き方】速さの比は，同じ時間に進む道のりの比と等しいことを利用する。**

愛子さんがゴールしたとき，愛子さんと清子が泳いだ長さの比は，100：75＝4：3

よって，愛子さんと清子さんの速さの比は**4：3**である。

(2)　**【解き方】愛子さんが最初のターンをした後に2人は初めてすれちがう。30秒後に初めてすれちがうまでに2人が泳いだ長さの和は，25×2＝50(m)である。**

2人の速さの和は，$50\div30=\frac{5}{3}$より秒速$\frac{5}{3}$mである。愛子さんが泳ぐ速さは，$\frac{5}{3}\times\frac{4}{4+3}=\frac{20}{21}$より秒速$\frac{20}{21}$mである。よって，愛子さんがスタートしてからゴールするまでにかかる時間は，$100\div\frac{20}{21}=$**105(秒)**

(3)　**【解き方】2人が泳ぐ様子について，スタート地点からの距離(きょり)とスタートしてからの時間をグラフに表すと，右図のようになる。グラフが交わるところが2人がすれちがうところであり，①，②，③の3回すれちがうから，最後は③である。グラフを図形としてとらえて，図形の考え方を利用して解く。**

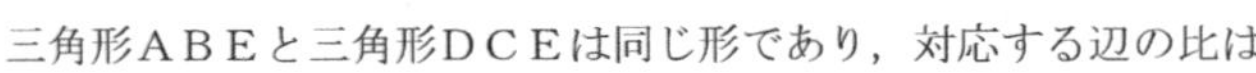

三角形ABEと三角形DCEは同じ形であり，対応する辺の比はAB：DCである。

B＝105秒だから，愛子さんの泳いだ様子から，$C=105\times\frac{3}{4}=\frac{315}{4}$(秒)とわかる。

D＝105秒だから，清子さんの泳いだ様子から，$A=105\times\frac{2}{3}=70$(秒)とわかる。

AB＝105－70＝35(秒)，$DC=105-\frac{315}{4}=\frac{105}{4}$(秒)だから，$AE:DE=AB:DC=35:\frac{105}{4}=4:3$

したがって，AからEまでの時間は，$35\times\frac{4}{4+3}=20$(秒)だから，求める時間は，70＋20＝**90(秒後)**

AからEまでの距離は，$25\times\frac{4}{7}=\frac{100}{7}=$**$14\frac{2}{7}$(m)**であり，これが求める距離である。

3　(1)　長方形は2本の対角線によって面積が4等分されるから，三角形ABOの面積は，360÷4＝**90(㎠)**

(2)　**【解き方】三角形APDと三角形BCPの面積の和を考える。**

右のように作図する。三角形APDと三角形BCPの面積の和は，

$AD\times EP\div2+BC\times FP\div2=AD\times\frac{1}{2}\times EP+AD\times\frac{1}{2}\times FP=$

$AD\times\frac{1}{2}\times(EP+FP)=AD\times AB\times\frac{1}{2}$となる。

つまり，長方形ABCDの面積の$\frac{1}{2}$だから，$360\times\frac{1}{2}=180$(㎠)となる。

よって，(三角形APDの面積)＝180－(三角形BCPの面積)＝

180－126＝**54(㎠)**

(3)　(三角形PBDの面積)＝(三角形ABDの面積)－(三角形ABPの面積)－(三角形APDの面積)＝

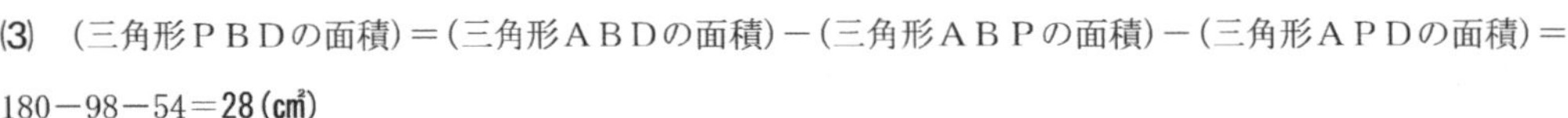

180－98－54＝**28(㎠)**

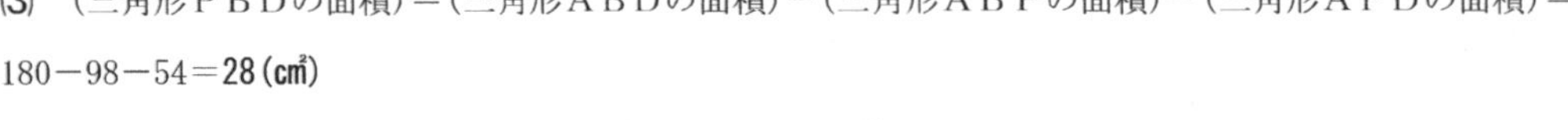

(4)　**【解き方】三角形ABOの面積と三角形ABPの面積から，三角形PAOと三角形PBOの面積の差を導く。**

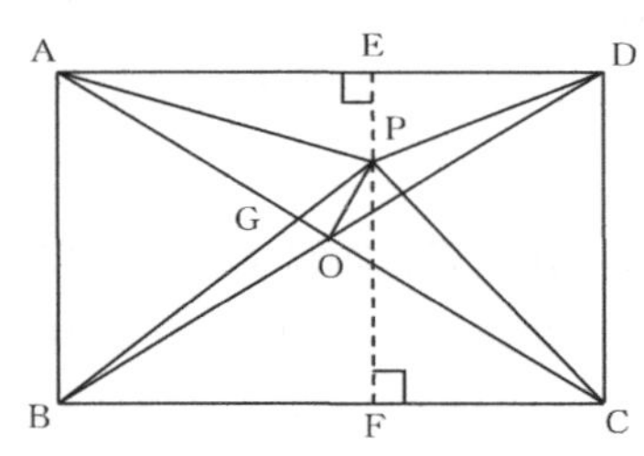

AOとBPの交わる点をGとする。三角形ABOと三角形ABPの面積の差は98－90＝8(㎠)であり，三角形ABOも三角形ABPもともに三角形ABGをふくむから，三角形BGOと三角形AGPの面積の差も8㎠になる。同様に考えると，三角形PBOと三角形PAOの面積の差も8㎠になる。OはBDの真ん中の点だから，(三角形PBOの面積)：(三角形PBDの面積)＝1：2なので，(三角形PBOの面積)$=28\times\frac{1}{2}=14$(㎠)

したがって，三角形ＰＡＯの面積は14＋８＝22(㎠)である。よって，求める面積比は，22：14＝**11：7**

《2024　理科　解説》

1　**問３**　アは地震以外に大雨が原因で起こることがある。ウは水不足，エは火山の噴火，オは大雨が原因で起こる。

問４　①はノートルダム清心中の裏山や右下の黄金山などの標高が高い地点が灰色になっているから，オが適当である。②は下側(海側)全体に灰色が広がっているから，ウが適当である。③は上流から下流まで川の周辺が灰色になっているから，イが適当である。

問５(1)　断層の方向は北東から南西だから，ウかエである。また，断層の南東側が南西方向に横ずれしたから，ウが正答となる。　**(2)**　図２では，持ち上げられた南東側の断面が右上にずれているように見えるので，図ｉの➡の向きから見ていることになる。

図ｉ

問６(1)　図３より，Ｐ波が届くまでの時間が12秒，Ｓ波が届くまでの時間が20秒だから，20－12＝８(秒)である。

(2)　緊急地震速報は，震源に近い地点で観測されたＰ波をもとに，Ｓ波が届くまでの時間を知らせるシステムである。震源からの距離が近い地点では，Ｓ波が届いた後に緊急地震速報を受信することがある。

2　**問１**　電気を通すのはおもに金属であり，プラスチック，木，ガラスなどは電気を通さない。

問２　電池の＋極と－極のうち，一方が電球の下，もう一方が電球の側面とつながれば，電気の通り道ができる。

問３　表２より，同じ電熱線であれば，電源装置の目もりと電熱線に流れる電流には比例の関係があることがわかるので，電源装置の目もりを６にしたときは，目もりを３にしたとき(2.25Ａ)の２倍の4.50Ａの電流が流れる。

問４　電熱線で多くの熱をつくり出す(電気を熱に変えるはたらきが大きい)ときほど，表１の水温の変化(上昇)が大きくなる。どの電熱線も電源装置の目もりが大きい(電熱線に流れる電流が大きい)ときほど，水温の変化が大きいことがわかる。また，電源装置の目もりが同じときの電流の大きさはａ＞ｂ＞ｃであり，電熱線の長さはａ＜ｂ＜ｃ，水温の変化はａ＞ｂ＞ｃだから，電熱線の長さが短いほど，電気を熱に変えるはたらきが大きい。

問５　(あ)(い)×…電熱線ａを接続して電源装置の目もりを２にしたときに光らなかったから，表１で，水温の変化が5.00℃以下のときには光らないと考えられる。

問６　①実験１で，短い電熱線ほど水温の変化が大きかったことと同様に考えればよいので，フィラメントの長さが短い順に並べればよい。　②表３で，電源装置の目もりが１のときの電流が0.73Ａであることを基準とすると，(目もり，電流)＝(２，1.46Ａ)，(３，2.19Ａ)，(４，2.92Ａ)となれば比例のグラフになるが，実際にはこれよりも電流の増え方が小さくなっている。また，豆電球ａとｃでは，フィラメントの長さが短い豆電球ａの方が電源装置の目もりが同じときの電流が大きいから，ケが正答となる。

3　**問１**　それぞれの水溶液に溶けているものは，アが塩化水素(気体)，イがアンモニア(気体)，ウが水酸化カルシウム(固体)，エが二酸化炭素(気体)，オがミョウバン(固体)である。

問２　もやもやしたものは濃い食塩水であり，まわりよりも体積当たりの重さが大きいので，下に移動する。

問３　資料１より，白色の固体のうち，80％が塩化ナトリウム，10％が塩化マグネシウム，５％が硫酸カルシウム，残りの５％のその他の物質である。よって，海水１kgから得られる白い固体35ｇのうち，35×0.8＝28(ｇ)が塩化ナトリウム，35×0.1＝3.5(ｇ)が塩化マグネシウム，35×0.05＝1.75(ｇ)が硫酸カルシウムである。

問４　ア×…塩化ナトリウムや硫酸カルシウムは温度が変化しても溶ける最大量はほとんど変化しない。

イ×…10℃のとき，塩化ナトリウムは水100ｇに35.7ｇまで溶けるから，水の量が100ｇの半分の50ｇであれば，35.7ｇの半分の17.85ｇまで溶ける。よって，70℃のときに溶かした15ｇは溶けたままである。　ウ○…水を蒸発させて全体の重さが50gになったとき，水は50－30＝20(g)残る。30℃のとき，塩化マグネシウムは水100gに55.8gまで溶けるから，水の量が20gであれば，$55.8\times\frac{20}{100}$＝11.16(g)まで溶ける。よって，溶けていた30gのうち，30－11.16＝18.84(g)の固体が取り出せる。　エ×…加える水は500－2＝498(g)である。50℃のとき，硫酸カルシウムは水100gに0.20gまで溶けるから，水の量が498gであれば，$0.20\times\frac{498}{100}$＝0.996(g)までしか溶けない。

問5　(以下の問題では，塩化ナトリウム，塩化マグネシウム，硫酸カルシウム以外のその他の物質は，海水を煮込んでも水に溶けたままであると考える。)　①海水1kgに溶けている物質の量は，問3の通りである。この海水を煮込んで水の量を100gに減らし，30℃にしたとき，塩化ナトリウム28gと塩化マグネシウム3.5gは溶けたままだが，硫酸カルシウムは1.75－0.21＝1.54(g)が溶けきれずに固体Aとして出てくる。　②水10gに溶ける最大量は表の値の10分の1だから，30℃のとき，塩化ナトリウムは36.0÷10＝3.6(g)，塩化マグネシウムは55.8÷10＝5.58(g)，硫酸カルシウムは0.21÷10＝0.021(g)まで溶ける。よって，操作2で固体Cとして出てくるのは，塩化ナトリウム28－3.6＝24.4(g)と硫酸カルシウム0.21－0.021＝0.189(g)である。　③ろ液Dに含まれているのは3.6gの塩化ナトリウム，3.5gの塩化マグネシウム，0.021gの硫酸カルシウムである。硫酸カルシウムはほとんど含まれておらず，海水と比べて塩化ナトリウムに対する塩化マグネシウムの割合が非常に大きくなっているため，苦味は塩化マグネシウムによるものだと考えられる。

問6　問5②解説より，操作1の海水が1kgのときに操作2で出てくる固体Cの重さが24.4＋0.189＝24.589(g)になるから，固体Cの重さが100gになるのは，操作1で$1\times\frac{100}{24.589}$＝4.06…(kg)の海水を煮込んだときである。よって，エが最も適当である。

4　**問1**　a×…酸素は肺，養分は小腸で取りこむ。

問2　イは心臓，ウは胃，エは小腸や大腸のはたらきである。

問3(1)　出ていく熱がaとd，入ってくる熱がbとcであり，どの気温でも〔a＋d＝b＋c〕が成り立つと考えればよい。B～Cの部分では，bとcが一定だから，aとdの和も一定になるように，aが減少する分だけdが増加すればよい。また，C～Dの部分では，aとcが一定だから，bが増加する分だけdも増加すればよい。

(2)　①温かいものと冷たいものが接したとき，温かいものからは熱が逃げ，冷たいものは熱を受け取るから，自然に出入りするaとbの変化に着目する。aとbはどちらもCでグラフのかたむきが変わっている。つまり，Cが体温とほぼ同じ気温であり，Cより気温が低いときには体の表面から自然に熱がにげていき，Cより気温が高いときには体の表面へ自然に熱が入ってくるということである。　②図1で，体のはたらきによって体内でつくり出す熱(c)の量の変化を表すグラフは，B～Dの部分では一定である。

問4(1)　FとGのときは設定温度が同じだが，Fのように体温を上昇させているときは，Gのように体温を一定に保つときよりも大きな熱が必要である。また，EとGではどちらも体温を一定に保っているが，設定温度が高いGのときの方が，体温を一定に保つために大きな熱が必要である。

《2024　社会　解説》

1　**問1**　エ　　50m以上のところにあるノートルダム清心中(○)から，一度 10～20mの高さまで下がり，その後 50m以上まで上がり，再び下がって，JR西広島駅(●)周辺の標高は10m未満になっている。

問2　ア　　高潮注意報が一度も出ていないⅡは，内陸県の栃木県宇都宮市と判断できる。日本海に面する新潟市は，冬の北西季節風の影響を受けやすく，暖かい海面と上空に流れ込んだ寒気との間で大気が不安定になり，雷雲も発生するため，冬に強風や雷注意報が多いⅢが新潟市である。

問3(1)　エ　　肉牛の飼育頭数が多いのは，鹿児島県・宮崎県・北海道である。　(2)　首都圏人口は，日本全体の約3分の1を占めているので，牛乳の消費量も多くなる。栃木県の乳牛飼育頭数は，北海道に次いで第2位である。

問4　ウ　　写真は，長崎港にあるジャイアント・カンチレバークレーンである。この巨大なクレーンは，タービンや船舶用プロペラなどの大型機材を吊り上げ，船に積み込む役目をする。

問5　エ　　輸入超過で衣類の輸入が多いAは大消費地に近い東京港，自動車の輸出が多いBは名古屋港，半導体・電子部品・医薬品など小型軽量で単価が高い製品の輸出入が多いCは成田国際空港である。

問6(1)　バイオマス発電　　化石燃料を除く生物由来の資源による発電をバイオマス発電という。

(2)　ウ　　❷は地熱発電であり，地熱発電所は九州地方の大分県・鹿児島県と東北地方に集中している。

(3)　木が伐採され，山肌がむき出しになると，森や土の保水力が衰え，土砂崩れや土石流が起こりやすくなる。

2　問2　ウ　　北極点と南極点を結ぶ線が経線で，経線と交わっている線が緯線である。

問3　グリニッジ　　イギリス・ロンドンの旧グリニッジ天文台を通る0度の経線を本初子午線という。

問4　ア　　モンゴルの国旗である。イは大韓民国(韓国)，ウはイギリス，エはインド。

問5　南アメリカ大陸　　東京から真東に進むと，南アメリカ大陸のチリの西岸にたどり着く。

3　問1　イ　　大仙古墳は，大阪府堺市にあり，百舌鳥・古市古墳群として世界文化遺産に登録されている。

問2　イ　　有田焼は，佐賀県有田町とその周辺地域でつくられる磁器である。アは岡山県，ウは愛知県，エは滋賀県でつくられる陶磁器。

問3(1)　エ，カ　　エ．参勤交代は，大名が1年おきに領地と江戸を行き来し，大名が領地に戻るときも妻子は江戸に残った。カ．関ヶ原の戦い前後に徳川氏に従った外様大名は，江戸や京都から遠い場所に配置された。

(2)　イ　　箱根の関所は，東海道の芦ノ湖畔に設けられた。関所では，「入り鉄砲に出女」といい，江戸に持ち込まれる鉄砲と江戸から出ようとする婦女子を厳しく取り締まった。

問4　大隈重信　　大隈重信が開拓使官有物払下げ事件での世論の動きに関与したとし，政府は大隈重信を罷免したうえで，払下げを取りやめ，10年後の国会開設を約束した(明治十四年の政変)。罷免された大隈重信は，翌年に立憲改進党を結成し，国会開設に備えた。

問5　天皇中心の国づくりを進めていた明治政府にとって，君主権の強いプロイセンの憲法は参考になった。

問6　ウ　　日露戦争において，東郷平八郎率いる海軍がロシアのバルチック艦隊を日本海海戦で破ったことを評価され，アメリカのT．ローズベルト大統領が日露両国に講和の勧告を行った。そのため，講和会議は，アメリカ東海岸のポーツマスで開かれた。ア．誤り。韓国併合は1910年，日清戦争は1894年に起きた。イ．誤り。日本海海戦で日本海軍が破ったのはロシアのバルチック艦隊である。エ．誤り。大正時代に起こった第一次世界大戦では，日本は日英同盟を理由に，ドイツと敵対する連合国側で参戦し，中国のドイツ領に侵攻した。

問7　オ　　う．日本国憲法の公布(1946年)→あ．サンフランシスコ平和条約の締結(1951年)→い．国際連合への加盟(1956年)　　ソ連が安全保障理事会で拒否権を発動していたため，日本はサンフランシスコ平和条約で独立を回復した後も国際連合に加盟できなかった。1956年，日ソ共同宣言を発表してソ連と国交を回復したことで，日本の国際連合加盟にソ連の反対がなくなり，日本は国際連合への加盟を果たすことができた。

問8　鹿児島県　　世界自然遺産に登録された島＝屋久島　フランシスコ＝ザビエルの上陸地＝坊津　明治10年(1877年)に起きた大規模な反乱＝西南戦争　宇宙関連施設＝種子島宇宙センター

4　問1　騎馬民族であるモンゴルには，日本に遠征するだけの船がなく，造船技術を持つ高麗や南宋を征服し，彼らに遠征するための大量の船をつくらせていた。

問２　右図のように博多湾沿いに防塁を築いたことが，『蒙古襲来絵詞』の弘安の役の絵からも読み取れる。

問３　エ　　守護が大名となっていくのは，室町時代のことである。

5　問１　イ　　ア．誤り。投票用紙には自分の名前は書かない(秘密投票)。ウ．誤り。2024年３月現在，インターネット投票は行われていない。エ．誤り。投票は権利であって義務ではない。

問２　裁判員制度　　18歳以上の国民の中からくじで選ばれた６人の裁判員が，３人の裁判官とともに，重大な刑事事件の第一審に臨むのが裁判員裁判である。裁判員裁判では，被告人の有罪無罪を審理するだけでなく，有罪となればその量刑まで決定する。

問３　ウ　　Aは環境省，Dは法務省。

問４　安全保障理事会　　常任理事国はアメリカ合衆国，イギリス，フランス，中国，ロシアの５か国で，任期はなく非改選。非常任理事国の10か国は，任期は２年で連続して務めることができず，毎年，半数が改選される。

問５　ドライバーの配達回数を減らす取り組みを考えよう。解答例以外にも，「まとめ買いをすることで，配達回数を減らす」「置き配を活用する」「コンビニ受け取りにする」「市街地に設けられた宅配ロッカーを利用する」などでもよい。

問６(1)　約50億人　　1960年が約30億人，2023年が約80億人だから，80－30＝50(億人)　　(2)　エ　　ⓓは，人口世界１位と２位のインド・中国が属するアジアである。人口の増加割合が高いⓐは，人口爆発が続くアフリカである。ⓑはヨーロッパ，ⓒは北アメリカ。

問７　X＝ア　Y＝エ　　X．フィンランドである。フィンランドとスウェーデンが加盟申請し，2023年にフィンランドだけが加盟を許可された。また，2024年にスウェーデンは許可された。Y．アフガニスタンである。イはトルコ，ウはサウジアラビア，オはインド，カはミャンマー。

問８(2)　イ　　合唱の得点は，３×14＋２×５＋１×11＝63(点)，演劇の得点は，３×12＋２×13＋１×５＝67(点)，ミュージカルの得点は，３×４＋２×12＋１×14＝50(点)だから，演劇に決まった。

2023 解答例 令和5年度 ノートルダム清心中学校

《国　語》

[一]　問一．a．許　b．訪問　c．絹　d．花弁　e．無難　　問二．(1)エ　(2)オ　(3)イ

問三．1．ク　2．オ　3．ウ　4．カ　5．イ　　問四．かさね色目の美しい名前を知ってご先祖さまの繊細で軽やかで研ぎ澄まされた感性に感動し、それまで疑問を持ちつつ上っ面で理解していた、日本の民は他の国より優秀だということを実感し、その優れた感性が自分にも受け継がれているかもしれないと思ったから。

問五．エ　　問六．ア　　問七．ウ　　問八．ウ

[二]　問一．a．円柱　b．補助　c．除　d．特異　e．防戦　　問二．〈エ〉　　問三．周辺知識がなく、孤立した知識を保持して、知らない領域があることに気づかず、知っていると思い込むこと。　　問四．獲得した知識を使ってその周辺にスポットライトを当てることで、知らない領域が存在することに気づき、知れば知るほどわからないことが増えるから。　　問五．イ　　問六．孤立しない無限のもの　　問七．ウ　　問八．エ

《算　数》（その①）

1　(1)2.4　(2)$\frac{2}{15}$

2　0

3　5.06

4　2，5

5　1440

6　4800

7　13，$21\frac{9}{11}$

8　4

9　75

《算　数》（その②）

1　(1)式…1.4：1＝7：5　(7＋5)：7＝12：7　$60000\times\frac{7}{12}$＝35000　答…35000円

(2)式…38×2＝76　(60000－35000)×2＝50000　76－26＝50　50000－35000＝15000　15000÷50＝300　(35000－300×26)÷34＝800　答…800円

(3)式…800×86＋300×(150－86)＝88000　88000－84800＝3200　800＋300－1000＝100　3200÷100＝32　答…32枚

2　(1)23人　(2)式…2＋9＋12＋28＋23＋6＝80　0×2＋3×9＋4×12＋6×28＋7×23＋10×6＝464　464÷80＝5.8　答…5.8点　(3)41人

(4)式…9＋23＝32　(32－6)÷2＝13　13＋28＋6＝47　答…47人

3　(1)式…62.8÷2÷3.14＝10　答…10㎝

(2)式…10÷2＝5　5×5×3.14×100＝7850　答…7850㎤

(3)式…100÷2＝50　50×31.4÷2＝785　答…785㎠

(4)式…$\frac{157\times4}{5\times5\times3.14}$＝8　100－8＝92　$8\times\frac{2}{4}$＝4　4＋2＝6　$157\times6\times\frac{92}{4}$＝21666　答…21666㎤

《理　科》

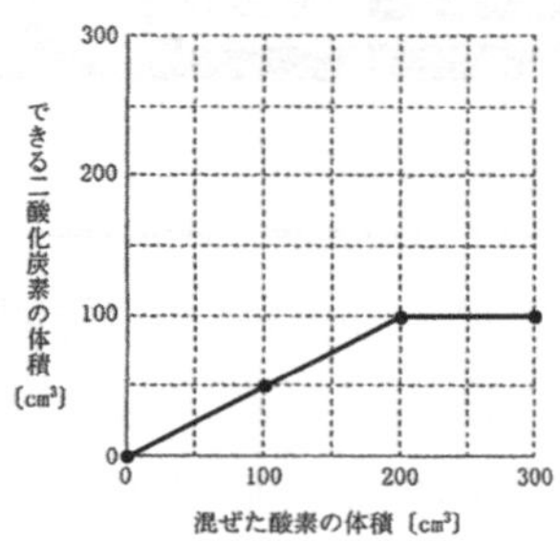

1　問1．[A]　問2．方向…P，Q　12月の記録…ウ　問3．①ア　②オ
問4．①ア　②キ　問5．イ　問6．空気や水(の動き)がない
問7．①3　②36

2　問1．(1)ちっ素　(2)エ　問2．エ　問3．(1)右グラフ　(2)300　(3)オ

3　問1．ア，イ　問2．オ　問3．①エ　②ウ　③ウ　④エ　問4．エ
問5．ウ

4　問1．90　問2．150　問3．CE…3　ED…6　問4．8
問5．①比　②yからxまでの直線を手順2で求めた重さの比に分ける位置

《社　会》

1　問1．あ．茨城　い．岐阜　問2．道路が大きくだ行している　問3．C→A→D→B　問4．ウ
問5．イ　問6．ウ　問7．エ　問8．ア　問9．イ　問10．(1)✓　(2)オ　(3)イ

2　問1．(1)三権分立　(2)①立法　②選挙　(3)ウ　(4)イ　問2．(1)エ　(2)インフレーション
(3)海外に製品を輸出する　問3．エ　問4．ODA　問5．ア　問6．(1)ロシア　(2)ウ

3　問1．イ　問2．版籍奉還　問3．エ　問4．(1)ウ　(2)Aは選挙権のない人が見物しているのに対し，Bは選挙権のある人が投票するために並んでいる。　問5．①ア　②イ　③エ　問6．ウ

4　問1．エ　問2．ア，オ　問3．シャクシャイン　問4．伊能忠敬　問5．❶開拓
❷防備〔別解〕防衛／警備

《2023　国語　解説》

[一]

問四　「胸を張る」は、自信のある様子、得意になること。なぜそのような気持ちになったのか、かさね色目の美しい名前について知った「わたし」の心情に着目する。「誇らしかった。頬が紅潮するぐらい誇らしかった」とあり、「やはり、わたしたち大和民族は世界に類をみない、優れた民族なんですね」と言っている。この発言は、いつも学校で聞かされる、「万世一系の～大日本帝国の民は、他のどの国よりも優れた民族なのです。このありがたくもすばらしい国に生まれたことを誇りとして～」「わたしたちの国が、わたしたち大和民族が、どれほど優秀で正しいものであるか」という訓話をふまえている。この訓話について、それまでの「わたし」は、「頭の上っ面だけで理解しようとしていた～大和民族の誰もが優秀なら、わたしもそうだということになる。それはちょっと……という思いだった」という受け止め方をしていた。しかし、かさね色目の美しい名前について知ったとき、心からその訓話のとおりだと思ったということ。この誇らしい気持ちについて、――線①の後で、より具体的に「衣の色を重ねることに、こんな美しい名前をつけて楽しむなんて～ご先祖さまってすごいと思う。なんて繊細で軽やかで研ぎ澄まされた感性なんだろう～本当に優秀だ。そして、もしかしたら～わたしにもその感性が受け継がれているかもしれない」と述べている。

問五　奥さんは三芙美の発言に同意せず、「首を傾げ」てだまっている。何かを考えている様子であるが、――線②の後で、美しい空色の布を見せて、三芙美にそれで何を作りたいか考えさせ、最後に「英語にも空の色を表すいろんな呼び方があるの。中国にもね～すてきな呼び名がいろいろとあるのよ。日本だけやないの」「日本だけやないのよ、三芙美ちゃん」と言った。つまり、「わたしたち大和民族は世界に類をみない、優れた民族なんですね」と言った三芙美に対して、「日本だけやないのよ」ということを言うために、どのように伝えるかを考え、その方法を思いついたので、――線②の直後で空色の布を摘みだしたということ。よって、エが適する。

問六　空色の布を出す前の奥さんは、三芙美の発言に肯定的な返事をせず、首を傾げてだまっていた。その反応を、三芙美は「どうして、すぐに、『そうよ。その通り～』との返事がないのだろう」と思っていた。それだけに、奥さんが「ええわね」「そうね～うん、ほんまにすてきやわ」と言ってくれたことがうれしくて、同じ気持ちなのだと親しみを感じ、奥さんが「愛おしむように撫でた」のになぞらえて「わたしも視線でそっと撫でる」ことをしたのだと考えられる。よって、アが適する。

問七　問六で読みとったとおり、三芙美は自分のセンスをすてきだと言ってくれた奥さんに親しみを感じていたが、奥さんが「sky blue」と言ったのを聞いて、「それが、英語だと理解したとき」――線④のようになった。英語を使ったことに対する反応、すなわち、「太平洋戦争下」における敵国の言葉を使ったことに対する反応である。「身を竦めて」は、体を小さくした、つまり、縮こまったということ。「凝視」は、じっと見つめること。この様子から、恐怖を感じていることが読みとれる。よって、ウが適する。

問八　――線④の様子を見て、奥さんは三芙美がこわがっているのだとわかった。だから――線⑤のような表情をしたのである。よって、この微笑みには、三芙美を安心させようとする気持ちがこめられていると考えられる。また、奥さんはこの後で「日本だけやないの」ということを言っているから、それをやさしく伝えようとする気持ちもこめられていると考えられる。この内容に、ウが適する。

[二]

問三　――線①の後で、大学生に「昆虫(こんちゅう)について知っているか」と聞いたという具体例を取り上げたうえで、「大学生のほとんどは昆虫の定義的『知識』を持っているだけなのですが～『知ってるつもり』でいます～近縁(きんえん)の動物との関係など、ほとんど知らないのですが『昆虫について知っている』と思い込んでいます。周辺知識がほとんどないまま、定義だけを保持して、『知ってる』と思い込んでいる～孤立(こりつ)した知識を実際に使用することもなく、孤立したままに保持している場合に『知ってるつもり』になりやすい」とまとめていることに着目する。

問四　――線②の直前の段落で「周辺知識がある場合には、知らない領域が存在することに気づきやすい。したがって、『知識』のある方が『知ってるつもり』にはならない」と述べたうえで、「知識が孤立しないで豊富にある」と「『知ってるつもり』になりにくい」と言っている。――線②以降で、具体的な例をもとに説明を続け、「こういう場合には、知れば知るほどわからないことが起こりやすくなるのです。その理由は簡単です。獲得(かくとく)した知識、知ってる知識を使って、その周辺にスポットライトを当てるからです～『知ってる』知識を活用して『知らない』状態や『わからない』状態になれるわけです」と述べている。これらの内容を用いてまとめる。

問六　「知識が孤立すると疑問を持たないので『知ってるつもり』になりやすい」と述べているから、それとは対照的に、知識を孤立していないものだと捉(とら)えるのである。また、同じ段落の前半で「知識世界全体を有限のものと見なすと、『知れば知るほど知らないことが減る』という考えになります(＝「知ってるつもり」になりやすい)」と述べているが、それと対照的な捉え方をするので、知識を無限のものと見なすということ。

問七　――線Aの前行の「知識の保有によって、知識の使用がしなやかに行われる」という例にあたる。――線Aまでの本文では、このことを言うための例として、「消化器官が体の外側だと知っていれば～どうなっているのかに興味を引かれる～サプリメントの広告～どのように吸収され～運ばれるのか、まず気になってしまいます」「進化を考える時～という知識は～補助的な機能を果たしてくれます。わかりやすくしてくれます」ということがあげられている。これらと同様の例であるから、ウが適する。

問八　本文では、知らない領域が外側に広がっていることに気づかず「知ってるつもり」になってしまうという問題を取り上げ、知識を孤立した有限のものと見なすのではなく、知れば知るほど知らないことが増えるものだと考えるのがよいということ、知識を持つことでより知識が豊かになっていくような運用をするのがよいということを述べている。この内容に、エが適する。アの「その原因について具体的事例をあげて分析(ぶんせき)～解決策を示している」、イの「それぞれ～どのような問題を引き起こすかを述べた上で」、ウの「知識の捉え方についての異なる二つの考え方～どちらがより適切な考え方か」、オの「両者の短所をおぎない、長所をあわせ持った新しい知識の捉え方を～示している」などは適さない。

《2023　算数(その①)　解説》

1　(1)　与式＝5－4.251÷3.27×2＝5－1.3×2＝5－2.6＝**2.4**

(2)　与式＝$\frac{9}{38}\times(\frac{1}{5}+\frac{4}{15}\times4)-\frac{1}{6}=\frac{9}{38}\times(\frac{3}{15}+\frac{16}{15})-\frac{1}{6}=\frac{9}{38}\times\frac{19}{15}-\frac{1}{6}=\frac{3}{10}-\frac{1}{6}=\frac{9}{30}-\frac{5}{30}=\mathbf{\frac{2}{15}}$

2　**【解き方】$\frac{26}{37}$＝26÷37＝0.702702…より，小数第1位以降は702がくり返される。**

小数第11位の数は，11÷3＝3余り2より，3回目の702のあとの2つ目の数だから，**0**となる。

3　**【解き方】1年前の人口は2年前の人口より2％増えているから，1＋0.02＝1.02(倍)になった。今年の人口は1年前より3％増えているから，さらに1＋0.03＝1.03(倍)になったと考える。**

今年の人口は2年前の1.02×1.03＝1.0506(倍)となったから，(1.0506－1)×100＝**5.06**(％)増えた。

4 **【解き方】一定の速さで歩いたとき，かかる時間は道のりに比例する。**

10 km＝10000mであり，800m歩くのに10分かかるから，10000m歩くのにかかる時間は，$10\times\frac{10000}{800}=125$(分)となる。よって，**2時間5分**かかる。

5 **【解き方】昨日と今日でかかった時間の差は2分である。また，同じ道のりを分速90mと分速80mで進むときにかかる時間の比は，速さの比である90：80＝9：8の逆比の<u>8：9</u>である。**

下線部の比の数の差9－8＝1が2分にあたるから，分速90mで歩いた時間は$2\times\frac{8}{1}=16$(分)となる。したがって，家から学校までの道のりは，90×16＝**1440**(m)となる。

6 **【解き方】清子さんと愛子さんの持っているお金の合計は変わらないことに注目する。最後に清子さんと愛子さんが持っていたお金をそれぞれ⑤，③とすると，2人のお金の合計は⑤＋③＝⑧である。**

清子さんと愛子さんがはじめに持っていたお金の比は3：1だから，清子さんが最初に持っていたお金は，

⑧$\times\frac{3}{3+1}$＝⑥である。よって，⑥－⑤＝①が800円にあたるので，清子さんがはじめに持っていたお金は，

$800\times\frac{⑥}{①}$＝**4800**(円)

7 **【解き方】時計の短針は1分あたり360°÷12÷60＝0.5°進む。長針は1分あたり360°÷60＝6°進む。よって，短針と長針が進む角度の差は1分あたり6°－0.5°＝5.5°である。正午から3回目に直角になるまでに，長針が短針より何度多く進むかを考える。**

正午を過ぎてから長針が再び短針に重なるとき(13時5分を少し過ぎたとき)までに，直角になることは2回ある。そのあと長針が短針より90°多く進んだときが求める時刻である。それは，正午から長針が短針より360°＋90°＝450°多く進んだときだから，正午から450°÷5.5°＝$\frac{900}{11}=81\frac{9}{11}$(分)たったときである。

よって，求める時刻は**13時$21\frac{9}{11}$分**である。

8 **【解き方】右図のように記号をおく。長方形ＡＥＩＨと長方形ＨＩＧＤは縦の長さが等しいから，ＡＨ：ＨＤは面積比と等しく，10：15＝2：3である。同様に，ＢＦ：ＦＣ＝60：15＝4：1である。**

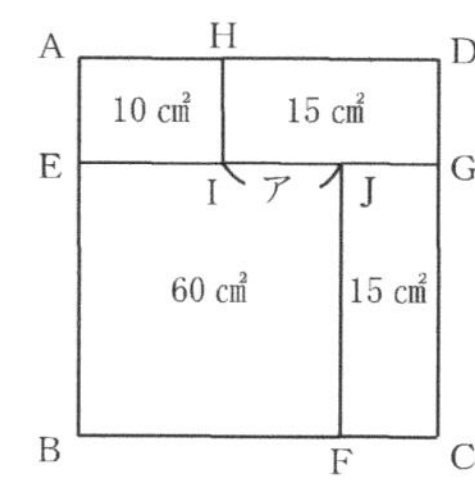

この正方形の面積は10＋60＋15＋15＝100(cm²)である。よって，100＝10×10より，正方形の1辺の長さは10 cmである。

$ＨＤ=10\times\frac{3}{2+3}=6$ (cm)，$ＦＣ=10\times\frac{1}{4+1}=2$ (cm)だから，ア＝6－2＝**4** (cm)

9 **【解き方】三角形ＰＣＤは正三角形だから，ＰＣ＝ＣＤである。また，四角形ＡＢＣＤは正方形だから，ＢＣ＝ＣＤである。よって，ＰＣ＝ＢＣが成り立つから，三角形ＣＰＢは右図のような二等辺三角形となる。**

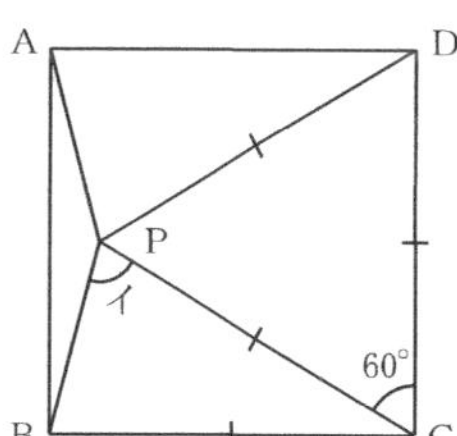

角ＢＣＤ＝90°，角ＰＣＤ＝60°より，角ＢＣＰ＝90°－60°＝30°である。よって，角イ＝(180°－30°)÷2＝**75°**となる。

《2023　算数(その②)　解説》

1 (1) **【解き方】1日目と2日目の入館料の比は1.4：1＝7：5だから，2日間の合計と1日目の比は(7＋5)：7＝12：7である。**

1日目の入館料は，$60000\times\frac{7}{12}$＝**35000**(円)となる。

(2) **【解き方】1日目の大人の入館者数は2日目の34÷17＝2(倍)になっている。よって，2日目の入館者数と合計金額を2倍にして1日目と比べると，子どもの入館料を求めることができる。**

２日目の入館者数と合計金額を２倍にすると，大人が 34 人，子どもが 38×２＝76(人)，合計金額が (60000－35000)×２＝50000(円)となる。１日目と比べると，子どもが 76－26＝50(人)増えると合計金額が 50000－35000＝15000(円)増えているので，子ども１人の入館料は 15000÷50＝300(円)となる。したがって，大人１人の入館料は，(35000－300×26)÷34＝**800(円)**となる。

⑶　**【解き方】入館者がペアチケットを買わなかったとしたときの金額と実際の金額との差と，大人と子ども１人ずつがペアチケットを買ったかどうかの差を比べて考える。**

入館者全員がペアチケットを買わなかったとき，その合計金額は，800×86＋300×(150－86)＝88000(円)である。これは実際の金額と比べて 88000－84800＝3200(円)高い。大人１人と子ども１人がペアチケットを買ったとすると，800＋300－1000＝100(円)安くなるので，ペアチケットは 3200÷100＝**32(枚)**売れた。

2　**【解き方】このような問題の配点と合計点数について考える問題では，右のような表にまとめて考える。**

	A	B	C	D	E	F	G	H
第１問	×	×	×	○	×	○	○	○
第２問	×	×	○	×	○	×	○	○
第３問	×	○	×	×	○	○	×	○
点数(点)	0	3	3	4	6	7	7	10
人数(人)	2	9		12	28	ア		6

⑴　２問正解した人は表のＥ，Ｆ，Ｇだから，

ア＝51－28＝**23(人)**となる。

⑵　**【解き方】(平均点)＝(合計点)÷(人数)で求められる。**

６年生の人数は，２＋９＋12＋28＋23＋６＝80(人)である。また，６年生のテストの合計点は，

０×２＋３×９＋４×12＋６×28＋７×23＋10×６＝464(点)である。よって，平均点は，464÷80＝**5.8(点)**となる。

⑶　第１問を正解した人は表のＤ，Ｆ，Ｇ，Ｈだから，12＋23＋６＝**41(人)**となる。

⑷　**【解き方】第２問と第３問の両方を正解できなかった人(Ａ，Ｄ)と，両方を正解できた人(Ｅ，Ｈ)では，第２問を正解した人と第３問を正解した人の人数の差はつかない。よって，Ｂ，Ｃ，Ｆ，Ｇだけで考える。**

ＣとＧの合計人数を㋑，ＢとＦの合計人数を㋒とすると，㋑と㋒の和は９＋23＝32，差は６だから，

㋑＝(32－６)÷２＝13(人)である。㋑とＥとＨの人数の合計を求めるから，13＋28＋６＝**47(人)**となる。

3　⑴　**【解き方】ＢＣの長さがちょうど㋐の底面の円周２つ分の長さになる。**

求める直径の長さは，62.8÷２÷3.14＝**10(cm)**となる。

⑵　⑴より，㋐の底面の半径は 10÷２＝５(cm)だから，求める容積は，

５×５×3.14×100＝**7850(cm³)**となる。

⑶　**【解き方】紙を１周だけ㋐に巻きつけたとき，右図の台形ＡＧＨＣの部分が容器に巻きつくので，紙におおわれていない部分は直角三角形ＧＡＦである。２周目では直角三角形ＧＢＨが㋐に巻きつくが，Ｇより上には巻きつかないため，２周しても紙におおわれていない部分の面積は変わらない。したがって，三角形ＧＡＦの面積を求めればよい。**

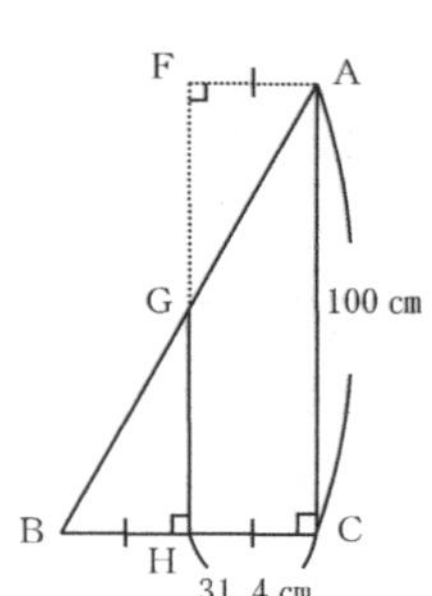

三角形ＧＢＨと三角形ＧＡＦで，角ＢＨＧ＝角ＡＦＧ＝90°，ＢＨ＝ＨＣ＝ＡＦである。また，ＢＨとＡＦは平行

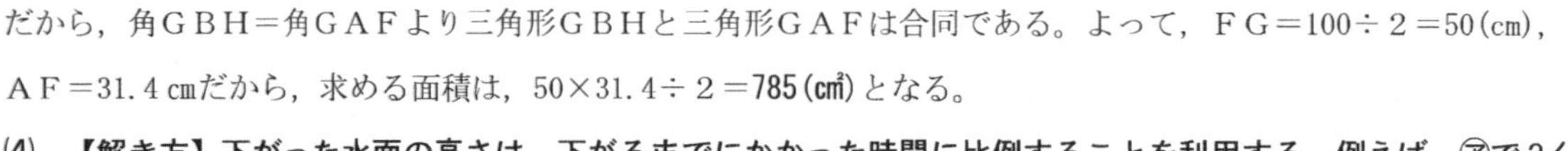

だから，角ＧＢＨ＝角ＧＡＦより三角形ＧＢＨと三角形ＧＡＦは合同である。よって，ＦＧ＝100÷２＝50(cm)，ＡＦ＝31.4 cmだから，求める面積は，50×31.4÷２＝**785(cm²)**となる。

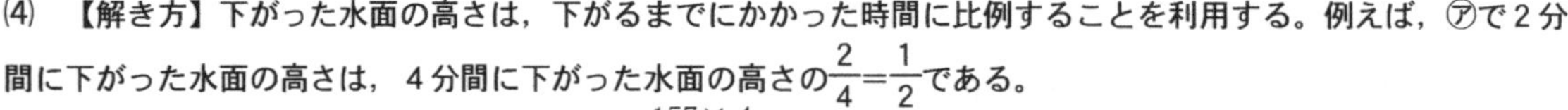

⑷　**【解き方】下がった水面の高さは，下がるまでにかかった時間に比例することを利用する。例えば，㋐で２分間に下がった水面の高さは，４分間に下がった水面の高さの$\frac{2}{4}=\frac{1}{2}$である。**

㋐で最初の４分間に下がった水面の高さは，$\frac{157\times 4}{5\times 5\times 3.14}=8$(cm)だから，

㋑の高さは 100－８＝92(cm)である。

また，㋐では２分間に$8\times\frac{2}{4}=4$(cm)だけ水面が下がるから，㋐と㋑の水面の高さが等しくなったとき，㋑の水面は４cm下がっている(右図参照)。㋑は４＋２＝６(分間)で水面の高さが４cm下がっていて，このときぬけた水の量は157×６(cm³)だから，求める容積は，$157\times6\times\frac{92}{4}=$**21666(cm³)**となる。

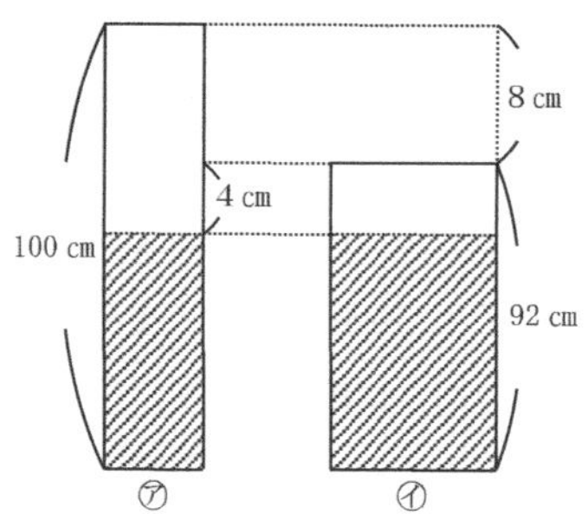

《2023　理科　解説》

1　**問１**　太陽は東の地平線からのぼり，南の空を通って，西の地平線にしずむので，影(かげ)の向きは西，北，東の順に動いていく。よって，北はA，南はC，東はD，西はBとなる。

問２　問１解説より，影は西(D)，北(A)，東(D)の順に動くので，PからQの方向である。また，同じ時刻での太陽の高度は12月が１年の中で最も低く，太陽の高度が低いほど影は長くなるので，12月の太陽の記録はウである。

問３　日本列島を東にいくほど，日の出，日の入りの時刻が早くなるので，Ｚの日の出，日の入りの時刻は広島市よりも早く，15時の太陽は，Ｚの方が西寄りの位置にある。よって，影の方向は図３よりも東寄り(ａ側)になり，太陽の位置が西寄りになるほど高度が低くなるので，Ｚの棒の影の長さは図３よりも長い。

問４　月は東の地平線からのぼるので，①は東である。東の方向を向いているとき，右手側が南である。

問７　①最短距離で移動すると，36万÷5000＝72(時間)→３日でとう着する。　②12×３＝36(度)

2　**問１(1)**　空気のおよそ80%はちっ素，およそ20%は酸素である。二酸化炭素は0.04%しかない。　**(2)**　ろうそくの火が消えたあとの空気中では，ちっ素の割合はおよそ80%で変わらず，酸素の割合がおよそ16%に減り，二酸化炭素の割合がおよそ４%に増える。

問２　ろうそくが燃えた後の空気は温められて上に動くので，Ａのろうそくのほのおのまわりの酸素が不足して，Ａの火が先に消える。

問３(1)　メタン100cm³と酸素200cm³がちょうど反応し，二酸化炭素100cm³ができるので，酸素の体積が200cm³になるまでは，できる二酸化炭素の体積は一定の割合で増加し，酸素の体積が200cm³以上では，できる二酸化炭素の体積は100cm³で一定になる。　**(2)**　メタンと酸素が反応して二酸化炭素ができるときのメタン，酸素，二酸化炭素の体積比はメタン：酸素：二酸化炭素＝100：200：100＝１：２：１だから，メタン300cm³と酸素300cm³では，メタン150cm³と酸素300cm³が反応して150cm³の二酸化炭素ができる。よって，メタンと二酸化炭素が残って，燃えた後の気体の合計体積は150＋150＝300(cm³)である。　**(3)**　メタンと酸素がちょうど反応するときに実験後の気体の合計体積が最も小さくなる。メタンと酸素は１：２の体積比で反応するから，酸素の割合が1000cm³の３分の２のとき，実験後の気体の合計体積が最も小さくなる。よって，オが正答となる。

3　**問１**　ウリ科の植物であるカボチャとヘチマはお花とめ花をつくる。

問３　ある場所でⅠがはたらかない場合，Ⅲがはたらくようになるので，図１と資料の表より，①ではⅢ，②ではⅡとⅢ，③ではⅡとⅢ，④ではⅢのみがはたらく。よって，①ではがく，②では花びら，③では花びら，④ではがくができる。

問４　Ｙは下の方に咲いている花から上の方に咲いている花へ順に移動する習性があるので，最も高い位置にあるｃが受粉する可能性が最も高く，ｂ，ａの順に下に行くほど可能性が低くなる。

問５　上の花がお花，下の花がめ花であれば，Ｙは同じ株の上から下へ移動することはないので，受粉２のパターンが起こりにくくなり，受粉３のパターンが起こりやすくなる。

4　**問1**　てこでは，棒を左右にかたむけるはたらき〔おもりの重さ(g)×支点からの距離(きょり)(cm)〕が等しくなるときにつり合う。図2では，てこを左にかたむけるはたらきが 90×(60－20)＝3600 だから，てこを右にかたむけるはたらきも 3600 になるように，120gのおもりを支点から右に 3600÷120＝30(cm)の位置，つまり，Aから 60＋30＝90(cm)の位置につるす。

問2　両端につるしたおもりの重さを1点にまとめることができ，棒をつり下げる位置がこの点と重なるとき，てこは水平につり合う。表より，おもりの重さの比がA：B＝60：30＝2：1のとき，棒の長さを1：2に分けるAから 40 cmの位置に棒をつり下げると，棒を水平にすることができるので，棒をつり下げる位置を，棒の長さを両端につるすおもりの重さの逆比に分ける点にすれば，棒を水平にすることができるとわかる。よって，棒をつり下げる位置が1m(100 cm)：20 cm＝5：1のとき，両端につるすおもりの重さの比はA：B＝1：5となるので，Aに30gのおもりをつるすとき，Bにつるすおもりの重さは30×5＝150(g)となる。

問3　PとQは同じ材質だから，EはRの対角線が交わる点である。Rの横の長さは 18 cmで，EはRの左端から9cm，Cは6cmの位置にあるので，CEの長さは9－6＝3(cm)である。また，DはRの左端から12＋3＝15(cm)の位置にあるので，EDの長さは15－9＝6(cm)となる。

問4　実験2～4より，2つの板をくっつけたものの重心は，それぞれの板の重心を結んだ直線上にあり，重心間の距離を，それぞれの板の重さの逆比に分ける位置である。よって，図8ではCD′間の距離が 12 cm，板の重さの比はP：Q′＝1：2だから，Tの重心はCD′間を2：1に分ける，Cから $12\times\frac{2}{3}=8$(cm)の位置にある。

問5　問4解説より，手順2では板の重さの比を求め，手順3～5でxyの距離を求めれば，zの位置は，xyを手順2で求めた重さの比の逆比に分ける位置とわかる。

《2023　社会　解説》

1　**問1**　あ＝茨城　い＝岐阜　　あ.「千葉まで続いている」とあることから，千葉県と隣接し，堀込式港湾の鹿島港がある茨城県と判断する。　い. 白川郷の合掌造り集落は，富山県の五箇山とともに世界文化遺産に登録されている。

問2　道路の勾配が急にならないようにするために，つづら折りになっていることに着目する。

問3　C→A→D→B　　縮尺が小さいものほど実際の距離は長くなる。明らかにCの縮尺は小さい。A，B，Cについては，写真に写っている家屋の大きさから判断する。

問4　ウ　　円形のタンクが海岸線に沿ってあることから判断する。

問5　イ　　ア. 世界遺産は，ユニセフではなくユネスコによって登録される。ウ. 2023年2月現在，日本で最も北にある世界文化遺産は，北海道と北東北の縄文遺跡群である。エ. 富士山は，世界文化遺産に登録されている。

問6　ウ　　大分市には，大型の製鉄所と石油化学コンビナートがあることから，鉄鋼と化学の製造品出荷額が多いウを選ぶ。アは宮崎市，イは長崎市，エは鹿児島市。

問7　エ　　韓国の済州島(チェジュ島)が写っている。

問8　ア　　オンドルが適当でない。オンドルは朝鮮半島から中国東北部で使われる暖房装置である。

問9　イ　　露地栽培のみかんの旬は 11 月から2月にかけてである。ハウス栽培は，時間や手間がかかるため，露地栽培に比べて価格は高くなる。以上のことから，㋐と㋓が露地栽培と判断する。

問10(2)　オ　　川や海が近い「あ」は低地にあるため，水害の危険性が高い。「い」標高 50mをこえる台地に位置するため比較的災害にあいにくい。「う」は傾斜の急な山の中腹に位置するため，土砂崩れの危険性がある。

(3) イ　大雨警報と洪水警報が発表されて避難指示が出た場合，安全な場所を屋外に確保できないときは，建物の上の階に移動する垂直避難が有効である。

2　問1(1) 三権分立　三権分立は，モンテスキューが著書『法の精神』で唱えた。 (3) ウ　内閣不信任案の決議は，衆議院だけが持つ権限である。弾劾裁判とは，裁判官としてふさわしくない行動をとった裁判官をやめさせるかどうかを裁判すること。 (4) イ　裁判官は，良心に従い独立してその職務を行い，憲法および法律にのみ拘束されると憲法で規定される。

問2(1) エ　円安になると，輸入に依存する燃料・原料を使うものが影響を受けやすい。ガソリン，電気，ガスは，いずれも原油・天然ガスなどを大量に利用するため，直接円安の影響を受ける。

(2) インフレーション　物価が上がり続ける現象がインフレーション(インフレ)，下がり続ける現象がデフレーション(デフレ)である。 (3) 例えば60000万円の商品を海外に輸出して販売するとき，1ドル＝100円のときは60000÷100＝600(ドル)で販売するが，1ドル＝120円のときは60000÷120＝500(ドル)と，1ドル＝100円のときより安く販売できるため，需要が増えることが予想できる。

問3　エ　ア．テレビは，10代を除いて，20代から年代が増えるほど信頼度が高くなる。イ．10代の新聞の信頼度はテレビより低い。ウ．インターネットの信頼度は，10代より40代の方が高い。

問4　ＯＤＡ　政府開発援助の略称である。

問6(1) ロシア　当初のサミット参加国はＧ８と呼ばれた。Ｇ８は，アメリカ・日本・イギリス・フランス・イタリア・カナダ・ドイツ・ロシア。ロシアが除外されてＧ７と呼ばれている。

3　問1　イ　『浦島太郎』は室町時代に成立したおとぎ草子である。

問2　版籍奉還　版＝土地，籍＝人民を天皇に返し，大名は知藩事に任命された。

問3　エ　賠償金のほとんどは軍事に関連する費用として使われ，一部が八幡製鉄所の建設費用となった。

問4(1) ウ　貴族院議員は，皇族議員・華族議員(元公家や大名)・勅任議員(学識経験者や高額納税者)など。

(2) 第1回衆議院議員総選挙のときの選挙権の要件は，「直接国税を15円以上納める満25歳以上の男子」で，これは国民のおよそ1.1％程度であった。選挙権のない多くの人々が見物し，警官が監視するなかで投票が行われた。1925年になると，「満25歳以上のすべての男子」に選挙権が与えられた。

問5　①＝ア　②＝イ　③＝エ　④＝ウ　1937年，日本は盧溝橋事件をきっかけとして日中戦争をはじめた。日本側は短期決戦と考えていたが，中国側にアメリカ・イギリスなどが物資の支援をしていたため，戦争は長期化した。日本軍は，中国の補給路を断ち，石油などの資源を確保するために南進をはじめた。また，1940年に日独伊三国同盟を結んで，アメリカ・イギリスをけん制したが，これに反発したアメリカは，対日禁油政策やＡＢＣＤ包囲網で対抗した。

問6　ウ　テレビ放送の開始(1953年)→公害対策基本法(1967年)→第一次石油危機(1973年)

4　問1　エ　ア．邪馬台国の女王卑弥呼が国を治めていた頃の中国は魏・呉・蜀の三国が成立していた。イ．聖徳太子の頃の中国は隋である。ウ．源平の合戦の頃の中国は宋である。

問2　ア，オ　江戸時代，北前船は，大阪で米・塩・砂糖・酒・衣類などの物資を積み込み，寄港地で売買しながら瀬戸内海と日本海を進み，蝦夷地で昆布・にしんなどの海産物を積み込んで大阪に向かった。

問3　シャクシャイン　江戸時代，松前藩は，わずかな米や日用品をアイヌの人々がもたらす大量のサケなどと交換し富を得ていた。これに不満を持ったアイヌの人々は，シャクシャインを中心に蜂起した(1669年)。

問4　伊能忠敬　伊能忠敬は，『大日本沿海輿地全図』を作成した。

問5　屯田兵の目的は，開拓と北方の防衛であった。また，特権を失った士族の失業対策にもなっていた。

2022 解答例 令和４年度　★ノートルダム清心中学校

《国　語》

[一] 問一．a．未練　b．束　c．功績　d．一層　e．一目散　　問二．(1)エ　(2)ア　(3)オ
問三．まだ何の～じている　　問四．イ　　問五．エ　　問六．ア　　問七．有紗からの視線ばかり気にして、自尊心が傷つくことをおそれるあまり、素直な気持ちを伝えることから逃げて、有紗との関係をこわしてしまったから。　　問八．A　　問九．ウ

[二] 問一．a．処世　b．観　c．混乱　d．源流　e．天災　　問二．オ　　問三．対立を解消したり協力し合ったりするために必要な共通了解を持つために、できるだけだれもが納得できる考え方を洞察すること。
問四．絶対　　問五．イ　　問六．戦争が繰り返され、王や貴族がいて不平等があるのが当たり前の時代において、お互いが対等に自由な存在であることを認め合うことで、平和で自由な社会を築けるなどということは、想像もできなかったから。　　問七．エ　　問八．D

《算　数》（その①）

1　(1)0.888　　(2)$\frac{2}{5}$

2　5.1

3　17

4　54

5　43

6　11

7　1500

8　3.5

9　1287

《算　数》（その②）

1　(1)ア．87　イ．116　　(2)式…$3\times0.2=0.6$　$3-0.6=2.4$　$2+0.6=2.6$　$117\times\frac{2.4}{2.6}=108$　答…108
(3)①D　②C　エ．12

2　(1)分速 100m
(2)式…$4000\div2=2000$　$100\times14=1400$　$14-4=10$　$2000-1400=600$　$600\div10=60$　答…分速 60m
(3)式…$100+60=160$　$2000\div160=12.5$　$14+12.5=26.5$　答…26.5
(4)式…$60\times2=120$　$(100+120):160=11:8$　$11-8=3$　$2\times\frac{11}{3}=\frac{22}{3}$　$\frac{22}{3}=7\frac{1}{3}$
$26.5-7\frac{1}{3}=26\frac{3}{6}-7\frac{2}{6}=19\frac{1}{6}$　$60\times\frac{1}{6}=10$　答…19 分 10 秒後

3　(1)式…$2+2=4$　$4\times3+2\times2\times3.14=24.56$　答…24.56 ㎝
(2)式…$4\times6+2\times2\times3.14=36.56$　答…36.56 ㎝
(3)式…$6+6=12$　$12+6=18$　$18+6=24$　$24+6=30$　$1+6+12+18+24+30=91$　$4+(2+2)\times4=20$
$20\times6+2\times2\times3.14=132.56$　答…パイプの本数 91 本　ひもの長さ 132.56 ㎝

《理　科》

1　問1．(1)イ　(2)ア　問2．(1)イ　(2)4　問3．よう岩　問4．a．ア　b．カ　問5．イ

2　問1．(1)ウ，エ，オ　(2)イ，ウ　問2．40　問3．記号…イ　温度…－3　問4．物質…食塩　量(重さ)…8

問5．A・B…エ　①シ

3　問1．(1)①ア　②カ　③キ　(2)9　問2．ウ　問3．(1)1.8　(2)2.5　(3)イ

問4．空気から押される面が広くなる

4　問1．a．ア，イ，ウ　b．ア　c．×　問2．(1)カ　(2)加熱した蚊のだ液をぬっても，痛み関連行動をくり返し行う。　問3．(1)名前…関節　記号…ア　(2)ア

《社　会》

1　問1．イ　問2．イ→エ→ウ→ア　問3．ローリングストック法　問4．ア　問5．ウ

問6．(1)X　(2)う　問7．スマート農業　問8．(1)ア　(2)ウ　問9．(1)県庁所在地名…松山　位置…ウ

(2)(瀬戸内)しまなみ海道　問10．6次産業

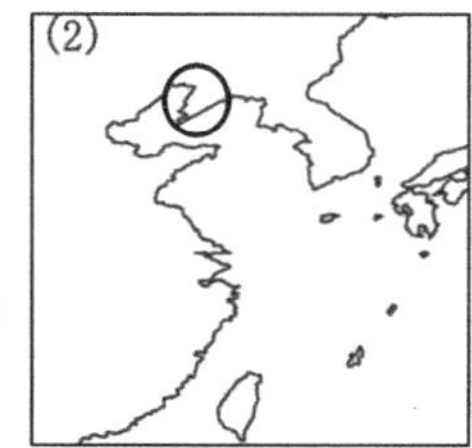

2　問1．源義経　問2．エ　問3．(1)イギリス　(2)右図

3　問1．古事記〔別解〕日本書紀　問2．飛脚　問3．荒れた土地全体の約3分の1を再開発し，生き残った人々に均等に土地を配分したこと。〔別解〕生き残った人全員に一族となる約束をさせ，実際に一族としてまとめ直したこと。　問4．青銅器

問5．田中正造　問6．①銅の輸出量が増えていった　②日本で最も銅の産出量が多かった

問7．(1)エ　(2)19

4　問1．施行　問2．基本的人権の尊重　問3．ウ　問4．象徴　問5．ア　問6．プライバシーの権利

問7．号外

5　問1．(1)選挙権の年齢が20歳から18歳に引き下げられたから。　(2)エ　問2．ア　問3．イ

問4．木が十分生長せず，根を張らなくなる。　問5．ヤングケアラー

←解答例は前のページにありますので，そちらをご覧ください。

《2022　国語　解説》

[一]

問三　唯奈の瞳について知咲が感じたことが、――線部⑦の１～２行後に書かれている。「一年生の頃、きっと私は彼女と同じ目を持っていた。まだ何の挑戦もしておらず、無邪気に自分の才能を信じている目を」とある。

問四　少し前に「核心を突かれ、私はぐっと息を呑む」とある。「核心」とは、――線部②の１～２行前に書かれている内容であり、知咲が有紗や周囲に隠していたはずの気持ちである。つまり、知咲はここで、隠していたはずの気持ちを言い当てられて動揺しているのである。そんな惨めな自分の表情が、目の前の有紗の目に映っているのである。また、――線部②の４行前に「有紗はひどく冷静な声で告げた」とある。「凪いだ水面のような双眸」という表現は、動揺する自分とは対照的に冷静な有紗の様子を表している。よって、イが適する。

問五　直後に「切り捨てたのは向こうのくせに」とある。知咲は、有紗が自分を切り捨てたと感じている。しかし、有紗は、「もういいよ。もう、いい」という知咲の言葉を聞いて突き放されたように感じ、衝撃を受け、傷ついた。少し後に「いつも笑っている彼女のそんな表情を、私はこの時初めて見た」とあり、有紗が受けた衝撃の大きさが読み取れる。二人は互いに、相手の言葉に大きな衝撃を受け、相手が自分を突き放したと思っているのである。よって、エが適する。アは「反撃されて驚いている」が誤り。イは「いたたまれなくなっている」が誤り。有紗はもっと大きな衝撃を受けている。ウは「後悔している」が誤り。オは全体的に誤り。「知咲との関係が、もう二度と修復できない」とまでは思っていない。

問六　――線部④の前後の「彼女の純粋な優しさが、今の私には煩わしかった」「理性が働く前に、激しい衝動が私の舌を支配した」「その反応にますます苛立ち」などから考える。「その柔らかな心」は、唯奈の優しい心を表している。彼女の優しさが純粋なものであり、それゆえに、彼女が優しく声をかけてきたことに苛立ちを覚えたこと、唯奈を傷つけたいという激しい衝動に駆られたことが、この部分から読み取れる。よって、アが適する。

問七　公園で立ち止まった場面以降で、知咲は自分の言動をふり返っている。この部分から、知咲が後悔し、自分が悪かったと思っている内容をまとめる。

問八　文章の最初の方の、知咲と唯奈が会話している場面に、「優しい人間を装うのは、ぶつかり合うよりずっと楽だ」とある。知咲は唯奈に対して、優しい先輩を演じていると自覚している。その後、公園で自分の言動を後悔する中で、有紗と対等でありたいという思いが強いがために「有紗のことが好きだから～カッコ悪い姿を見せるのが怖かった」という思いを、「素直に言えばよかった」と後悔している。こうした有紗との関係は、唯奈に対しても同じであり、知咲は唯奈に対して自分の本心を言わない。しかし、唯奈は「対等な視線を投げ掛け」、自分の本心をさらけ出している。「対等」というのは、知咲が有紗に対して望んできた関係である。有紗に対し、素直に自分をさらけ出すことができなかったことを後悔している知咲は、唯奈のこうした態度や思いを受け止めて、自分を素直にさらけ出すようになっていくと推測できる。よって、Aが適する。

問九　══線㋒は、直後に「彼女の唇から発せられた」とあるように、有紗の言葉である。しかし、この言葉を聞いた知咲は、「私の頭をガツンと殴った～視界が滲む」とあるように、大きな衝撃を受けた。それは、有紗の言葉が自分の思いと重なり、隠していたはずの内心を見ぬかれていたことに気づかされた衝撃である。この言葉にかぎかっこが付いていないことで、この言葉を聞いた知咲の衝撃の大きさが表現されている。よって、ウが適する。

[二]

問二　人々の「哲学的な問い」に対するイメージは、実生活に「あんまり役に立つ感じはしない」というものである。哲学者を相手にすると、このような問いを問いつづけてくる。――線①の２行後に「げんなりさせていた」とあるように、人々はこのような問いを問いつづけてくる哲学者を厄介だと思っている。よって、オが適する。

問三　9～10 行後に「できるだけだれもが納得できる本質的な考え方。そうした物事の“本質”を洞察することこそが、哲学の最大の意義なのだ」とある。こうした「物事の“本質”を洞察すること」が必要になるのは、「対立を解消したり、協力し合ったりするために、何らかの“共通了解”がどうしても必要となる時」である。

問四　直前に「繰り返すけど」とある。最初にこの部分と同じようなことを述べているのは、５行前の「この世に絶対に正しいことなんてない」の部分である。

問五　ホッブズの思想の「問題」とは、１～２行後にある「大多数の人民は、ただ支配されるだけの自由のない存在になる」という点である。そして、後の方にあるように、自由を奪われ「支配された者は、長期的に見れば必ず支配者に対して戦いを挑む」。すると、戦争を繰り返しつづけることになる。よって、イが適する。

問六　直後にあるように、王や貴族がいて不平等があってというのは、当時は「当たり前」のことだった。その「当たり前」のことに反する社会を作ることができるというのが「ルソーやヘーゲルの思想」であり、それは、当時の人々にとって想像もつかないことだった。

問七　３～５行前に、「人類は、一万年もつづいた戦争や支配－被支配の歴史から多くを学び」、民主主義社会という「社会のあり方をつかみ取った」とある。「現代の民主主義社会の土台」には、ルソーの「みんなの合意によって社会を作ろう」という考え方がある。そして、ここには「できるだけだれもが納得できる本質的な考え方。そうした物事の“本質”を洞察する」、「対話を通して、その“本質”を深く了解し合える可能性がある」という哲学の意義が生かされている。つまり、「民主主義を成熟させる」とは、対話を通して、民主主義をできるだけだれもが納得できる“共通了解”“本質”へと近づけるということである。よって、エが適する。オは「だれもが納得できる」が誤りで、“できるだけだれもが納得できる”とすべきである。

問八　文章中に、ルソーの「みんなの合意によって社会を作ろう」という訴えが「現代の民主主義社会の土台になった」とある。また、――線④の前の行に、「自由の相互承認」の原理が、現代の民主主義の一番底を支える原理だとある。これらをもとに考えると、「自由の相互承認」の原理に基づき、みんなの合意によってルールを決めようとしているＤさんの意見が適する。

《2022　算数（その①）　解説》

[1]　(1)　与式＝(1.52－0.2)÷1.1×0.74＝1.32÷1.1×0.74＝1.2×0.74＝0.888

(2)　与式$=\frac{34}{35}-\frac{2}{5}\div(\frac{12}{15}-\frac{5}{15})\div\frac{3}{2}=\frac{34}{35}-\frac{2}{5}\div\frac{7}{15}\times\frac{2}{3}=\frac{34}{35}-\frac{2}{5}\times\frac{15}{7}\times\frac{2}{3}=\frac{34}{35}-\frac{4}{7}=\frac{34}{35}-\frac{20}{35}=\frac{14}{35}=\frac{2}{5}$

[2]　**【解き方】まず単位をそろえることを忘れない。**

1.5Ｌ＝15dL だから，15×0.34＝5.1(dL)

[3]　**【解き方】**$\frac{29}{7}=4\frac{1}{7}$，$\frac{30}{7}=4\frac{2}{7}$**だから，まず，**$\frac{1}{7}<\frac{○}{4}<\frac{2}{7}$**となる数を考える。**

分母を 28 にそろえると，$\frac{4}{28}<\frac{○\times7}{28}<\frac{8}{28}$になるから，○には１があてはまる。よって，$\frac{1}{4}$は$\frac{1}{7}$より大きく$\frac{2}{7}$より小さいから，$4\frac{1}{4}=\frac{17}{4}$は$\frac{29}{7}$より大きく$\frac{30}{7}$より小さくなる。□にあてはまる整数は 17 である。

[4]　**【解き方】人の幅を考えないと，列車の長さの分だけ進むと通過したことになる。単位をそろえるのも忘れずに。**

この列車は８秒$=(8\times\frac{1}{3600})$時間$=\frac{1}{450}$時間で，120ｍ$=(120\times\frac{1}{1000})km=\frac{3}{25}$km進んだから，このときの列車の時速

は，時速$(\frac{3}{25}\div\frac{1}{450})$km＝時速 54 km

5 **【解き方】１年前のおじいさんとお父さんの年れいをそれぞれ⑤，③とし，現在から６年後のおじいさんとお父さんの年れいをそれぞれ⑪，⑦とする。現在から６年後は，１年前から１＋６＝７(年後)なので，右のような線分図ができる。何年経ってもおじいさんとお父さんの年れいの差は変わらないから，⑤－③＝②と⑪－⑦＝④は等しい。**

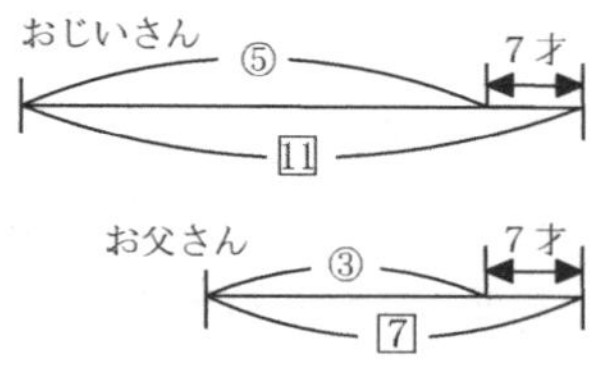

②＝④より，①＝②だから，６年後のお父さんの年れいから，⑦－③＝⑦－⑥＝①は７才にあたるとわかる。

よって，６年後のお父さんの年れいは７×７＝49(才)なので，現在のお父さんの年れいは，49－６＝43(才)

6 **【解き方】つるかめ算を利用する。箱に入ったみかんは全部で 270－２＝268(個)である。**

みかんを 12 個ずつ 26 箱につめると 12×26＝312(個)になり，312－268＝44(個)多い。１箱に入れるみかんの個数を 12 個から８個にすると，１箱あたり 12－８＝４(個)減るから，８個入る箱は，44÷４＝11(箱)

7 **【解き方】仕入れ値を１とすると，定価は１×(１＋0.30)＝1.3 と表せる。**

定価の２割引きの値段は，1.3×(１－0.2)＝1.04 だから，利益は，1.04－１＝0.04 になる。これが 60 円にあたるので，仕入れ値は，60÷0.04＝1500(円)

8 **【解き方】三角形の面積は，(底辺)×(高さ)÷２，台形の面積は，(上底＋下底)×(高さ)÷２であり，三角形と台形の高さが同じだから，面積が等しいなら，三角形の底辺の長さと台形の(上底＋下底)の長さは等しい。**

(12－ア)と(５＋ア)の長さが等しいから，ア×２は，12－５＝７(cm)にあたる。よって，ア＝７÷２＝3.5(cm)

9 **【解き方】容器の縦１辺と横１辺の長さの和は，72÷２＝36(cm)である。**

横１辺は縦１辺より３cm長いから，横１辺の長さは，(36＋３)÷２＝19.5(cm)である。

縦１辺の長さは 19.5－３＝16.5(cm)だから，底面積は，19.5×16.5＝321.75(cm²)である。

よって，この直方体の体積は，321.75×４＝1287(cm³)

《2022　算数(その②)　解説》

1 (1) **【解き方】玉の個数の比の数の和，３＋４＝７が 203 個にあたる。**

箱Aには，$203\times\frac{3}{7}$＝ア 87(個)，箱Bには，203－87＝イ 116(個)

(2) **【解き方】はじめの箱Cの玉の個数を３，箱Dの玉の個数を２とする。**

箱Cの玉の個数の２割は，３×0.2＝0.6 だから，移した後の箱Cの玉の個数は，３－0.6＝2.4 になり，移した後の箱Dの玉の個数は，２＋0.6＝2.6 になる。

2.6 が 117 個にあたるから，移した後の箱Cには，$117\times\frac{2.4}{2.6}$＝108(個)玉が入っている。

(3) **【解き方】移した後，箱Cには 108 個，箱Dには 117 個の玉が入っているから，８：７にするためには，箱Dから箱Cに玉を移す必要がある。**

比の数の和の８＋７＝15 は，玉の個数の和の 108＋117＝225(個)にあたるから，入っている玉の個数の比を８：７にしたときの箱Cには，$225\times\frac{8}{15}$＝120(個)の玉が入っている。

箱① Dから箱② Cに移す玉の個数は，120－108＝エ 12(個)

2 (1) **【解き方】ヒロくんは，愛子さんが歩き始めてから４分後に歩き始めたことがグラフから読み取れる。**

愛子さんは，４分間で 400mを歩いたから，歩く速さは，分速(400÷４)m＝分速 100m

(2) **【解き方】愛子さんのいる地点からヒロくんのいる地点までの道のりが最も長くなるのは，4000÷２＝**

2000(m)離れているときである。

グラフから，愛子さんが歩き始めてから14分後に，２人の間の道のりは2000mになったと読み取れる。

愛子さんは14分間で100×14＝1400(m)歩くから，ヒロくんは14－４＝10(分間)で2000－1400＝600(m)歩いたことになる。その速さは，分速(600÷10)m＝分速60m

⑶　**【解き方】愛子さんが歩き始めた14分後から，愛子さんとヒロくんが出会うまでに，２人が進んだ道のりの和は，2000mになる。**

愛子さんとヒロくんが１分間に進む道のりの和は100＋60＝160(m)だから，2000m歩くまでに，2000÷160＝12.5(分)かかる。よって，㋐＝14＋12.5＝26.5

⑷　**【解き方】ヒロくんが分速60mで歩くときと，分速(60×２)m＝分速120mの速さで歩くときの，２人の歩く速さの和に着目する。**

愛子さんとヒロくんの歩く速さの和は，速さを変える前は分速160m，速さを変えた後は分速(100＋120)m＝分速220mである。同じ道のりを歩くときにかかる時間の比は，速さの逆比に等しいので，Ｂ地点から２人が出会うまでの道のりをヒロくんが分速60mの速さで歩くときと分速120mの速さで歩くとき，かかる時間の比は，220：160＝11：８になる。この比の数の差の11－８＝３が２分にあたるから，ヒロくんが速さを変えたのは，２人が出会う，$2\times\frac{11}{3}=\frac{22}{3}=7\frac{1}{3}$(分)前である。ヒロくんがＢ地点を通過したのは，愛子さんが歩き始めてから，$26.5-7\frac{1}{3}=26\frac{3}{6}-7\frac{2}{6}=19\frac{1}{6}$(分後)，つまり，19分$(60\times\frac{1}{6})$秒後＝19分10秒後

３　⑴　**【解き方】右のように作図して，直線部分と曲線部分に分けて考える。**

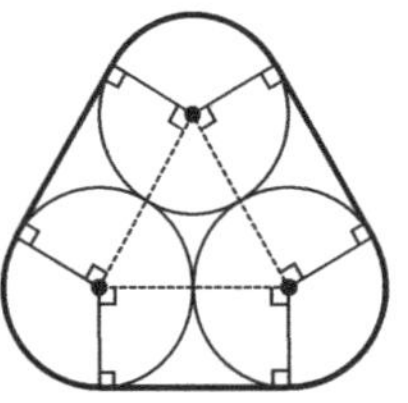

３つの長方形の長い辺の長さは，２＋２＝４(㎝)である。

３つの円の中心を結ぶと，正三角形ができるので，１つのおうぎ形の中心角の大きさは，360－90－90－60＝120°になるから，３つ合わせると１つの円になる。

よって，求める長さは，４×３＋２×２×3.14＝24.56(㎝)

⑵　**【解き方】右のように作図すると，１辺の長さが４㎝の正六角形ができる。**

⑴と同様に，直線部分と曲線部分に分けて考える。

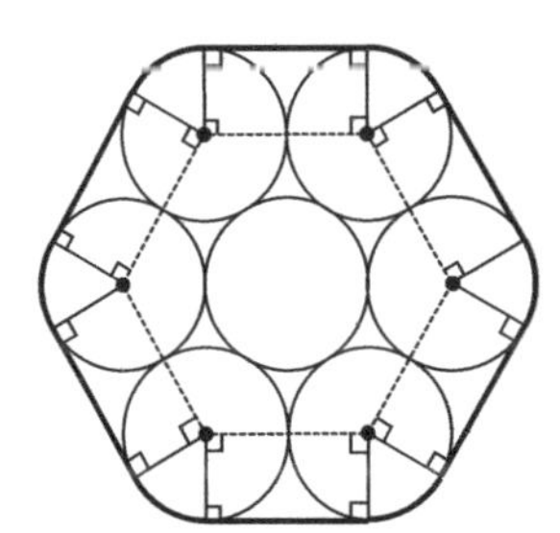

直線部分の和は，４×６＝24(㎝)である。

正六角形の１つの内角の大きさは，180°×(６－２)÷６＝120°だから，

１つのおうぎ形の中心角の大きさは，360°－90°－90°－120°＝60°になるので，

６つ合わせると円になる。

よって，求める長さは，24＋２×２×3.14＝36.56(㎝)

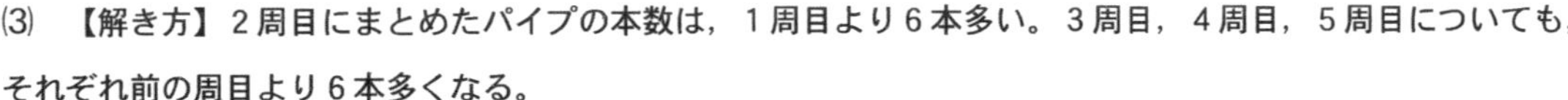

⑶　**【解き方】２周目にまとめたパイプの本数は，１周目より６本多い。３周目，４周目，５周目についても，それぞれ前の周目より６本多くなる。**

２周目には６＋６＝12(本)，３周目には12＋６＝18(本)，４周目には18＋６＝24(本)，５周目には24＋６＝30(本)がまとめられるから，パイプは全部で，１＋６＋12＋18＋24＋30＝91(本)

⑵と同じように考えると，曲線部分の長さの和は１周目と変わっていない。

１周増やすと，円の中心を結んでできる正六角形の１辺に並ぶ円の個数が１個増えるから，５周目の直線部分の１つの長さは，１周目の直線部分の１つの長さより，円の直径の５－１＝４(個)分だけ多くなる。

５周目の直線部分の１つの長さは，４＋(２＋２)×４＝20(㎝)だから，５周目の直線部分の長さの和は，20×６＝120(㎝)である。よって，求める長さは，120＋２×２×3.14＝132.56(㎝)

《2022　理科　解説》

1　問1(2)　流水によって運ばれた土砂は川底や他の石とぶつかるなどして丸みを帯びるが，流水のはたらきを受けない火山灰に含(ふく)まれる粒(つぶ)は角ばっているものが多い。

問2(1)　X地点の標高85mから90mまでの崖(がけ)に見られる地層は，標高が90mであるBの柱状図の地表から地下5mまでの地層と同じである。　(2)　AからDの柱状図には火山灰の層が全部で7個見られるが，それぞれの火山灰の層の標高に着目すると，AとBの下とDの上の火山灰の層は同じ噴火(ふんか)でたい積したものであり，Bの上とCの下の火山灰の層も同様である。よって，AからDの柱状図からわかる噴火の回数は4回である。

問4　b．5.6÷100＝0.056(時間)→0.056×60＝3.36(分)より，カが最も近い。

問5　10cm→0.0001kmより，100km³の体積の火山灰が降り積もる面積は100÷0.0001＝1000000(km²)だから，できる円の半径について，(半径×半径)＝1000000÷3.14＝318471.3…となる。図の500kmの目もりより，イの半径は約560kmであり，560×560＝313600と最も近い値になる。

2　問1(1)　BTB溶液(ようえき)を加えると青色に変わるのは，アルカリ性の水溶液である。アは酸性，イは中性の水溶液である。　(2)　ア×…水溶液は必ず透明(とうめい)である。　エ×…水に溶(と)けているものは水とともにろ紙を通りぬけるので，ろ過で分けることはできない。

問2　水溶液全体の重さが500g，溶けている塩化カルシウムの重さが200gだから，$\frac{200}{500}$×100＝40(%)となる。

問4　表1より，溶かした物質の重さが同じとき，水溶液が凍(こお)り始めた温度が最も低いのは食塩である。食塩を1g溶かすと，水溶液が凍り始めた温度が0.63℃低くなるので，5℃低くなるのは1×$\frac{5}{0.63}$＝7.9…→8gである。

問5　1つだけ溶け残るとしたら，表2で，0℃の飽和(ほうわ)水溶液100gあたりに溶けている重さが最も小さい食塩である。食塩は0℃の水100－26＝74(g)に26gまで溶けるから，0℃の水100gには26×$\frac{100}{74}$＝35.1…→35gまでしか溶けない。よって，溶け残る食塩は約50－35＝15(g)である。また，同様にして，0℃の水100gに溶ける重さを求めると，塩化カルシウムは37×$\frac{100}{100-37}$＝58.7…→59g，砂とうは64×$\frac{100}{100-64}$＝177.7…→178gである。よって，表1の1g溶かしたときに低くなる温度から考えて，塩化カルシウムをまいた水たまりでは0.50×59＝29.5より－29.5℃，食塩をまいた水たまりでは0.63×35＝22.05より－22.05℃，砂とうをまいた水たまりでは0.05×178＝8.9より－8.9℃で凍り始める。

3　問1(1)　3つの条件のうち，1つだけ条件が異なる組み合わせで比べる。ひもの長さ10cm，高さが1cmのときは，おもりの重さが2倍になると移動した距離(きょり)が2倍になることがわかる。おもりの重さが5g，高さが1cmのときは，ひもの長さに関係なく，移動した距離は同じである。おもりの重さが5g，ひもの長さが40cmのときは，高さが4倍になると移動した距離が2倍になることがわかる。　(2)　おもりの重さが10g，高さが9cmのときの移動した距離が12cmであることに着目すると，(1)解説より，移動した距離が12cmの半分の6cmになるのは，おもりの重さが10gの半分の5gのときである。よって，おもりの重さが5g，高さが9cmであれば，木片は6cm移動する。

問2　ふりこが1往復するのにかかる時間はひもの長さによって決まる。よって，手をはなす高さをかえたとしても(左右で高さが異なる場合も含め)，おもりは常に最下点で衝突(しょうとつ)し，衝突にかかるまでの時間は変化しない。

問3(1)　資料より，落ちる速さが速くなっているときは，0.1秒ごとの落ちる距離の増加が0.1mであることがわかる。よって，おもりは，0.4秒から0.5秒の0.1秒で落ちた距離が1.25－0.8＝0.45(m)だから，その次の0.1秒では落ちる距離が0.45＋0.1＝0.55(m)になり，0.6秒のときの落ちた距離は1.25＋0.55＝1.8(m)になる。このように考えると，おもりは0.8秒後までは速さが速くなりながら落ちていて，綿1gは0.2秒後からは0.1秒で落ちる距離が0.25mで一定になっていて，綿10gは0.5秒後からは0.1秒で落ちる距離が0.55mで一定になっている。

(2) (1)解説より，綿１ｇは，落ちた高さが４ｍのときには0.1秒で落ちる距離が0.25mで一定になっていると考えられるので，0.25÷0.1＝(秒速)2.5(m)である。　(3) 同じ大きさの綿１ｇと綿10ｇの結果から，同じ大きさで重さを10ｇよりも重くすれば，速さの増え方がおもりに近づく(ｄが正しい)と考えられる。また，ａとｂでは，小さく丸めることで空気から押(お)される面が小さくなるａが正しいと考えられる。

4 問１ ａ．昆虫(こんちゅう)はふつう足が６本ある。　ｂ．ヒトスジシマカやモンシロチョウは，卵→幼虫→さなぎ→成虫の順に育つ完全変態の昆虫であり，アキアカネやエンマコオロギは，卵→幼虫→成虫の順に育つ不完全変態の昆虫である。　ｃ．羽の数は４枚の昆虫が多いが，２枚のものや羽がないものもいる。

問２(1) 結論が「蚊(か)のだ液には，痛みを和らげる物質が含まれる」というものだから，痛み物質と蚊のだ液をぬったネズミと比べるのは，痛み物質だけをぬったネズミである。また，蚊のだ液をぬったネズミの方が痛み関連行動をくり返す回数が少なくなるので，５分間あたりの回数を調べたと考えられる(次の行動が起こるまでの時間が短いほど一定時間にくり返す回数は多くなる)。

問３(1) 筋肉は関節をまたぐようについているので，筋肉ａはⓐに，筋肉ｂはⓤにつながっている。ひじを曲げるときには，内側の筋肉ａが縮み，外側の筋肉ｂが伸びる(ゆるむ)。　(2) 図２の左側では，筋肉ｃが縮み筋肉ｄが伸びている。この状態のとき，縮んでいる筋肉ｃよりも伸びている筋肉ｄの方により大きな縮む力がはたらけば，筋肉ｃが伸び筋肉ｄが縮んだ右側の状態になる。つまり，蚊の筋肉の縮む力は，筋肉が伸びると大きくなり，筋肉が縮むと小さくなるということである。

《2022　社会　解説》

1 問１ 大豆の価格は 2000 年代に上がったため，2000 年代後半に輸入量が急減したイと判断する。アは小麦，ウは米。

問２ 兵庫県→大阪府→京都府の順路で，大阪湾に注ぐ淀川が京都で宇治川と名前を変えるから，イ．播磨灘(兵庫県)→エ．大阪湾→ウ．淀川(大阪府)→ア．宇治川(京都府)である。

問３ 食料品を一定量に保ちながら，消費と購入をくり返すことで備蓄品の鮮度を保てる。災害時に日常生活に近い食事ができるという特長もある。

問４ 姫路市は瀬戸内の気候だから，比較的温暖で１年を通して降水量が少なく梅雨時期の降水量が多いアを選ぶ。イは那覇市(南西諸島の気候)，ウは静岡市(太平洋側の気候)，エは新潟市(日本海側の気候)。

問５ ウが誤り。鉄鋼の生産量が世界一多いのは中国である。

問６ 1980 年時点，工業製品出荷額は京浜工業地帯が最も高かったから，「い」が京浜工業地帯である。2017 年には，中京工業地帯＞阪神工業地帯＞京浜工業地帯となるから，Ｘが 2017 年，「う」が阪神工業地帯である。

問７ 農業人口の減少や高齢化の対策として，ドローンや自動運転トラクターなどが農作業に使われ始めている。また，草かりに人手を必要としない無人草かり機が開発されたり，コンピューターを使った水やりやビニールハウスの温度管理なども行われたりしている。

問８(1) ア．奥羽山脈の通るⓐと，東北新幹線の通るⓒを選ぶ。　(2) 漁獲量の多いウを選ぶ。宮城県の近くには，暖流の日本海流(黒潮)と寒流の千島海流(親潮)がぶつかる潮目(潮境)が形成されているため，漁獲量が多い。アは山形県，イは福島県，エは秋田県。

問９(1)　愛媛県の松山市は，正岡子規や高浜虚子などの俳人の出身地であり，夏目漱石の小説『坊ちゃん』の舞台として知られる。　(2)　瀬戸内しまなみ海道は３本目の本州四国連絡橋（右表参照）で，日本初の海峡を横断できる自転車道としても有名である。

本州四国連絡橋	結ばれている都市
瀬戸大橋	岡山県倉敷市－香川県坂出市
明石海峡大橋・大鳴門橋	明石海峡大橋…兵庫県神戸市－淡路島 大鳴門橋…淡路島－徳島県鳴門市
瀬戸内しまなみ海道	広島県尾道市－愛媛県今治市

問10　６次産業の「６」は，生産の１次産業，加工の２次産業，販売の３次産業の数字をかけ合わせた数字である（ただし，１＋２＋３＝６と足し合わせるという説もある）。農家の生産した果物を加工したジャムを，直接販売して，売上が上がった例もある。

２　問１　源義経は平氏滅亡の功労者であったが，兄である源頼朝と対立して平泉の地に逃れた。

問２　「あ」は自由民権運動（1874年），「い」は廃藩置県（1871年），「う」は徴兵令（1873年）だから，エが正しい。

問３(1)　Ａは日清戦争後であり，ロシア・ドイツ・フランスなどのカード（中国）ゲームにイギリスの紹介で日本が仲間入りする様子が描かれている。Ｂは日露戦争前であり，イギリスは日本と日英同盟を結んでロシアの南下政策に対抗した。「い」はドイツ，「う」はフランス。　(2)　ロシア・ドイツ・フランスによって三国干渉が行われ，日清戦争後の下関条約で日本に割譲された遼東半島は，清に返還された。

３　問１　日本書紀は舎人(とねり)親王らが編纂した歴史書，古事記は稗田阿礼(ひえだのあれ)が誦習(しょうしゅう)していた内容を太安万侶(おおのやすまろ)がまとめた歴史書である。

問２　飛脚は馬と駆け足を手段とした。

問３　【資料１】の後半が復興への取り組みである。解答例のどちらも，自分たちの力で復興するための支援である。

問４　銅剣・銅鏡・銅鐸などは弥生時代につくられた青銅器で，祭りの道具として用いられた。

問５　足尾銅山から出た鉱毒が渡良瀬川に流れこみ，流域で農業や漁業を営んでいた人々に被害を与えた。衆議院議員であった田中正造は政府の責任を追及し，議員を辞職した後も，鉱毒問題の解決に努めた。

問６①　図１より，銅の輸出量（千トン）は，20（1881～85年）→60（1886～90年）→80（1891～95年）→90（1896～1900年）→110（1901～05年）→180（1906～10年）と増え続けた。　②　図２より，1885年から1900年代初めにかけて，足尾銅山の生産量は別子銅山や小坂銅山よりも多かった。

問７(1)　エが誤り。朝鮮戦争の開始は1950年であり，1953年には休戦したため，1964年東京オリンピック時に戦争は実施されていなかった。　(2)　広島原爆投下日は1945年８月６日だから，1964－1945＝19（才）であった。

４　問１　2022－75＝1947（年）だから，日本国憲法の施行年である。日本国憲法は1946年11月３日に公布され，1947年５月３日に施行された。

問２　「自由の恵みがいきわたる」から基本的人権を導く。日本国憲法の三大原則は，「基本的人権の尊重」「平和主義」「国民主権」であり，基本的人権として自由権・社会権・参政権などが保障されている。

問３　「あ」のみ誤りだからウを選ぶ。憲法改正の発議は国会の持つ権限である。

問５　イは請求権，ウは平等権，エは生存権（社会権）として保障されているから，アが誤り。

問６　新しい人権には，プライバシーの権利の他に環境権，知る権利，自己決定権などがある。

問７　日本では，世間の関心度が高いと判断されたニュースが号外となり，無料配布される。

５　問１(1)　若い世代の意見を積極的に吸い上げるため，公職選挙法が改正され，選挙権年齢が満20歳から18歳以上に引き下げられた。　(2)　エが正しい。小選挙区制では１つの選挙区から得票数の最も多い１人の当選者を出すから，１区ではＡ党，２区ではＣ党，３区ではＡ党，４区ではＢ党の候補者が当選する。　ア．得票数が最も多いのはＣ党だが，当選者が最も多いのはA党である。　イ．４区でのA党の得票数は10000÷100000×100＝10(%)である。

ウ．落選者の得票数の合計は，A党が35000，B党が65000，C党が95000だから，C党が最も多い。

問２　アが正しい(右図参照)。

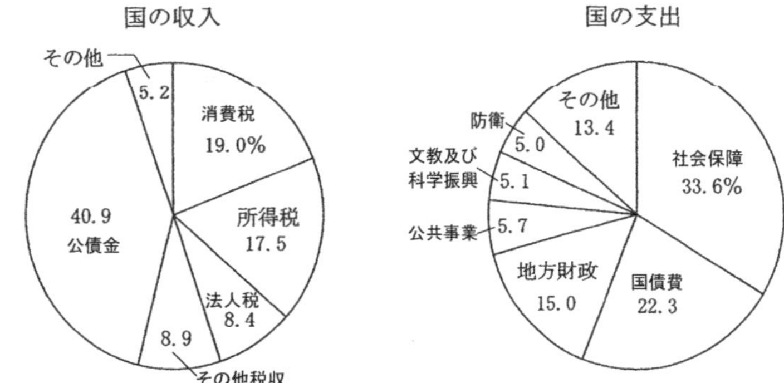

問３　イ．「あ」はインチョン国際空港から大韓民国，「い」は20世紀初めに多くの日本人が移り住んだことからブラジルと判断する。

問４　根が広く深く張ることで，森林は雨水をたくわえることができる。その雨水は，地下水となってゆっくりと染みだし，河川に流れ出る。この働きが人工のコンクリートダムに似ていることから，森林は天然のダム(緑のダム)と呼ばれている。

問５　障がいや病気のある家族の食事の準備など，年齢に見合わない重い責任や負担を負うことで，子どもとしての時間をとれないヤングケアラーが増えている。周りが気づいて声をかけることで，「自分は一人じゃない」「誰かに頼ってもいいんだ」と思える環境を作っていこう。

2021 解答例 令和３年度 ★ノートルダム清心中学校

《国　語》

［一］ 問一．A．ウ　B．エ　問二．オ　問三．ア　問四．エ　問五．食べていくために労働に追い回されることではなく、労働以外に勉強をしたり本を読んだりする時間を持ち、頭を使って考え、それを言葉にすることで、自分の力をのばし、夢を持ってより良い未来を切り開いていくこと。　問六．ウ　問七．イ　問八．オ

［二］ 問一．ウ　問二．生命を構成～ということ　問三．エ　問四．部分的に壊して入れ替え　問五．A　問六．劣化を防いで長く生き続けるために、自分の一部を壊し、捨てては新たに入れることを絶えずくり返しながらバランスを取っている、動的平衡である。

［三］ 問一．①羽　②実　③音　④水　⑤舌　問二．①孝行　②座右　③宣言　④立冬　⑤潔白　⑥最高潮　⑦敬遠　⑧派生　⑨真面目　⑩染める　⑪供える　⑫しこう　⑬こと　⑭たなばた　⑮うわぜい

《算　数》（その①）

1 (1)7.63　(2) $1\frac{1}{8}$

2 19

3 354

4 36

5 11

6 45

7 91

8 20.25

9 192

《算　数》（その②）

1 (1)式…10時12分－9時29分＝43分　(43－4)÷3＝13　13＋4＝17　9時29分－9時＝29分　29－17＝12
答…ア．17　イ．12

(2)式…16時20分－9時＝7時間20分＝440分　3時間10分＝190分　440－190＝250　250÷(15＋10)＝10
190÷10＝19　答…19

2 (1)式…10時36分－10時＝36分＝$\frac{3}{5}$時間　2＋2÷2＝3　3÷$\frac{3}{5}$＝5　答…時速5km

(2)式…10時8分－10時＝8分＝$\frac{2}{15}$時間　2÷$\frac{2}{15}$＝15　15－5＝10　10－3.75＝6.25　答…時速6.25km

(3)式…6.25－3.75＝2.5　2.5：5＝1：2　1×2＝2　2－1＝1　10：5＝2：1　$1\times\frac{2}{2+1}=\frac{2}{3}$　答…$\frac{2}{3}$km

3 (1)ア．$\frac{1}{8}$　イ．1.57

(2)式…(2×2×3.14)：(3×3×3.14)＝4：9　9－4＝5　45°×$\frac{4}{5}$＝36°　答…36°

(3)式…$1\times2+2\times2\times3.14\times\frac{36°}{360°}+3\times2\times3.14\times\frac{36°}{360°}=2+(4+6)\times3.14\times\frac{1}{10}=2+3.14=5.14$　答…5.14cm

《理　科》

1　問1．(1)d．おしべ　e．がく　(2)ウ　問2．血管　問3．ア，イ，オ　問4．(1)ヨウ素液　(2)他の生物を食べる。　問5．①日光　②二酸化炭素　問6．蒸散によって水が外に出ていくのを防ぐ

2　問1．ウ，オ　問2．①エ　②イ　問3．(1)ア，イ　(2)エ　問4．(1)海　(2)エ　(3)0.04

3　問1．ア，オ　問2．イ，エ　問3．①ア　②オ　問4．4.4　問5．①0.8　②50　③0.1　④0.125

4　問1．ウ　問2．275mA　問3．3.75　問4．(1)20.0　(2)①20.5　②0.4　問5．カ

《社　会》

1　問1．イ　問2．ア　問3．福井／富山／岐阜　問4．ウ　問5．ウ　問6．(1)右図　(2)カ　問7．①日本を中心とした　②大西洋を中央にした　③使う人の世界観　問8．(1)輪作　(2)①，④　(3)愛知県　問9．(1)モーダルシフト　(2)地球温暖化の原因となる二酸化炭素の排出量を抑えることができるから。

2　問1．藤原京　問2．ア　問3．ア，カ　問4．(1)近代　(2)大久保利通　問5．(1)イ　(2)配給制　(3)ドイツのメモリアルデーは，出来事のはじまりを記念した日であるのに対して，日本のメモリアルデーは，被害にあった日や終わった日など，過去をふりかえるための日になっている。　問6．エ　問7．ウ

3　問1．オランダ　問2．石炭　問3．ウ，エ　問4．イ，オ　問5．しかも，法律によってオランダ以外の西洋の国との貿易は禁じられている

4　問1．生存権　問2．ウ　問3．イ　問4．所得税　問5．プラスチック　問6．イ　問7．エ　問8．青年海外協力隊

2021 解説 ノートルダム清心中学校

令和３年度

←解答例は前のページにありますので，そちらをご覧ください。

《2021　国語　解説》

［一］

問二　直後の８行の内容に着目する。「弟はこの家の嫡男だった～あわよくば陸太を本家の跡取りにしたいと、芳造がはかない望みを持っていることを絵子は知っていた」とある。また、母は陸太に「我が子に対する愛情という以上のもの」を見せる。つまり、陸太には、「本家の跡取りに」するという、父や母のいだく「はかない望み」「夢」が託されているのである。よって、オが適する。

問三　この後、絵子は「本、読んでいいって言ったが」と母に言っている。絵子は、「本を読んでいい」という約束を破られ、家の手伝いをさせられることに不満をいだいている。しかし、妹のミアケはもう藁束の山に向かっていて、家の手伝いをしようとしている。自分と同じ立場にあるはずのミアケが、母の言う通りに手伝いをしようとしていることに疑問を感じ、思わず動きを止め、妹の背中をじっと見つめたのである。よって、アが適する。

問四　問三の解説も参照。絵子は読書の約束を破られ、家の手伝いをさせられることに不満をいだいている。また、ここより前に、両親には「陸太を本家の跡取りに」するという夢があること、そのために、陸太が他の姉妹とは異なるあつかいを受けていることへの不満や違和感が描かれている。この後、そうした不満をまとめて母にぶつけているが、自分の本心を言い出すのは勇気が必要で、緊張している。緊張したりおこったりすることでも、指先が冷たくなる。よって、エが適する。

問五　直前の「けれど生きるということは、絵子の日々には感じられない。すべては労働で埋め尽くされている。生きるための労働なのに、働いても働いても、生きることには追いつかない」とある。これは、労働に追い回されて、生きているという実感がないということである。絵子の考える「ほんとうに生きること」とは、「頭を使い、考えて、それを言葉にする」こと、つまり、勉強をしたり本を読んだりすることによって実現するものである。そしてそれは、「男の子を産んで育てて、その子の将来に託すようにしか夢を描くことを許されない」という母のような生き方ではなく、自分の力をのばし、自分のやりたいことを追い求め、実現できるような生き方である。

問六　絵子にとって「方言は、ここの生活そのもの」であり、現実の生活と強く結びついている。一方、「考えることは絵子にとって、本を読むことと繋がって」いて、「書物の冷静な思考」と結びついている。そのため、絵子が頭の中で考えていることを、現実の生活と結びついている「方言」で話そうとすると「思考は崩れて」しまい、うまくいかないのである。よって、このことを説明した、ウが適する。

問七　６行後に「ぐい呑みを干した目が真っ赤だったので、父が破れかぶれになっていることを絵子は知った」とある。父は「めでたいことやの」と言って陸太の背中を叩き、明るくふるまっているが、実際は「将来を楽しみにしていた」ひとり息子が出征することが悔しく、破れかぶれになって明るくふるまっているのである。よって、イが適する。

問八　絵子が十七年ぶりに家に帰ったころは、戦争によって、都市部での食事は「代用食、代用米ばかり」だった。しかし、実家では「本物の米」を食べることができる。「ここの食べ物は信じられないくらい美味しく感じられた」とあり、「村」での生活の良い点を認めていることが読み取れる。よって、オが適する。

［二］

問一　前書きにあるように、筆者には「『生命とは何か？』という謎を解くこと」という夢があった。――線(1)の前に「遺伝子が明らかになれば〜生命の謎はきっと解けるはずだ」という考えが主流になり始めていたと書かれている。それは、無限にある生命のパーツをすべて明らかにするのは無理だというそれまでの常識をくつがえすものであり、筆者は自分の夢がかなうかもしれないという期待感をいだいたのである。よって、ウが適する。

問二　――線(2)の「これ」が指す内容は、直前の「この映画に関わるすべての人の名前はわかる。でも、エンドロールだけを見ていても、肝心(かんじん)の映画の中身はまったくわからない」というたとえが表すものである。

問三　少し後の方に「宇宙にあるものはすべて、何もせずにそのままでいたら、ただ悪いほうへと転がり落ちていく運命にあるのです」「生き物は常に劣化(れっか)する脅威(きょうい)にさらされています」とある。よって、エが適する。

問四　前の一文に「もし生命から学ぶべきことがあるとするなら」とある。【 X 】をふくむ一文とその次の一文は、「動的平衡(へいこう)」の考え方を説明している。「動的平衡」について説明した部分から【 X 】に入ることばを探す。

問五　生徒Aの発言は、――線(2)の直前の３段落の内容と一致する。生徒Bの発言は、「ピースが多少なくなっても全体的には問題ない」が、本文にない内容。生徒Cの発言は、「生き物にも〜劣化を防ぐためのものが必要だ」が、本文にない内容。生徒Dの発言は、「基礎(きそ)は頑丈(がんじょう)にしておいて」が、本文にない内容。生徒Eの発言は、「必ず達成できる」が、本文にない内容。

問六　――線(3)の２〜３行前に「自分で細胞をどんどん壊す。壊し続けることで安定する。そう、生命は動的平衡である――これが私の見つけた、『生命とは何か？』への私なりの答えでした」とある。動的平衡は、「常に劣化する脅威にさらされて」いる生命が、「できるだけ長く生き続けるため」のものであると述べられている。

《2021　算数　その①　解説》

1 (1)　与式より，8.47＋□＝61.18÷3.8　　□＝16.1－8.47＝7.63

(2)　与式$=\frac{2.1}{0.8}-\frac{7}{8}\div(\frac{16}{12}-\frac{9}{12})=\frac{21}{8}-\frac{7}{8}\div\frac{7}{12}=\frac{21}{8}-\frac{7}{8}\times\frac{12}{7}=\frac{21}{8}-\frac{12}{8}=\frac{9}{8}=1\frac{1}{8}$

2　**【解き方】つるかめ算を用いて求める。**

54枚すべてが10円玉であった場合，合計金額は10×54＝540(円)となり，実際より1300－540＝760(円)低い。

10円玉１枚を50円玉１枚に置きかえると合計金額は50－10＝40(円)高くなるから，50円玉は760÷40＝19(枚)ある。

3　480円の２割引は480×(１－0.2)＝384(円)なので，仕入れ値は，384－30＝354(円)

4　**【解き方】毎分６Ｌで水を入れたときと，毎分４Ｌで水を入れたときを比べると，水そうをいっぱいにするまでにかかる時間の比は，水を入れる割合の比である６：４＝３：２の逆比の２：３となる。**

かかる時間の比である２：３の比の数の３－２＝１が３分にあたるから，毎分４Ｌで入れたときにかかる時間は，$3\times\frac{3}{1}=9$(分)である。よって，水そうの容積は，４×９＝36(Ｌ)である。

5　**【解き方】１人が１日で働く仕事の量を①とする。**

仕事全体の量は，①×６×16＝96である。９人が７日間働いたときの仕事の量は，①×９×７＝63だから，残りの仕事の量は，96－63＝33である。これをちょうど３日で終えるには，１日の仕事の量を33÷３＝11にすればよいから，11÷①＝11(人)で働けばよい。

(注：この問題の丸数字・数字は四角囲みで印刷)

6　**【解き方】現在の母親の年れいを⑤，子の年れいを①とすると，９年後はそれぞれ⑤＋９，①＋９となる。**

①＋９の３倍，つまり，(①＋９)×３＝③＋27が⑤＋９と等しいのだから，⑤－③＝②が27－９＝18(才)にあたる。したがって，①が$18\times\frac{①}{②}=9$(才)にあたるので，現在の母親の年れいは，９×５＝45(才)である。

(注：この問題の丸数字はひし形囲みで印刷)

7　**【解き方】使った棒の本数は，正方形が１個のときは４本であり，そこから正方形を１個増やすごとに３本増える。**

最初の１個の正方形で４本，残り30－１＝29(個)の正方形で３×29＝87(本)使ったから，求める本数は，

4＋87＝91(本)

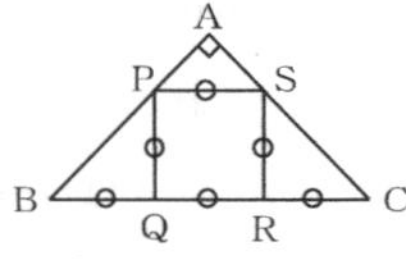

8 **【解き方】三角形ＡＢＣ，三角形ＱＢＰ，三角形ＲＣＳはすべて直角二等辺三角形であり，四角形ＰＱＲＳは正方形だから，同じ長さの辺に○印をつけると右図のようになる。**
また，正方形(ひし形)の面積は(対角線の長さ)×(対角線の長さ)÷２で求められることを利用する。

○印のついた辺は３本あわせるとＢＣ＝27 ㎝だから，１本で27÷３＝９(㎝)である。

よって，ＰＳ＝９㎝だから，三角形ＡＰＳを２つ合わせると，対角線の長さが９㎝の正方形ができるとわかる。

その正方形の面積は$9\times9\div2=\frac{81}{2}$(㎠)だから，三角形ＡＰＳの面積は，$\frac{81}{2}\div2=\frac{81}{4}=20.25$(㎠)

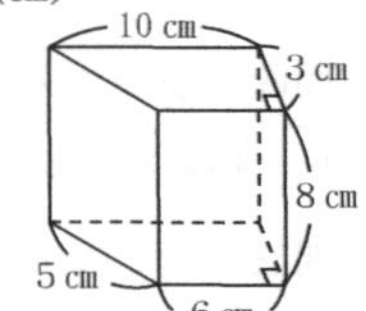

9 **【解き方】組み立てると，右図のように底面が上底 10 ㎝，下底６㎝，高さ３㎝の台形で，高さが８㎝の四角柱となる。**

体積は，$(10+6)\times3\div2\times8=192$(㎤)

《2021　算数　その②　解説》

1 ⑴ **【解き方】昨年のＡの１回あたりの発表時間を４分短くすると，ＡとＢの１回あたりの発表時間の比は１：２となる。**

昨年のＡとＢの１回あたりの発表時間の合計は，10 時 12 分－９時 29 分＝43 分であり，Ａの発表時間を４分短くすると，合計は43－４＝39(分)となる。この場合のＡの１回あたりの発表時間は，$39\times\frac{1}{1+2}=13$(分)だから，実際の１回あたりの発表時間は13＋４＝ア17(分)だった。

Ａの１回あたりの発表時間と休けい時間の合計は，９時 29 分－９時＝29 分だから，休けい時間は29－17＝イ12(分)

⑵ **【解き方】Ａの発表，休けい，Ｂの発表で１周と表す。全体のうちのＡの発表時間と休けい時間の合計がわかれば，何周するかを求められる。**

全体で 16 時 20 分－９時＝７時間 20 分＝440 分あるうち，Ｂの発表時間の合計は３時間 10 分＝190 分だから，Ａの発表時間と休けい時間の合計が 440－190＝250(分)になればよい。１周のうちのＡの発表時間と休けい時間の合計は 15＋10＝25(分)だから，全部で 250÷25＝10(周)する。よって，Ｂの１回あたりの発表時間は，190÷10＝19(分)である。

2 ⑴ **【解き方】２人が１回目にすれちがうのは，清子さんがＡからＢに下っていて，愛子さんがＢからＡに歩いているときである。２回目にすれちがうのは，清子さんが１回目にＢで折り返してから，ＢからＡに上っていて，愛子さんが１回目にＡで折り返してから，ＡからＢに歩いているときである。**

２人が出発してから２回目にすれちがうまでの 10 時 36 分－10 時＝36 分＝$\frac{36}{60}$時間＝$\frac{3}{5}$時間で，愛子さんは２＋２÷２＝３(㎞)進んだから，求める速さは，時速$(3\div\frac{3}{5})$㎞＝時速５㎞である。

⑵ **【解き方】(静水での速さ)＝(下りの速さ)－(川の流れの速さ)で求める。**

２人が初めてすれちがったのは出発してから，10 時８分－10 時＝８分＝$\frac{8}{60}$時間＝$\frac{2}{15}$時間たったときだから，ボートの下りの速さと愛子さんの歩く速さの和は，時速$(2\div\frac{2}{15})$㎞＝時速 15 ㎞である。したがって，ボートの下りの速さは，時速(15－５)㎞＝時速 10 ㎞だから，静水での速さは，時速(10－3.75)㎞＝時速 6.25 ㎞

⑶ **【解き方】２人が２回目にすれちがった位置をふまえて，３回目にすれちがう位置がどの辺りにあるのかをまず考える。また，(上りの速さ)＝(静水での速さ)－(川の流れの速さ)で求められること，同じ時間で進む道の**

りの比は速さの比に等しいことを利用する。

ボートの上りの速さは時速(6.25−3.75)km＝時速2.5kmである。上りのボートと愛子さんの速さの比は2.5：5＝1：2だから，2回目にすれちがってからボートがAまで進む(1km進む)とき，愛子さんは1×2＝2(km)進む。よって，ボートが1往復してAに着いたとき，愛子さんはBから2−1＝1(km)進んだ位置にいるとわかる。ここから，3回目にすれちがうまでに，ボートと愛子さんは合わせて1km進み，下りのボートと愛子さんの速さの比は10：5＝2：1だから，ボートは$1\times\frac{2}{2+1}=\frac{2}{3}$(km)進む。

したがって，2人が3回目にすれちがうのは，Aから$\frac{2}{3}$kmはなれた所である。

3 (1) おうぎ形の面積は，(もとの円の面積)×$\frac{(中心角)}{360°}$で求められるから，色付き部分の面積は，半径2cmの円の面積の$\frac{45°}{360°}=$ア$\underline{\frac{1}{8}}$(倍)である。

よって，色付き部分の面積は，$2\times2\times3.14\times\frac{1}{8}=\frac{1}{2}\times3.14=$イ$\underline{1.57}$(cm²)

(2) **【解き方】おうぎ形AとBの(半径)×(半径)×3.14の値(あたい)の比から，中心角の比を求める。**

おうぎ形AとBの(半径)×(半径)×3.14の値の比は，(2×2×3.14)：(3×3×3.14)＝4：9である。

おうぎ形AとBは面積が等しいから，$\frac{(中心角)}{360°}$の比は4：9の逆比の9：4である。したがって，中心角の比も9：4であり，この比の数の9−4＝5が45°にあたるから，おうぎ形Bの中心角は，$45°\times\frac{4}{5}=36°$

(3) (2)より，求める長さは，1cmの辺2つと，半径が2cmで中心角が36°のおうぎ形の曲線部分と，半径が3cmで中心角が36°のおうぎ形の曲線部分の長さの和だから，$1\times2+2\times2\times3.14\times\frac{36°}{360°}+3\times2\times3.14\times\frac{36°}{360°}=2+(4+6)\times3.14\times\frac{1}{10}=2+3.14=5.14$(cm)

《2021　理科　解説》

1 問1(1) aは花びら，bとcはめしべ，dはおしべ，eはがくである。　(2) ウ○…めしべのcの部分は子房で，やがて実になる部分である。

問2 ヒトのからだでは，養分は血管を流れる血液によって運ばれる。

問3 ア，イ，オ○…ある条件について調べたいときは，その条件だけがことなる2つの実験の結果を比べる。サボテンのトゲには，日光が当たったときに茎が熱くなりすぎるのを防ぐはたらきがあることを調べるので，サボテンのトゲの条件だけを変える。

問4(1) ヨウ素液はでんぷんにつけると青紫色に変化する。

問5 光合成では，葉が日光を受けて，根から吸い上げた水と空気中からとりこんだ二酸化炭素を材料に，でんぷんと酸素を作る。

2 問1 ウ，オ○…磁石につくのは，鉄，コバルト，ニッケルなど，一部の金属だけである。1円玉はアルミニウム，10円玉は銅でできていて，スチールは鉄の合金である。

問2 磁針の色のついた方(N極)は北を指す。このことから，地球は北極がS極，南極がN極の巨大な磁石になっていることがわかる。

問3(1) ア，イ○…正しくはかると北から60度東を指す磁針が，短い方の辺をあてることで90度ずれるので，時計回りに90度ずれて北から30度西を指すか，反時計回りに90度ずれて南から30度東を指す。　(2) エ○…図1の地層は，上から見ると，手前から奥に向かってA層からD層が平行になるように広がっている。地層の方向は北から60度東だから，エが正答となる。

問4(2) A層からD層がすべて同じように曲がっているので，一番上のA層ができた後に左右から大きな力がはたらいて地層が曲がり，その後地上に出て地表面がけずられて平らになったと考えられる。　(3)　4 m→4000 ㎜のB層は10万年かけて形成されたので，1年で4000÷100000＝0.04(㎜)ずつたい積したと考えられる。

3　問1　ア○…炭酸水は二酸化炭素の水溶液だから，石灰水に入れると白くにごる。　イ×…炭酸水はアルミニウムを入れても反応しない。　ウ×…炭酸水はにおいがない。　エ×…炭酸水の水を蒸発させると何も残らない。オ○…炭酸水は酸性の水溶液だから，青色リトマス紙を赤色に変える。

問2　イ，エ○…アンモニア水と塩酸は気体が溶けた水溶液である。食塩水，ミョウバンの水溶液，砂糖水は固体が溶けた水溶液である。

問3　①ア○…ペットボトル内の二酸化炭素が水にとけて，ペットボトルがへこむ。　②オ○…二酸化炭素が水にとけても，ペットボトル全体の重さは変わらない。

問4　表1で，水とビーカーの重さの合計が1300.3－1297.3＝3(g)減少したことから，蒸発した水の重さは3gである。したがって，炭酸水とビーカーの重さの合計の減少について，1304.2－(1296.8＋3)＝4.4(g)が溶けていた二酸化炭素の重さである。

問5　①160÷200＝0.8(倍)となる。なお，表2の他の値を使っても 0.8 倍になる。　②表2と表3で入れた二酸化炭素の重さが 0.6gのときで比べる。おもりを乗せなかったときの二酸化炭素の体積も，おもりを乗せたときの二酸化炭素の体積もともに300－250＝240－190＝50(㎤)減っている。　③$0.6\times\frac{50}{300}=0.1$(g)
④$0.6\times\frac{50}{240}=0.125$(g)

4　問1　ウ○…電流計の＋端子には，かん電池の＋極側につながっている導線をつなぐ。また，流れる電流の大きさが予想できないときは，はじめにつないでおく－端子は，最も大きい5Aの端子である。これは，針がふりきれて電流計がこわれるのを防ぐためである。

問2　電流計を500mAの－端子につないだので，最大目もりが500mAで，図2は275mAを示している。

問3　表より，おもりの重さと電流の大きさは比例の関係になっていることがわかる。したがって，電流の大きさが3.0Aのときの皿に乗せたおもりの重さは$1.0\times\frac{3.0}{0.8}=3.75$(g)となる。

問4(1)　てこをかたむけるはたらき〔おもりの重さ(g)×支点からの長さ〕が左右で等しくなるときにつり合う。図3と比べて，図4ではaの支点からの長さが2倍になったので，てこを右にかたむけるはたらきも皿だけのときの2倍になっている。したがって，てこを左にかたむけるはたらきも皿だけのときの2倍になるように，Yの重さは皿と同じ20gであればよい。　(2)　①皿に 1.0gのおもりをのせたとき，皿と比べて支点からの長さが2倍のaの重さを1.0÷2＝0.5(g)重くして20.0＋0.5＝20.5(g)に変えると，棒は水平につり合う。　②表より，皿に乗せたおもりの重さが 1.0gのとき，棒が水平につり合うときの電流の大きさは 0.8Aだから，aの支点からの長さが図3のときの2倍になっていることから，電流は半分の0.4Aである。

問5　カ○…支点から皿までの長さを半分にし，支点からaまでの長さを2倍にしたので，棒が水平につり合うときの電流の大きさは，表の値の$\frac{1}{2}\times\frac{1}{2}=\frac{1}{4}$(倍)になる。ただし，ここでは板の重さが65.0gであり，支点の左の重さがaの重さの4倍の 80gよりも(20.0＋65.0)－80.0＝5.0(g)重い。つまり，板の上に何も乗せていない状態で$4.0\times\frac{1}{4}=1.0$(A)の電流が流れているときが0gになるので，図5の1Aの目盛りが0gの目盛りであり，1A大きくなるごとに5gずつ大きくなるようにはり替えればよい。

《2021　社会　解説》

1　問１　「い」のみ誤りだからイを選ぶ。面積の比較には棒グラフが適している。円グラフは構成比などに使う。

問２　アが正しい。人口が約510万人なのは福岡県(全国第９位)，面積が全国第22位は大分県(約6340㎢)である。

問３　「金沢城」や日本三名園の「兼六園」から，石川県と判断する(右図参照)。

問４　尖閣諸島は沖縄県の南西端にあるからウが正しい。日本は中国と尖閣諸島の領土問題がある。

問５　ウ．降水量が多い地域ほど土壌雨量指数は高くなる。南東季節風の影響で夏の降水量が多い尾鷲市(太平洋側の気候)，梅雨時期に降水量が多くなる千葉市，１年を通して降水量が少ない岡山市(瀬戸内の気候)の順に降水量は多いから，尾鷲市がC，千葉市がA，岡山市がBとなる。

問６(1)　碑文を表すたて線を加えると，自然災害伝承碑の地図記号になる。教訓を踏まえた的確な防災行動によって災害被害を軽減させるためにつくられた。　(2)　カ．火山災害は，活火山のまわりで起きるから，雲仙普賢岳や桜島に分布する「う」と判断する。津波は，海域で大地震が発生して起きるから，沿岸部に分布する「い」と判断する。土砂災害は，山の斜面で起きるから，中国山地や四国山地に分布する「あ」と判断する。

問７②　右図参照　③　日本人は日本中心の世界地図，オーストラリア人は南半球が上の世界地図を使うこともあるから，それぞれの住む場所が世界地図の中心になっているとわかる。

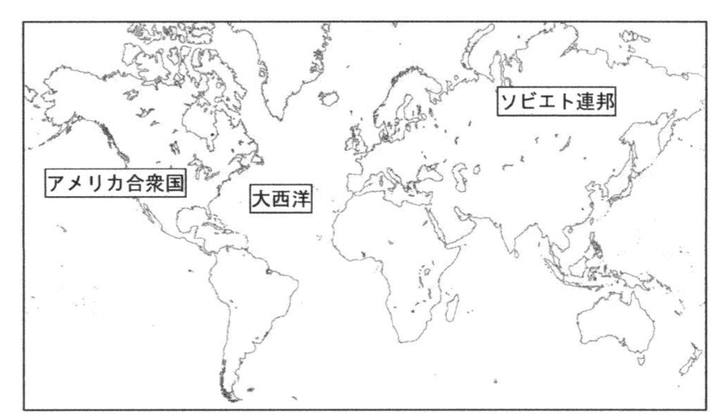

問８(1)　輪作は同じ耕地に同じ種類の作物を続けて植える連作によって生じる悪い影響(土地の養分のバランスがくずれて作物が病気になりやすくなったり，害虫が多く発生したりして，収穫量が少なくなること)を防ぐために行われている。

(2)　①と④を選ぶ。日本産の砂糖の大半は北海道で生産されるてんさいを原料としている。②と③はさとうきび。

(3)　カード⑥に「三大工業地帯の中心…で多く生産されています」とあるから，中京工業地帯の中心の愛知県を導く。

問９　トラックによる貨物輸送を環境負荷の小さい鉄道にかえていることからモーダルシフトを導く。鉄道輸送の際に排出される二酸化炭素の量はトラックの半分以下なので，温室効果ガスの大量排出によって発生する地球温暖化防止につながる。

2　問１　藤原京は天智天皇の死後，皇后の持統天皇がつくった。

問２　アが正しい。13世紀は1201～1300年だから，鎌倉時代(12世紀末～1333年)にあたる。平安時代は８世紀末～12世紀後半，室町時代は14世紀前半～16世紀後半，奈良時代は８世紀にあたる。

問３　アとカが誤り。　ア．和紙の原料はこうぞやみつまたである。　カ．二毛作の開始は鎌倉時代である。

問４(1)　明治時代初期に近代産業の育成を目指して西洋の知識や技術を取り入れた殖産興業政策が進められた。

(2)　大久保利通は，岩倉使節団の一員として欧米に渡り，帰国した後，政府の中心人物として士族の特権を廃止する秩禄(ちつろく)処分を行った。

問５(1)　イが正しい。西はマレー半島・インドネシア，東はガダルカナル島やギルバート諸島あたりまで侵攻した。ハワイ諸島を含むエを選ばないように注意しよう。　(2)　国家総動員法の制定で，配給制が導入されて食料は通帳，衣服は切符による配給となった。　(3)　1945年3月10日に東京大空襲，8月6日に広島への原爆投下，8月9日に長崎への原爆投下があり，8月15日に第二次世界大戦が終わった。

問6　エ．南樺太は1905年のポーツマス条約，千島列島は1875年の樺太・千島交換条約，台湾は1895年の下関条約，朝鮮は1910年の韓国併合で日本領となっていた。サンフランシスコ平和条約は，1951年にアメリカを中心とする48か国と結んだ条約で，これによって日本は独立を回復した。

問7　ウ．「あ」の日韓基本条約は1965年，「い」の日ソ共同宣言は1956年，「う」の日中共同声明は1972年だから，「い」→「あ」→「う」の順となる。

3　**問1**　鎖国体制が完成した後も，キリスト教の布教を行わないオランダとの貿易は長崎の出島で続けられ，江戸幕府はオランダ風説書によって海外の貴重な情報を入手していた。

問2　ペリーは1854年に日本と日米和親条約を結び，寄港地として下田・函館の2港を開くことを認めさせた。日米和親条約は薪水給与や漂流民保護に関する条約であった。

問3　ウとエが誤り。　ウ．琉球藩の設置は明治時代。1871年の廃藩置県に続いて琉球藩が設置され，その後，沖縄県設置につながる琉球処分が行われた。　エ．明治政府は札幌に開拓使をおき，士族や農民を屯田兵として移住させ，北海道の本格的な開拓が進められた。

問4　イの函館とオの下田を選ぶ(問2の解説参照)。ウの新潟，エの横浜，カの神戸，キの長崎は1858年に大老井伊直弼によって結ばれた日米修好通商条約で開港された。

問5　江戸幕府は，キリスト教を布教するポルトガル船やスペイン船の来航を禁止していた。

4　**問1**　社会権のうちの生存権について規定した日本国憲法第25条の「健康で文化的な最低限度の生活」という文言はそのまま暗記しよう。

問2　ウが誤り。国会が制定した法律が憲法に違反していないかどうかを審査する違憲審査権はすべての裁判所が持つ権限である。

問3　敬老の日のイが正しい。アの文化の日は11月3日，ウの勤労感謝の日は11月23日，エの成人の日は1月の第2月曜日である。

問4　所得税は，所得が多いほど課税率が高くなる累進課税をとっている。

問5　捨てられたレジ袋は海に流れ込み，微小なプラスチック粒子(マイクロプラスチック)となる。それを魚などが食べ，その魚を食べている人間の体に移行して影響を及ぼす危険性が問題視されている。そのため，買物にマイバックを持参して，レジ袋を削減することが推奨されている。

問6　イ．「あ」は減少傾向にあるから上下水道費である。残ったうち，料金が高く上昇傾向にある「い」を通信費，低い「う」をひ服・はき物費と判断する。

問7　エ．水力発電量の割合が最も高いBは1980年である。2011年の福島第一原子力発電所事故を受けて，原子力発電量の割合は低くなり，火力発電量の割合は高くなったことから，Cを2000年，Aを2018年と判断する。

問8　ＪＩＣＡは，技術や知識を必要としている国に専門家やボランティアを派遣して，途上国の発展に活用してもらう取り組みを行っている。また，現地の道路整備や水道敷設などの支援や，発展途上国の経済状況に応じて，資金援助も行っている。

■ ご使用にあたってのお願い・ご注意

（１）問題文等の非掲載

著作権上の都合により，問題文や図表などの一部を掲載できない場合があります。
誠に申し訳ございませんが，ご了承くださいますようお願いいたします。

（２）過去問における時事性

過去問題集は，学習指導要領の改訂や社会状況の変化，新たな発見などにより，現在とは異なる表記や解説になっている場合があります。過去問の特性上，出題当時のままで出版していますので，あらかじめご了承ください。

（３）配点

学校等から配点が公表されている場合は，記載しています。公表されていない場合は，記載していません。
独自の予想配点は，出題者の意図と異なる場合があり，お客様が学習するうえで誤った判断をしてしまう恐れがあるため記載していません。

（４）無断複製等の禁止

購入された個人のお客様が，ご家庭でご自身またはご家族の学習のためにコピーをすることは可能ですが，それ以外の目的でコピー，スキャン，転載（ブログ，ＳＮＳなどでの公開を含みます）などをすることは法律により禁止されています。学校や学習塾などで，児童生徒のためにコピーをして使用することも法律により禁止されています。
ご不明な点や，違法な疑いのある行為を確認された場合は，弊社までご連絡ください。

（５）けがに注意

この問題集は針を外して使用します。針を外すときは，けがをしないように注意してください。また，表紙カバーや問題用紙の端で手指を傷つけないように十分注意してください。

（６）正誤

制作には万全を期しておりますが，万が一誤りなどがございましたら，弊社までご連絡ください。
なお，誤りが判明した場合は，弊社ウェブサイトの「ご購入者様のページ」に掲載しておりますので，そちらもご確認ください。

■ お問い合わせ

解答例，解説，印刷，製本など，問題集発行におけるすべての責任は弊社にあります。

ご不明な点がございましたら，弊社ウェブサイトの「お問い合わせ」フォームよりご連絡ください。迅速に対応いたしますが，営業日の都合で回答に数日を要する場合があります。

ご入力いただいたメールアドレス宛に自動返信メールをお送りしています。自動返信メールが届かない場合は，「よくある質問」の「メールの問い合わせに対し返信がありません。」の項目をご確認ください。

また弊社営業日（平日）は，午前９時から午後５時まで，電話でのお問い合わせも受け付けています。

2025 春

株式会社教英出版
〒422-8054　静岡県静岡市駿河区南安倍３丁目 12-28
TEL　054-288-2131　　FAX　054-288-2133
URL　https://kyoei-syuppan.net/
MAIL　siteform@kyoei-syuppan.net

教英出版の中学受験対策

中学受験面接の基本がここに！
知っておくべき面接試問の要領

面接試験に，落ち着いて自信をもってのぞむためには，あらかじめ十分な準備をしておく必要があります。面接の心得や，受験生と保護者それぞれへの試問例など，面接対策に必要な知識を１冊にまとめました。

- 面接の形式や評価のポイント，マナー，当日までの準備など，面接の基本をていねいに指南「面接はこわくない！」
- 書き込み式なので，質問例に対する自分の答えを整理して本番直前まで使える
- ウェブサイトで質問音声による面接のシミュレーションができる

定価：770円（本体700円+税）

入試テクニックシリーズ

必修編

基本をおさえて実力アップ！
1冊で入試の全範囲を学べる！
基礎力養成に最適！

こんな受験生には必修編がおすすめ！

- 入試レベルの問題を解きたい
- 学校の勉強とのちがいを知りたい
- 入試問題を解く基礎力を固めたい

定価：1,100円（本体1,000+税）

発展編

応用力強化で合格をつかむ！
有名私立中の問題で
最適な解き方を学べる！

こんな受験生には発展編がおすすめ！

- もっと難しい問題を解きたい
- 難関中学校をめざしている
- 子どもに難問の解法を教えたい

定価：1,760円（本体1,600+税）

絶賛販売中！

詳しくは教英出版で検索

教英出版　検索

URL https://kyoei-syuppan.net/

神奈川県

①[県立]
- 相模原中等教育学校
- 平塚中等教育学校

②[市立]南高等学校附属中学校
③[市立]横浜サイエンスフロンティア高等学校附属中学校
④[市立]川崎高等学校附属中学校
✿⑤聖光学院中学校
✿⑥浅野中学校
⑦洗足学園中学校
⑧法政大学第二中学校
⑨逗子開成中学校(1次)
⑩逗子開成中学校(2·3次)
⑪神奈川大学附属中学校(第1回)
⑫神奈川大学附属中学校(第2·3回)
⑬栄光学園中学校
⑭フェリス女学院中学校

新潟県

①[県立]
- 村上中等教育学校
- 柏崎翔洋中等教育学校
- 燕中等教育学校
- 津南中等教育学校
- 直江津中等教育学校
- 佐渡中等教育学校

②[市立]高志中等教育学校
③新潟第一中学校
④新潟明訓中学校

石川県

①[県立]金沢錦丘中学校
②星稜中学校

福井県

①[県立]高志中学校

山梨県

①山梨英和中学校
②山梨学院中学校
③駿台甲府中学校

長野県

①[県立]
- 屋代高等学校附属中学校
- 諏訪清陵高等学校附属中学校

②[市立]長野中学校

岐阜県

①岐阜東中学校
②鶯谷中学校
③岐阜聖徳学園大学附属中学校

静岡県

①[国立]静岡大学教育学部附属中学校(静岡·島田·浜松)

②
- [県立]清水南高等学校中等部
- [県立]浜松西高等学校中等部
- [市立]沼津高等学校中等部

③不二聖心女子学院中学校
④日本大学三島中学校
⑤加藤学園暁秀中学校
⑥星陵中学校
⑦東海大学付属静岡翔洋高等学校中等部
⑧静岡サレジオ中学校
⑨静岡英和女学院中学校
⑩静岡雙葉中学校
⑪静岡聖光学院中学校
⑫静岡学園中学校
⑬静岡大成中学校
⑭城南静岡中学校
⑮静岡北中学校

⑯
- 常葉大学附属常葉中学校
- 常葉大学附属橘中学校
- 常葉大学附属菊川中学校

⑰藤枝明誠中学校
⑱浜松開誠館中学校
⑲静岡県西遠女子学園中学校
⑳浜松日体中学校
㉑浜松学芸中学校

愛知県

①[国立]愛知教育大学附属名古屋中学校
②愛知淑徳中学校

③
- 名古屋経済大学市邨中学校
- 名古屋経済大学高蔵中学校

④金城学院中学校
⑤椙山女学園中学校
⑥東海中学校
⑦南山中学校男子部
⑧南山中学校女子部
⑨聖霊中学校
⑩滝中学校
⑪名古屋中学校
⑫大成中学校
⑬愛知中学校
⑭星城中学校
⑮名古屋葵大学中学校
(名古屋女子大学中学校)
⑯愛知工業大学名電中学校
⑰海陽中等教育学校(特別給費生)
⑱海陽中等教育学校(I·II)
⑲中部大学春日丘中学校
新刊⑳名古屋国際中学校

三重県

①[国立]三重大学教育学部附属中学校
②暁中学校
③海星中学校
④四日市メリノール学院中学校
⑤高田中学校
⑥セントヨゼフ女子学園中学校
⑦三重中学校
⑧皇學館中学校
⑨鈴鹿中等教育学校
⑩津田学園中学校

滋賀県

①[国立]滋賀大学教育学部附属中学校

②[県立]
- 河瀬中学校
- 守山中学校
- 水口東中学校

京都府

①[国立]京都教育大学附属桃山中学校
②[府立]洛北高等学校附属中学校
③[府立]園部高等学校附属中学校
④[府立]福知山高等学校附属中学校
⑤[府立]南陽高等学校附属中学校
⑥[市立]西京高等学校附属中学校
⑦同志社中学校
⑧洛星中学校
⑨洛南高等学校附属中学校
⑩立命館中学校
⑪同志社国際中学校
⑫同志社女子中学校(前期日程)
⑬同志社女子中学校(後期日程)

大阪府

①[国立]大阪教育大学附属天王寺中学校
②[国立]大阪教育大学附属平野中学校
③[国立]大阪教育大学附属池田中学校

④[府立]富田林中学校
⑤[府立]咲くやこの花中学校
⑥[府立]水都国際中学校
⑦清風中学校
⑧高槻中学校（A日程）
⑨高槻中学校（B日程）
⑩明星中学校
⑪大阪女学院中学校
⑫大谷中学校
⑬四天王寺中学校
⑭帝塚山学院中学校
⑮大阪国際中学校
⑯大阪桐蔭中学校
⑰開明中学校
⑱関西大学第一中学校
⑲近畿大学附属中学校
⑳金蘭千里中学校
㉑金光八尾中学校
㉒清風南海中学校
㉓帝塚山学院泉ヶ丘中学校
㉔同志社香里中学校
㉕初芝立命館中学校
㉖関西大学中等部
㉗大阪星光学院中学校

兵庫県

①[国立]神戸大学附属中等教育学校
②[県立]兵庫県立大学附属中学校
③雲雀丘学園中学校
④関西学院中学部
⑤神戸女学院中学部
⑥甲陽学院中学校
⑦甲南中学校
⑧甲南女子中学校
⑨灘中学校
⑩親和中学校
⑪神戸海星女子学院中学校
⑫滝川中学校
⑬啓明学院中学校
⑭三田学園中学校
⑮淳心学院中学校
⑯仁川学院中学校
⑰六甲学院中学校
⑱須磨学園中学校(第1回入試)
⑲須磨学園中学校(第2回入試)
⑳須磨学園中学校(第3回入試)
㉑白陵中学校
㉒夙川中学校

奈良県

①[国立]奈良女子大学附属中等教育学校
②[国立]奈良教育大学附属中学校
③[県立]
- 国際中学校
- 青翔中学校

④[市立]一条高等学校附属中学校
⑤帝塚山中学校
⑥東大寺学園中学校
⑦奈良学園中学校
⑧西大和学園中学校

和歌山県

①[県立]
- 古佐田丘中学校
- 向陽中学校
- 桐蔭中学校
- 日高高等学校附属中学校
- 田辺中学校

②智辯学園和歌山中学校
③近畿大学附属和歌山中学校
④開智中学校

岡山県

①[県立]岡山操山中学校
②[県立]倉敷天城中学校
③[県立]岡山大安寺中等教育学校
④[県立]津山中学校
⑤岡山中学校
⑥清心中学校
⑦岡山白陵中学校
⑧金光学園中学校
⑨就実中学校
⑩岡山理科大学附属中学校
⑪山陽学園中学校

広島県

①[国立]広島大学附属中学校
②[国立]広島大学附属福山中学校
③[県立]広島中学校
④[県立]三次中学校
⑤[県立]広島叡智学園中学校
⑥[市立]広島中等教育学校
⑦[市立]福山中学校
⑧広島学院中学校
⑨広島女学院中学校
⑩修道中学校
⑪崇徳中学校
⑫比治山女子中学校
⑬福山暁の星女子中学校
⑭安田女子中学校
⑮広島なぎさ中学校
⑯広島城北中学校
⑰近畿大学附属広島中学校福山校
⑱盈進中学校
⑲如水館中学校
⑳ノートルダム清心中学校
㉑銀河学院中学校
㉒近畿大学附属広島中学校東広島校
㉓AICJ中学校
㉔広島国際学院中学校
㉕広島修道大学ひろしま協創中学校

山口県

①[県立]
- 下関中等教育学校
- 高森みどり中学校

②野田学園中学校

徳島県

①[県立]
- 富岡東中学校
- 川島中学校
- 城ノ内中等教育学校

②徳島文理中学校

香川県

①大手前丸亀中学校
②香川誠陵中学校

愛媛県

①[県立]
- 今治東中等教育学校
- 松山西中等教育学校

②愛光中学校
③済美平成中等教育学校
④新田青雲中等教育学校

高知県

①[県立]
- 安芸中学校
- 高知国際中学校
- 中村中学校

福岡県

①[国立] 福岡教育大学附属中学校（福岡・小倉・久留米）

②[県立]
- 育徳館中学校
- 門司学園中学校
- 宗像中学校
- 嘉穂高等学校附属中学校
- 輝翔館中等教育学校

③西南学院中学校
④上智福岡中学校
⑤福岡女学院中学校
⑥福岡雙葉中学校
⑦照曜館中学校
⑧筑紫女学園中学校
⑨敬愛中学校
⑩久留米大学附設中学校
⑪飯塚日新館中学校
⑫明治学園中学校
⑬小倉日新館中学校
⑭久留米信愛中学校
⑮中村学園女子中学校
⑯福岡大学附属大濠中学校
⑰筑陽学園中学校
⑱九州国際大学付属中学校
⑲博多女子中学校
⑳東福岡自彊館中学校
㉑八女学院中学校

佐賀県

①[県立]
- 香楠中学校
- 致遠館中学校
- 唐津東中学校
- 武雄青陵中学校

②弘学館中学校
③東明館中学校
④佐賀清和中学校
⑤成穎中学校
⑥早稲田佐賀中学校

長崎県

①[県立]
- 長崎東中学校
- 佐世保北中学校
- 諫早高等学校附属中学校

②青雲中学校
③長崎南山中学校
④長崎日本大学中学校
⑤海星中学校

熊本県

①[県立]
- 玉名高等学校附属中学校
- 宇土中学校
- 八代中学校

②真和中学校
③九州学院中学校
④ルーテル学院中学校
⑤熊本信愛女学院中学校
⑥熊本マリスト学園中学校
⑦熊本学園大学付属中学校

大分県

①[県立]大分豊府中学校
②岩田中学校

宮崎県

①[県立]五ヶ瀬中等教育学校

②[県立]
- 宮崎西高等学校附属中学校
- 都城泉ヶ丘高等学校附属中学校

③宮崎日本大学中学校
④日向学院中学校
⑤宮崎第一中学校

鹿児島県

①[県立]楠隼中学校
②[市立]鹿児島玉龍中学校
③鹿児島修学館中学校
④ラ・サール中学校
⑤志學館中等部

沖縄県

①[県立]
- 与勝緑が丘中学校
- 開邦中学校
- 球陽中学校
- 名護高等学校附属桜中学校

もっと過去問シリーズ

北海道

北嶺中学校
7年分(算数・理科・社会)

静岡県

静岡大学教育学部附属中学校
(静岡·島田·浜松)
10年分(算数)

愛知県

愛知淑徳中学校
7年分(算数・理科・社会)
東海中学校
7年分(算数・理科・社会)
南山中学校男子部
7年分(算数・理科・社会)
南山中学校女子部
7年分(算数・理科・社会)
滝中学校
7年分(算数・理科・社会)
名古屋中学校
7年分(算数・理科・社会)

岡山県

岡山白陵中学校
7年分(算数・理科)

広島県

広島大学附属中学校
7年分(算数・理科・社会)
広島大学附属福山中学校
7年分(算数・理科・社会)
広島学院中学校
7年分(算数・理科・社会)
広島女学院中学校
7年分(算数・理科・社会)
修道中学校
7年分(算数・理科・社会)
ノートルダム清心中学校
7年分(算数・理科・社会)

愛媛県

愛光中学校
7年分(算数・理科・社会)

福岡県

福岡教育大学附属中学校
(福岡·小倉·久留米)
7年分(算数・理科・社会)
西南学院中学校
7年分(算数・理科・社会)
久留米大学附設中学校
7年分(算数・理科・社会)
福岡大学附属大濠中学校
7年分(算数・理科・社会)

佐賀県

早稲田佐賀中学校
7年分(算数・理科・社会)

長崎県

青雲中学校
7年分(算数・理科・社会)

鹿児島県

ラ·サール中学校
7年分(算数・理科・社会)

※もっと過去問シリーズは
国語の収録はありません。

教英出版
〒422-8054
静岡県静岡市駿河区南安倍3丁目12−28
TEL 054-288-2131
FAX 054-288-2133
詳しくは教英出版で検索
教英出版 検索
URL https://kyoei-syuppan.net/

二〇二四年度
ノートルダム清心中学校　入学試験問題

国語

【五十分】

受験上の注意

（試験問題・解答用紙について）

1．試験を始める合図があるまで、試験問題を見てはいけません。
2．試験問題は1ページから26ページまであります。
3．解答用紙は一枚、試験問題にはさんであります。
4．解答は解答用紙に記入してください。

（試験について）

5．「始めてください」の指示で鉛筆(えんぴつ)をとり、「やめてください」の指示があったらすぐに鉛筆を置いてください。
6．試験が始まったら、最初に受験番号と名前を書いてください。
7．印刷のわからないところや、ページのぬけているところがあったら、手をあげて監督(かんとく)の先生に知らせてください。
8．解答用紙を集めるまで席を立たないでください。

（その他）

9．試験問題は監督の先生の指示にしたがって持って帰ってください。

教英出版

［一］次の文章【A】は娘、【B】はその母が書いたものです。二つの文章を読んで、あとの問いに答えなさい。（本文は一部表記を変えたところがあります。）

【A】

お詫び
著作権上の都合により、文章は掲載しておりません。
ご不便をおかけし、誠に申し訳ございません。
教英出版

お詫び

著作権上の都合により、文章は掲載しておりません。
ご不便をおかけし、誠に申し訳ございません。

教英出版

お詫び

著作権上の都合により、文章は掲載しておりません。
ご不便をおかけし、誠に申し訳ございません。

教英出版

お詫び

著作権上の都合により、文章は掲載しておりません。
ご不便をおかけし、誠に申し訳ございません。

教英出版

お詫び

著作権上の都合により、文章は掲載しておりません。ご不便をおかけし、誠に申し訳ございません。

教英出版

（岸田奈美『家族だから愛したんじゃなくて、愛したのが家族だった』より）

＊ 急逝 …… 急に死去すること。

＊ 雇用 …… やとうこと。

問一　══線(1)「途端(とたん)に」・(2)「律儀(りちぎ)に」・(3)「度肝(どぎも)を抜かれた」とありますが、その意味として、最も適当なものを次の中からそれぞれ選び、記号で答えなさい。

(1)　途端に

ア　切羽詰(せっぱつ)まって　　イ　何気なく　　ウ　しばらくたって

エ　その瞬間(しゅんかん)に　　オ　思いがけず

(2)　律儀に

ア　真面目(まじめ)で従順に　　イ　素直(すなお)に忠実に　　ウ　正直にありのままに

エ　礼儀(れいぎ)正しく謙虚(けんきょ)に　　オ　厳正に淡々(たんたん)と

(3)　度肝を抜かれた

ア　予想外で感動させられた　　イ　夢中になった　　ウ　しっかりと打ちこめた

エ　とても珍(めずら)しかった　　オ　非常に驚(おどろ)かされた

問二　――線①「責任とは程遠いほど、震えた声だった」とありますが、なぜですか。その理由の説明として、最も適当なものを次から選び、記号で答えなさい。

ア　父が亡くなってから、家族を和ませる役割を担ってきたが、家族の代表として母の生死を決定する立場となり、気持ちが高ぶっているから。

イ　医師の言葉がけに対応できるのは自分しかいないと思い、とっさに家族の責任者は自分だと言ったが、本当は責任を取るのが嫌だったから。

ウ　母が意識不明の状態で、現実的に家族の責任者は自分しかいないとわかってはいるが、本当に自分が決断していいのかと不安だったから。

エ　明るく楽しく過ごしてこられたのは母のおかげだと実感する中で、自分が代わりに家族をまとめるのは不可能だと、絶望しているから。

オ　家族の責任者だと深く考えずに答えてみたが、母の今後が心配で、母以外のことを考えられるような状況ではなかったから。

問三　――線②「わたしは、迷ってしまった」とありますが、なぜですか。その理由の説明として、最も適当なものを次から選び、記号で答えなさい。

ア　母に生きていて欲(ほ)しいと願う一方で、助かる可能性が低いなら手術せずに、母とゆっくり会話する方がよいかもしれないと思ったから。

イ　ただ呆然としているだけの祖母に手術の同意のサインをさせて、すべての責任を、祖母に負わせてもよいものかどうか気になったから。

ウ　高齢の祖母だけでなく、未成年である自分に対しても手術の同意書のサインを求める医師に対して、とまどいを覚えたから。

エ　父が突然(とつぜん)亡くなってしまったことを思い出し、母も二度と話せないまま死んでしまうのではないかという不安を感じたから。

オ　手術をしてもほぼ助からないという現実はあるが、何とか母を助けて、もう一度じっくり話をする方法はないだろうかと考えたから。

問四　――線③「あのときホッとしたわたしを、わたしはなぐってやりたいといまでも思う」とありますが、なぜですか。その理由の説明として、最も適当なものを次から選び、記号で答えなさい。

ア　笑顔（えがお）で話す母に安心し、歩けなくなって絶望する本当の気持ちに気づけなかった自分に怒（いか）りを抱（いだ）いたから。
イ　手術の同意書にサインをするという判断は正しかったと、かん違いをしていた自分を許せなかったから。
ウ　自分が母の命を救ったことを誇（ほこ）らしく思っていたが、実は母を苦しめていたと気づき、恥（は）ずかしくなったから。
エ　医者にすすめられて同意書にサインをした結果、母も自分も傷つける選択（せんたく）をしたことを後悔しているから。
オ　母が自分に隠（かく）れて看護師さんの前で涙を流しているのを見て、頼（たよ）りにされていない自分が情けなかったから。

問五　――線④「ママ、死にたいなら、死んでもいいよ」とありますが、このときの「わたし」の気持ちを説明したものとして、最も適当なものを次から選び、記号で答えなさい。

ア　母の命をあきらめることができず、手術の同意書にサインした結果、大切な母に死ぬよりつらい思いをさせてしまったことを反省している。

イ　どんなに苦しくても自分の前では「大丈夫やで」と平気なふりをし、陰で死にたいと泣いてきた母を、楽にしてあげたいと願っている。

ウ　母を元気づけることができなかった自分への情けなさと、死にたいと口にして娘の努力を否定する母への怒りから、投げやりになっている。

エ　母の苦しみを想像することもせず、娘に心配をかけないようにふるまう母の思いやりに、長い間気づくことができなかった自分を責めている。

オ　母に死んで欲しくないと思いながらも、母のつらさを知っているからこそ、死にたいという母の言葉を否定してはいけないという葛藤を抱えている。

【B】

お詫び

著作権上の都合により、文章は掲載しておりません。
ご不便をおかけし、誠に申し訳ございません。

教英出版

お詫び

著作権上の都合により、文章は掲載しておりません。
ご不便をおかけし、誠に申し訳ございません。

教英出版

お詫び
著作権上の都合により、文章は掲載しておりません。
ご不便をおかけし、誠に申し訳ございません。
教英出版

（岸田ひろ実『ママ、死にたいなら死んでもいいよ』より）

問六　――線⑤「正面に座る娘が放った一言に、私は言葉を失いました」とありますが、なぜですか。その理由の説明として、最も適当なものを次から選び、記号で答えなさい。

ア　限界の自分をさらに追いつめる、娘の思いやりのない言葉に深く傷ついたから。
イ　自分の失言を冗談にしてごまかそうとしてくれた、娘の優しさに感動したから。
ウ　自分の言葉に対する娘の予想外の発言に驚き、一瞬娘の気持ちを理解しかねたから。
エ　自分の投げやりな言葉に怒る娘を前にして、配慮のない自分の発言を後悔したから。
オ　自分の一番の理解者である娘が、自分の発言を否定したことが信じられなかったから。

問七　――線⑥『死んでもいいよ』から、私の新しい人生が始まったのです」とありますが、なぜですか。【A】・【B】二つの文章をふまえ、五十字以内で答えなさい。ただし、句読点や符号も字数にふくみます。

［二］　次の文章を読んで、あとの問いに答えなさい。（本文は一部表記を変えたところがあります。）

西島玲那さんは一五歳で網膜色素変性症を発症し、一九歳で目が完全に見えなくなりました。全盲になってから、すでに一〇年以上が経ちます。

同じ全盲でも、聴覚優位の人もいれば触覚優位の人もいて、人によって世界のとらえ方は違っています。西島さんは、その中でも視覚優位タイプ。全盲なのに視覚優位というとおかしな感じがするかもしれませんが、彼女は耳などから入った情報を、さまざまなイメージに置き換えて「見て」いるのです。前方から声がすれば、そこから想像される雰囲気を持った人の姿が出てくる。声のやってくる向きが変わればイメージの中でその人物の顔が動き、声がくぐもれば自然と頬杖をついた姿勢になる。西島さんは、「いつも＊ＶＲ（ヴァーチャルリアリティ）を見ている感じ」と言います。

西島さんは、基本的には明るく好奇心旺盛な方です。絵画などの制作をしていたほか、盲導犬と二人だけで温泉旅行に行ったりもしていました。二人だと駅から宿までの道で迷ってしまったりすることもあります。でもそんなときこそ、途中で人に助けてもらい、仲良くなって、盲導犬の写真を渡したりするのが楽しかった。トラブルがあったとしても、それは冒険。冒険するからこそ、そこに人との出会いが生まれるのだと言います。

西島さんのように冒険派の人からすれば、出会いを奪うという意味で、①安全はかえって不便であるとも言えます。「快適」という言葉を使いながら、彼女は言います。

> 快適さっていうのは、人を孤独にしますよ。なんの手助けもなく行けちゃうし、それってあんまり時間短縮にもならないんですよ。平坦で安全なところを通ってると、自分だけで情報をキャッチしなくちゃいけないんで、なんかあんまり入ってきてない気がしちゃう。あまりにうるさかったり、混んでいると困るんですが、ある程度人間や

ら生き物がいて、なおかつあんまり整っていないところがいいですね。

ところが、そんな冒険好きの西島さんでさえ、人とかかわるときには、「だまされる覚悟（かくご）をする」と言います。目の見えない人は、街の中でたまたま声をかけてくれた人に道を案内してもらったり、助けてもらったりする機会がしばしばあります。しかも、多くの場合、そうした介助（かいじょ）は、身体的な接触（せっしょく）をともないます。何の声かけもなく、急に腕（うで）を摑（つか）まれることもある。

「覚悟」が必要なのは当然でしょう。なぜなら相手はたった今会ったばかりの、見ず知らずの他人なのですから。人柄（ひとがら）をよく知っている相手でさえ、体をふれられることは緊張（きんちょう）をともないます。まして初対面となれば、身構えるのは自然なことです。

もちろん善意で声をかけてくれる人がほとんどでしょう。声をかけてもらうことは、とてもありがたい、と西島さんは繰（く）り返（かえ）します。でも一〇〇パーセント安全とは言えません。あるいは善意で声をかけてくれた人であっても、実際の介助の仕方が、自分にとって好ましくない場合もある。介助の申し出を受け入れるときの、②不確実性がきわめて高く、＊リスキーな瞬間（しゅんかん）。はたからは見えないけれど、その瞬間にしなければならない覚悟は、「ちっちゃなおおごと」だと西島さんは言います。

> 声をかけてくれる人に委ねるときには、だまされる覚悟で委ねるんです。お金とられるかもしれないし、変なところに連れていかれるかもしれないし、晒（さら）されるかもしれない、そういうことを全部置いて信じるんだけど、そうなったとて自分の責任だと思ってやるから、ちっちゃなちっちゃなおおごとなんです。

先に確認（かくにん）したとおり、「ふれられる」とは、＊接触のデザインの主導権を相手に手渡すことです。道を教えてもらったり、助けてもらったりという行為は、その性格上、「ふれられること」であらざるを得ません。西島さんの「委ねる」という言葉は、この「手渡す」感覚をよくあらわしています。

「委ねる」ことによって、相手がどんなアクションをしてくるか。もしかしたら、刃物を出されるかもしれません。強盗されるかもしれないし、殺される確率もゼロではありません。私の見るかぎり、西島さんは、相手の動きや人柄を非常に注意深く観察する方です。声をかけられたときには、彼女なりに相手のことを観察しているはずです。それでも、相手が一人の他者であるかぎり、そこから不確実性が消えることはありません。

こうした小さくないリスクを毎回覚悟しながら、西島さんは声をかけてくれた見知らぬ人に委ねています。もちろんありがたいと思う。でもどうなるか分からない。その不確実性を知りながら、それでも③接触の主導権を相手に手渡す。これがふれられる側の信頼です。

もちろん、声をかける側だって、リスクを感じないわけではないでしょう。トラブルになるかもしれないし、拒絶されるかもしれない。それでも、自分がこの人に何かできると信じ、また相手もそれを受け入れてくれると信じるからこそ、声をかけ、ふれようとします。

けれども、声をかける人のうちのいったい何人が、「殺されるかもしれない」というところまで考えているでしょうか。あるいは「お金を奪われるかもしれない」というところまで。さわられる側が、生命の覚悟までしているのに比べると、さわる側の抱えている不確実性は、不釣り合いなほど小さい、と言わざるを得ません。

それは「④無責任な優しさ」である、と西島さんは言います。でも、そういう無責任な優しさにこそ自分は支えられている、とも彼女は言います。もし道で彼女を見かけた人が、「殺されるかもしれない」あるいは「お金を奪われるかもしれない」などと考えたら、その人は彼女に声をかけるでしょうか。それでもかけるという人もいるでしょうが、その確率は圧倒的に低くなるはずです。責任がないからこそ差し伸べられる手がある。彼女はこう続けます。

無責任な優しさで生きているんだって思っていたんです、ずっと。責任がないから優しくできるんだって。街で会って、声をかけてくれて、手をかしてくれる、でもそのあとその人が無事に家についたかとか、目的地についたかとか、知らないわけですよね。だから、ばったり遭遇したり優しくしてもらう機会は、回数でいえばすごく多いけど、*フラットに人と関わって、好きだの嫌いだの、という人数はすごく少なくて、でも密に関わる人は多くて。この三つのなかで、私が生き残るうえで一番重要な人間関係はどれだって思ったときに、⑤ばったり街であった人が一番、実際のところは、自分の生活を救ってくれているはずだと思うんです。自分のあぶないときに「あぶない！」と引っ張ってくれたりとかね。

ばったり街で会った人が一番、自分の生活を救ってくれる。無責任な優しさを頼るという方法は、彼女が自立して生きていくために必要なことでした。特定の誰か、たとえば親に依存することは、確かに安心で、楽かもしれない。けれども、そのように「安心」の枠内にとどまっていては、親がいなくなったときに自分の生活が立ち行かなくなってしまう。それは長い目で見れば危険なことです。

だから、彼女には「安心」の枠外に出ることが必要でした。それは、*とりもなおさず、⑥「信頼」にもとづいて生きるということを意味します。偶然声をかけてくれた見ず知らずの人を信じて、その人を頼って生きていく。「歩くのも怖くないと言ったら嘘になるけど怖いと言ったらもう終わる」。彼女は自立するために、依存先を街中に分散させることにしたのです。

その覚悟は並々ならぬものであったと思います。人にふれられるたびに、不確実性を飛び越えてぐっと相手を信じる「ジャンプ」をしているわけですから。もちろんそれが、結果的にはすばらしい出会いをもたらすこともあるでしょう。彼女は、そちらのほうを見ようとしています。それが彼女の「冒険者」としての自立した生き方でした。

（伊藤亜紗『手の倫理』より）

＊ＶＲ（ヴァーチャルリアリティ）……コンピューターを使って、人工的な環境(かんきょう)を作り出し、そこにいるかのように感じさせること。

＊リスキー……危険をともなうさま。

＊接触のデザイン……どのようにふれるかということ。

＊フラットに……対等に。

＊とりもなおさず……すなわち。

問一　――線①「安全はかえって不便である」とありますが、どういうことですか。五十字以内で説明しなさい。ただし、句読点や符号(ふごう)も字数にふくみます。

問二 ――線②「不確実性がきわめて高く」とありますが、この場合の「不確実性」について具体的に説明したものとして、最も適当なものを次の中から選び、記号で答えなさい。

ア 善意で介助してくれる人と、悪意をもってだまそうとして介助してくれる人の判別を、一瞬でしなければならないということ。

イ 必ず身体的接触をともなうことから、善意で声をかけてくれた人でも、介助の仕方が不適切な場合があり、かえって困ることが多いということ。

ウ 他人に介助してもらうということは、そもそも体にふれられることが前提なので、緊張してしまうことが多いということ。

エ 初対面の人に介助してもらうので、その介助が自分にとって適切なものか、またその人が危害を加えてこないかわからないということ。

オ 知らない人に介助してもらうので、その人が実は悪意をもっており、自分をだまそうとしている可能性も少なくないということ。

問三 ――線③「接触の主導権を相手に手渡す」とありますが、なぜですか。その説明として、最も適当なものを次の中から選び、記号で答えなさい。

ア 全盲である西島さんは、危険なことに出会う覚悟をしながらも、他人と接触することで、自分を支えてくれる人々と出会うことが可能だから。

イ 全盲である西島さんは、見知らぬ人からの接触を嫌(いや)がらず、すべてを相手に委ねることで、相手からの信頼を得て、かえって安全に介助を受けられるから。

ウ 全盲である西島さんは、視覚以外のことで初対面の人の動きや人柄を注意深く観察し、その上で接触しており、きちんと相手を選んでいるから。

エ 全盲である西島さんが危害を加えられる恐怖(きょうふ)があるのと同様に、介助する人も何をされるかわからない危険性が多少あるので、お互(たが)い様(さま)だから。

オ 全盲である西島さんにとって、人生とは人と接触して情報を得ることであり、危険を冒(おか)してでも多くの情報を得る必要があるから。

問四　――線④「無責任な優(やさ)しさ」とありますが、その具体例として、最も適当なものを次の中から選び、記号で答えなさい。

ア　けんかをしている級友が忘れ物をしたので、気が進まないけれど教科書を見せてあげた。
イ　近所の小屋で火事が発生したときに、近所の人が総出で消火作業を行った。
ウ　学校で放課後に先生が、授業でわからなかったところの質問に丁寧(ていねい)にこたえてくれた。
エ　遊園地に遊びに行った際に、迷子の子どもを案内所まで連れて行って保護してもらった。
オ　おつりを忘れたお客さんを、店員さんが店外まで追いかけておつりを渡した。

問五　――線⑤「ばったり街であった人が一番、実際のところは、自分の生活を救ってくれているはずだと思うんです」とありますが、なぜ西島さんはこのように思うのですか。その説明として、最も適当なものを次の中から選び、記号で答えなさい。

ア　特定の誰かに依存していると、その人がいないと自立して生きていくことができなくなるので、いつも頼ることができる相手を増やしていくことが自立して生きることにつながるから。

イ　よく知っている相手だと、感情的になって仲が悪くなってしまう可能性も高く、介助が本当に必要なときに頼ることができなくなる可能性があるから。

ウ　自分の家族や知り合いだけを頼っていると、それらの人々と離れて生活することができず、結局のところ、狭い世界で誰かに頼って生きるしかなくなるから。

エ　冒険好きの西島さんにとって、初対面であってもその土地の人から介助され、情報をもらう方が、その後その土地で行動する上で、大きな利点があるから。

オ　初対面の人だと、二度と会うこともないので気軽に親切にすることが可能であり、西島さんも相手に負担をかけたと後ろめたく感じることが少ないから。

問六　――線⑥「『信頼』にもとづいて生きる」とはどういうことですか。「安全」という言葉を使って、八十字以内で説明しなさい。

［三］　言葉についての次の問いに、それぞれ答えなさい。

問一　次の①～⑩のカタカナを、それぞれ漢字に直して答えなさい。

① 施設(しせつ)をソンゾクさせる。
② スイチョクな線を書く。
③ タンジョウ日会に参加する。
④ 解決方法をテイアンする。
⑤ 畑をタガヤす。
⑥ 友だちと本のカしカりをする。
⑦ ヘイシンテイトウしてわびる。
⑧ モンコカイホウの計画を練る。
⑨ セイシンセイイ努める。
⑩ デントウゲイノウに親しむ。

問二　次の①～⑤の慣用句の意味として最も適当なものを、後のア～クの中から選び、記号で答えなさい。

①　立つ鳥あとを濁(にご)さず
②　二階から目薬
③　すずめの涙(なみだ)
④　木で鼻をくくる
⑤　指をくわえる

ア　引き際はいさぎよくあるべきだということ
イ　空腹であること
ウ　現実にはありえないこと
エ　ごくわずかであること
オ　心がやさしいこと
カ　無愛想にもてなすこと
キ　欲(ほ)しいけれど、手が出せずにながめていること
ク　思うようにいかなくてじれったいこと

２０２４年度

ノートルダム清心中学校　入学試験問題

算　数　その①

【１５分】

受験上の注意

（試験問題・解答用紙について）

１．試験を始める合図があるまで，試験問題を見てはいけません。

２．問題用紙は表紙を除いて１枚あります。

３．枚数が足りない時は，手をあげて監督（かんとく）の先生に知らせてください。

４．解答は解答らんに記入してください。

５．この表紙と問題用紙を切り取ることは，しないでください。

（試験について）

６．「始めてください」の指示で鉛筆（えんぴつ）をとり，「やめてください」の指示があったらすぐに鉛筆を置いてください。

７．試験が始まったら，最初に受験番号と名前を書いてください。

８．印刷のわからないところなどがあったら，手をあげて監督の先生に知らせてください。

９．解答用紙を集めるまで席を立たないでください。

（その他）

１０．この表紙の裏を，「その①」の計算のために使ってもかまいません。
この表紙は監督の先生の指示にしたがって持って帰ってください。

※印のところには，何も記入しないでください。

1 次の計算をしなさい。

（１）$2.4\times(1.6+10.9)-(1-0.016)\div 0.41$

[答]

（２）$5.5-\frac{9}{11}\times\left(3\frac{1}{2}\div 0.6-\frac{8}{9}\times 2.75\right)$

[答]

2 $3\frac{3}{7}$をかけても，$10\frac{2}{3}$をかけても整数になるもっとも小さい分数は何ですか。

[答]

3 縮尺（しゅくしゃく）が２万５千分の１の地図上で，１cm²の正方形の土地は，実際には何m²ですか。

[答]　　m²

4 おかしを何人かで分けるとき，１人に５個ずつ配ると22個あまり，１人に７個ずつ配ると10個足りません。おかしは何個ありますか。

[答]　　個

5 容積が240Ｌの水そうがあります。底には穴があり，一定の割合で水がぬけます。空の状態から，毎分20Ｌの割合で水を入れると，15分でいっぱいになります。毎分34Ｌの割合で水を入れると，何分で水がいっぱいになりますか。

[答]　　分

受験番号		名　前	

6 清子さんは，ある本を，１日目は全体の２割５分より16ページ多く読み，２日目は残りの60％より９ページ少なく読んだところ，残りは53ページになりました。この本は全部で何ページありますか。

7 清子さんと愛子さんの所持金の比は５：４で，合わせて6300円です。２人が同じ金額を出しあって，ある商品を１つ買うと，２人の持っている金額の比は11：７になりました。１人あたりいくら出しましたか。

8 下の図のように，２つの正方形の間にある斜線（しゃせん）部分の面積は何cm²ですか。ただし，円周率は3.14とします。

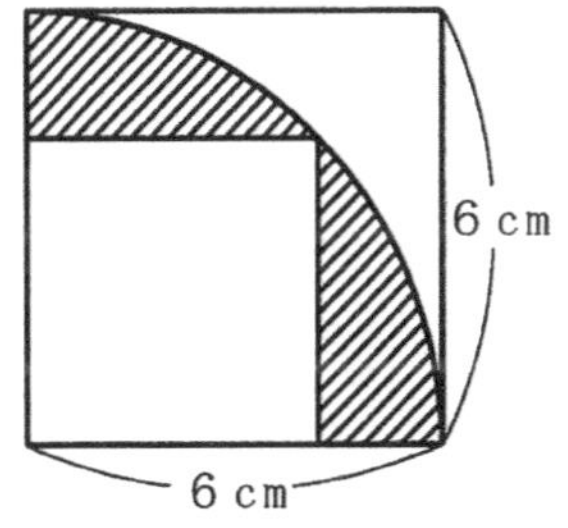

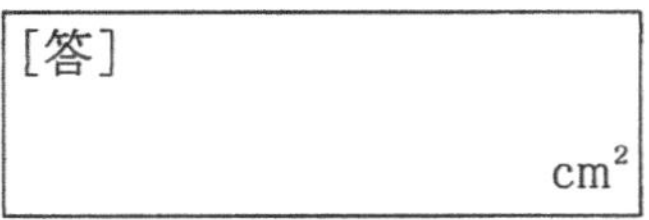

9 下の図の立体の体積は何cm³ですか。

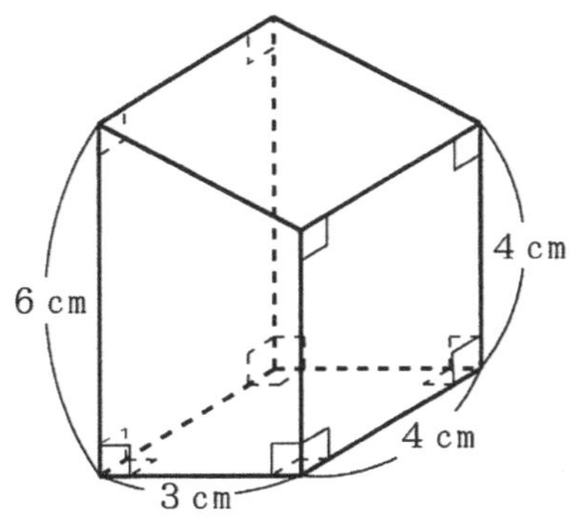

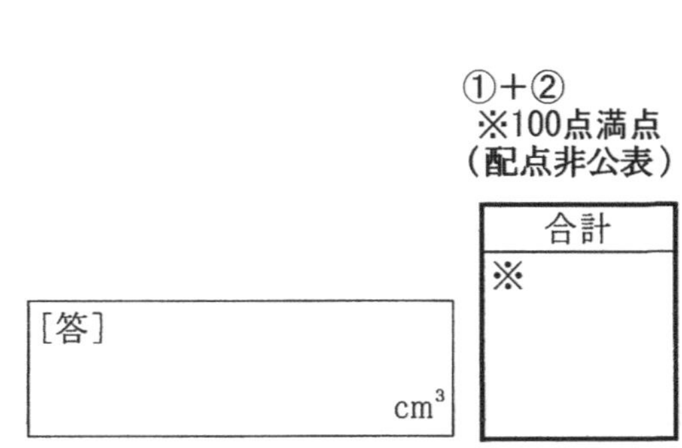

①＋②
※100点満点
（配点非公表）
合計
※
[答]
cm³

２０２４年度

ノートルダム清心中学校　入学試験問題

算　数　その②

【３５分】

受験上の注意

（試験問題・解答用紙について）

１．試験問題は，１ページから３ページまで３問あります。

２．解答用紙は，問題用紙とは別に１枚あります。

３．枚数が足りない時は，手をあげて監督（かんとく）の先生に知らせてください。

４．解答は解答用紙に記入してください。

５．この表紙と問題用紙を切り取ることは，しないでください。

６．この表紙と問題用紙は，監督の先生の指示にしたがって持って帰ってください。

1　ある商品を50個仕入れ，仕入れ値の１割２分の利益を見こんで，定価を１個あたり15120円として販売(はんばい)しました。しかし，いくつか売れ残ったので，定価の１割引きで売ったところ，すべて売り切ることができました。利益の総額が61344円であるとき，次の問いに答えなさい。ただし，消費税は考えないものとします。

（1）割引きした商品の１個あたりの値段を求めなさい。

（2）１個あたりの仕入れ値を求めなさい。

（3）割引きした値段で売った商品の個数を求めなさい。

2 愛子さんと清子さんは，25 mの長さの プールを２往復し，100 m 泳ぐことにしました。２人は並んで，同時にスタートしてから，30 秒後に初めてすれちがいました。また，愛子さんがゴールしたとき，清子さんはちょうど 75 m のターンをするところでした。このとき，下の問いに答えなさい。ただし，２人の泳ぐ速さはそれぞれ一定で，ターンにかかる時間は考えないものとします。

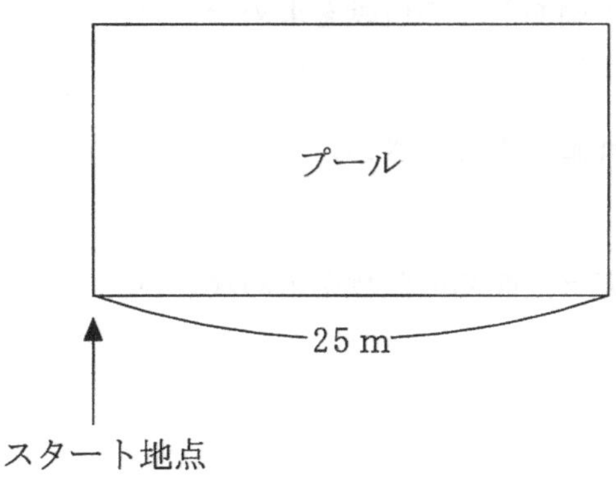

（1）愛子さんと清子さんの速さの比を求めなさい。

（2）愛子さんがスタートしてからゴールするまでにかかった時間を求めなさい。

（3）２人が最後にすれちがったのは，スタートしてから何秒後ですか。また，それはスタート地点から何 m はなれた所ですか。

3　図のように，面積が 360 ㎠ の長方形ＡＢＣＤがあり，対角線ＡＣとＢＤの交わった点をＯとします。また，三角形ＡＯＤの内部に点Ｐがあり，三角形ＡＢＰの面積は 98 ㎠，三角形ＢＣＰの面積は 126 ㎠ です。このとき，下の問いに答えなさい。

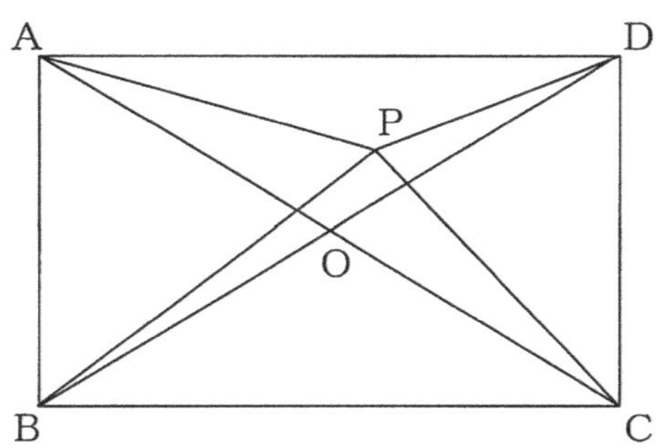

（1）三角形ＡＢＯの面積を求めなさい。

（2）三角形ＡＰＤの面積を求めなさい。

（3）三角形ＰＢＤの面積を求めなさい。

（4）点Ｐと点Ｏを直線で結んだとき，三角形ＰＡＯと三角形ＰＢＯの面積の比を求めなさい。

２０２４年度

ノートルダム清心中学校　入学試験問題

理　科

【３０分】

受験上の注意

（試験問題・解答用紙について）

１．試験を始める合図があるまで，試験問題を見てはいけません。

２．試験問題は１ページから 18 ページまであります。

３．解答用紙は１枚，試験問題にはさんであります。

４．解答は解答用紙に記入してください。

（試験について）

５．「始めてください」の指示で鉛筆をとり，「やめてください」の指示があったらすぐに鉛筆を置いてください。

６．試験が始まったら，最初に受験番号と名前を書いてください。

７．印刷のわからないところやページのぬけているところがあったら，手をあげて監督の先生に知らせてください。

８．解答用紙を集めるまで席を立たないでください。

（その他）

９．試験問題は監督の先生の指示にしたがって持って帰ってください。

1　次の文を読み，下の問いに答えなさい。

私たちのくらす日本は，四季の変化があり豊かな自然にめぐまれていますが，地震(じしん)，火山，大雨，台風など，多くの自然災害が起こっています。自分が暮らすところがどのような災害にあう可能性があるか，日ごろから知っておくことはとても大切です。

問１　自然災害に備えるため，さまざまなものがつくられています。「洪水(こうずい)」に備えるためにつくられた設備を答えなさい。

問２　次の文は，自然災害に対する観測について説明したものです。文中の（　①　）～（　③　）にあてはまる語句を答えなさい。

> 気象庁は，全国各地に設置された（　①　）から送られた情報をもとに，地震のゆれの大きさを予測している。ある場所での地震によるゆれの大きさは（　②　）で表され10段階に分けられている。また，全国の50の（　③　）については，24時間体制で観測されており，（　③　）の活動が活発になれば警報や予報を出して注意を呼びかけている。

問３　自然災害のうち，その原因のほとんどが地震であるものを次のア～カから２つ選び，記号で答えなさい。

ア．土砂(どしゃ)くずれ　　イ．津波(つなみ)　　ウ．干ばつ
エ．溶岩流(ようがんりゅう)　　オ．洪水　　カ．液状化現象

問４　地域に住む人のために作られた，災害に備えるための資料として，それぞれの自治体が作成した「ハザードマップ」があります。図１はノートルダム清心中学校（図１の中の★）がある地域の地図で，上側は北，下側は海です。主な川と海と道路は灰色で示されています。

次の①～③はこの地域のハザードマップです。これらのハザードマップの種類として最も適当なものを，下のア～カからそれぞれ選び，記号で答えなさい。なお，ハザードマップでは，川と海と道路以外の部分のうち，灰色の濃いものほど危険度が高いものとします。

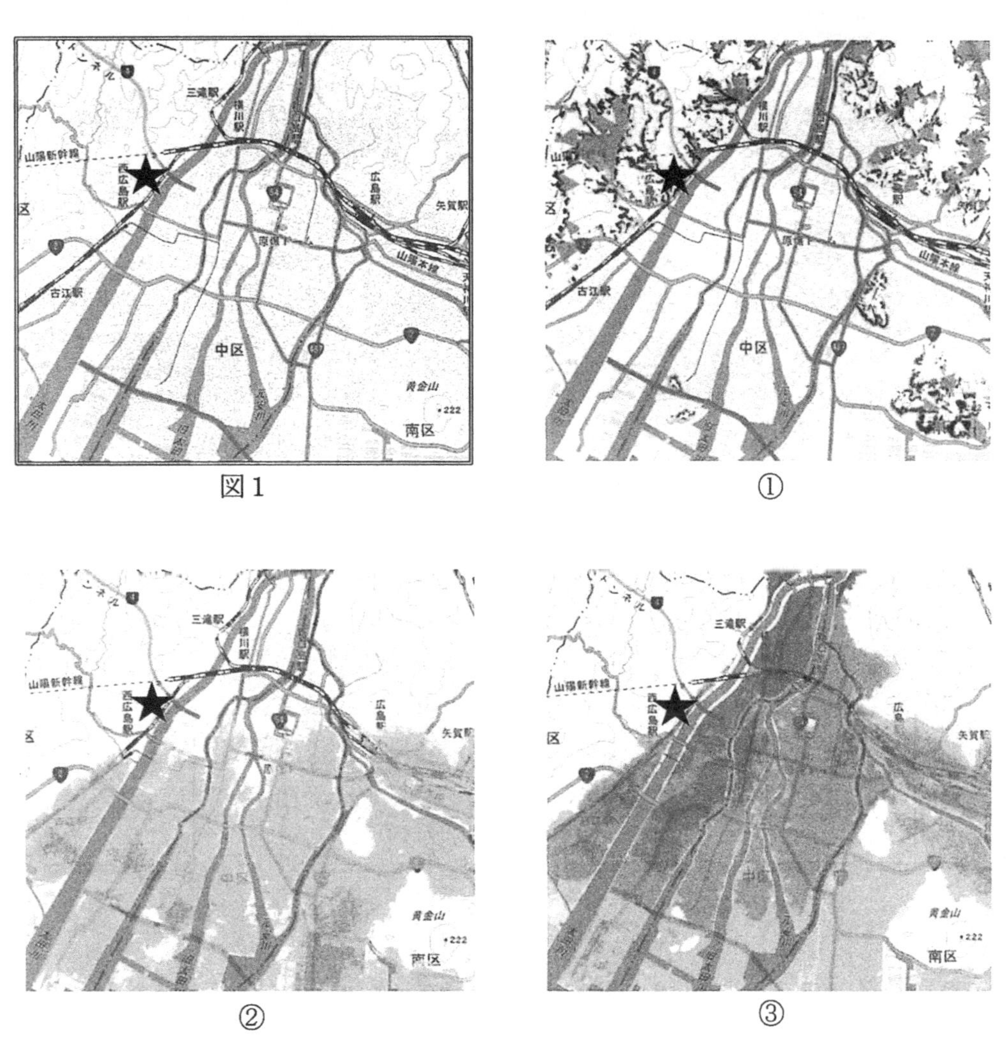

図１　①　②　③

［「ハザードマップポータルサイト」を加工して作成］

ア．火山　　イ．洪水　　ウ．津波
エ．ため池　　オ．土砂災害　　カ．地震

問５　図２は，ある地震で地表に現れた断層の写真です。この断層の方向は北東から南西の方向です。この地震発生の際には断層南東側が南西方向に横ずれし，同時に南東側が持ち上げられたことがわかっています。図２中の点線は，断層によってずれた場所を表しています。次の(1)と(2)の問いに答えなさい。

図２　［気象庁ホームページより加工して作成］

(1) この断層のずれた方向を正しく示している図として最も適当なものを，次のア～エから選び，記号で答えなさい。

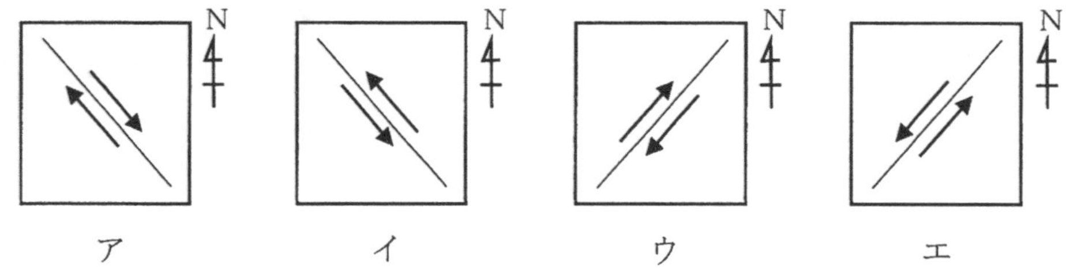

(2) 図２の写真はどの方向から撮影(さつえい)されたと考えられますか。最も適当なものを次のア～エから選び，記号で答えなさい。

ア．北東から撮影された　　イ．南東から撮影された
ウ．南西から撮影された　　エ．北西から撮影された

問6　地震が発生すると，地震の発生した場所（震源）からゆれが地震波として地中や地面を伝わっていきます。地震波には主にＰ波とＳ波の２種類があります。Ｐ波の方がＳ波より伝わる速さが速いですが，Ｓ波の方がＰ波より大きなゆれを起こします。この地震波の特徴を利用して，「緊急地震速報」が運用されています。図３は，震源からの距離と地震波が届くまでの時間の関係を表したものです。次の(1)と(2)の問いに答えなさい。

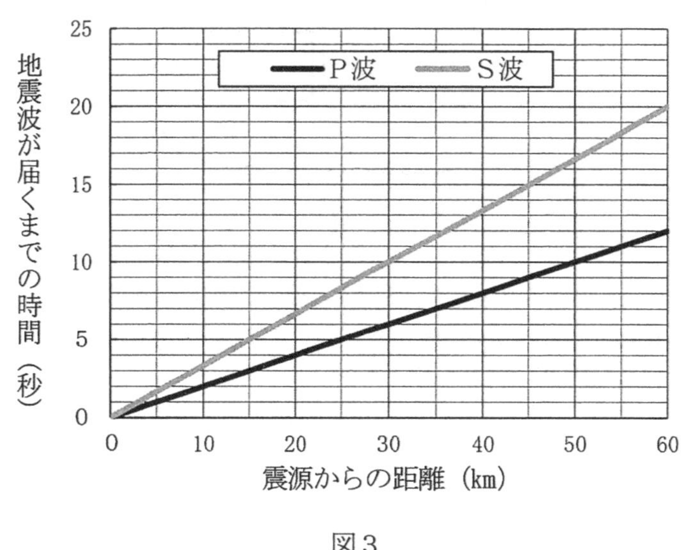

図３

(1)　震源からの距離が 60 km のところでは，Ｐ波が届いてから何秒後にＳ波が届きますか。

(2)　「緊急地震速報」について，震源からの距離が 20 km の場所と 60 km の場所では，効果的に活用できるのはどちらだと考えられますか。また，その理由を簡単に説明しなさい。

2 次のⅠとⅡの文を読み，下の問いに答えなさい。

Ⅰ．私たちはくらしの中で，電気を利用した様々な製品を使っています。例えば，豆電球は電気を光に変えています。図1のように，どう線付きソケットに豆電球をねじこみ，かん電池とつなぐと豆電球は明るく光ります。

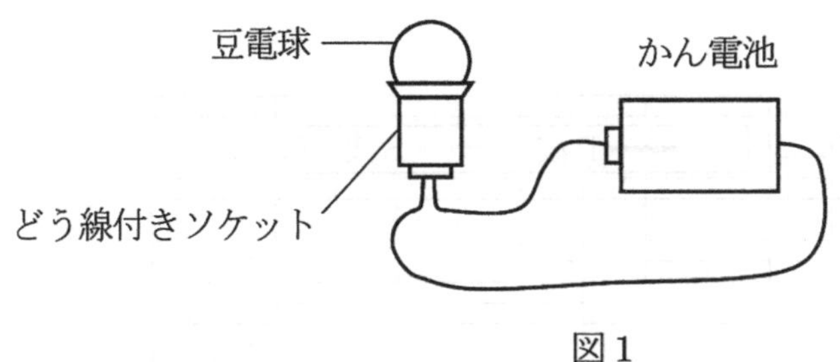

図1

問1　電気の通り道を回路といいます。図1の回路の途中(とちゅう)に次のものをつなぐとき，豆電球が光るものはどれですか。適当なものを次のア～カからすべて選び，記号で答えなさい。

ア．ビニルテープ　　イ．プラスチックのフォーク
ウ．木のわりばし　　エ．アルミニウムはく
オ．鉄製のスプーン　　カ．ガラス棒

問２　図２は，豆電球の断面を模式的に表した図です。豆電球に電流が流れると，フィラメントが明るく光ります。フィラメントにつながっている２本のどう線の先は，豆電球の下と側面についており，この部分は電流が流れます。図２の下側の黒くぬりつぶしている部分は，電流は流れません。どう線付きソケットから外した豆電球を下のようにつなぐとき，豆電球が光るつなぎ方はどれですか。適当なものを下のア～カからすべて選び，記号で答えなさい。

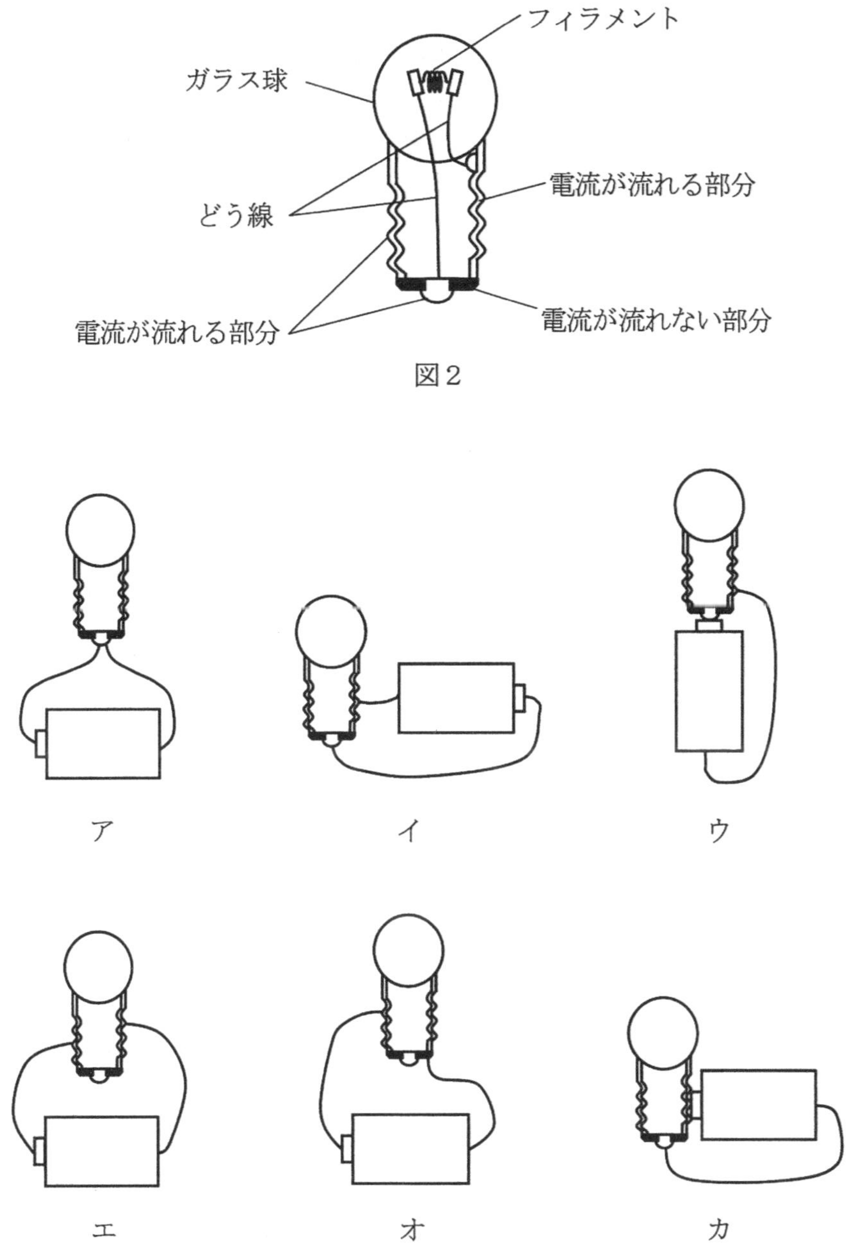

図２

Ⅱ．電熱線は電流が流れると，電気を熱に変えます。豆電球のフィラメントと電熱線は，どちらも電流が流れにくい金属が使われています。電熱線に流れる電流について調べるため，次の実験１と実験２をしました。

【実験１】電熱線ａ，ｂ，ｃを用意しました。電熱線の太さは同じで，長さはａが最も短く，ｂはａより長く，ｃが最も長くなっています。図３のように，電熱線を電源(でんげん)装置(そうち)と電流計に接続して，回路をつくりました。電源装置は，目もりを１，２，３…と合わせると，かん電池を１個，２個，３個…と直列つなぎをしたときと同じように，回路に流す電流を自由に変えることができます。電熱線を水に入れて電流を流すと，水温が上がります。電熱線ａ，ｂ，ｃで水の量と電流を流す時間を同じにして，電源装置の目もりを変えたときの水温の変化をまとめた結果が表１です。また，電流を流しているときの電流の値を測定した結果が表２です。

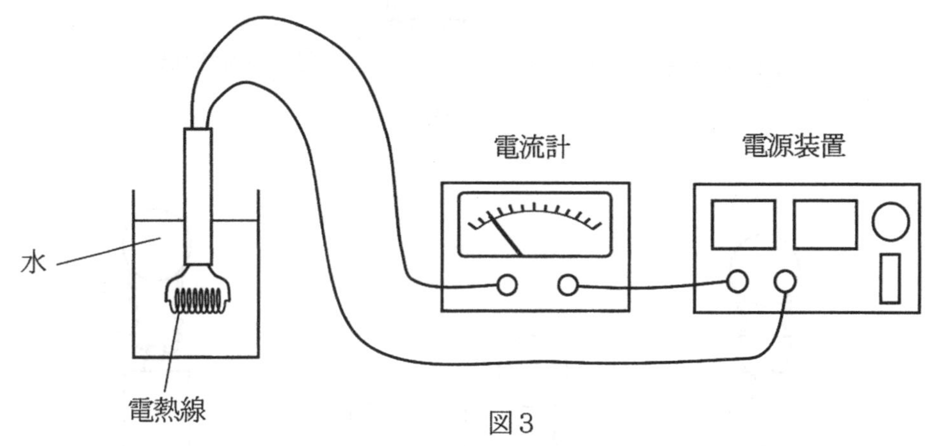

図３

表１

電源装置の目もり	1	2	3	4
電熱線ａの水温の変化（℃）	1.25	5.00	11.25	20.00
電熱線ｂの水温の変化（℃）	0.83	3.33	7.50	13.33
電熱線ｃの水温の変化（℃）	0.42	1.67	3.75	6.67

表２

電源装置の目もり	1	2	3	4
電熱線ａに流れる電流（A）	0.75	1.50	2.25	3.00
電熱線ｂに流れる電流（A）	0.50	1.00	1.50	2.00
電熱線ｃに流れる電流（A）	0.25	0.50	0.75	1.00

問３　実験１で，電熱線ａを水に入れたままにし，電源装置の目もりを６にしたとき，電流計は何Ａを指していると考えられますか。

問４　次の文は，実験１の結果からわかることをまとめたものです。文中の（　①　）～（　③　）にあてはまることばを答えなさい。

同じ電熱線で見ると，電熱線でより多くの熱をつくり出すためには，電流を（　①　）すればよいことがわかる。また，電源装置の目もりが同じとき，電熱線の長さが（　②　）ほど，電流が流れやすくなり，電気を熱に変えるはたらきが（　③　）なる。

【実験２】電熱線ａを電源装置と電流計に接続し，電熱線ａを水から取り出したまま，電源装置の目もりを変えて電流計の値を測定しました。電源装置の目もりが３のとき，電流を流してしばらくすると，電熱線が赤く光りだしました。電流の値と電熱線のようすをまとめたものが表３です。なお，電源装置の目もりが１のときの電熱線のようすは示していません。

表３

電源装置の目もり	1	2	3	4
水から取り出したときの電流（A）	0.73	1.41	2.05	2.71
電熱線のようす	－	光らなかった	光った	光った

実験２の結果について考察するため調べてみると，次のような資料がありました。

資料

・電熱線を水の中に入れても，水から取り出しても，電熱線が電気を熱に変えるはたらきは変わらない。 ・光っている電熱線は電熱線の長さに関係なく，電熱線そのものの温度が高くなるにつれて，明るく光る。 ・電熱線を水の中に入れると，電熱線でつくられた熱が水に伝わるため電熱線そのものの温度はあまり上がらないが，水から取り出すと，電熱線そのものの温度はよく上がる。

問５　水から取り出した電熱線の光り方について述べた次の㋐～㋒の文のうち，実験１と実験２の結果と資料から考えて，正しいものはどれですか。正しいものの組み合わせとして最も適当なものを下のア～キから選び，記号で答えなさい。

㋐　電源装置の目もりを１にして電流を流すと，電熱線ａは光る。

㋑　電熱線ａを電熱線ｃに変えた場合，電源装置の目もりを１にして電流を流すと電熱線ｃは光る。

㋒　電源装置の目もりを４にして電流を流すとき，電熱線ｂより電熱線ａの方が明るく光る。

ア．㋐のみ　　イ．㋑のみ　　ウ．㋒のみ
エ．㋐と㋑　　オ．㋐と㋒　　カ．㋑と㋒　　キ．㋐と㋑と㋒

問６　豆電球のフィラメントも，電熱線と同じように，電流が流れることで温度が変化し，光ります。豆電球ａ，ｂ，ｃを用意し，図４のように回路をつくり，電流を流しました。このときの結果をまとめた次の文のうち，（　①　）と（　②　）にあてはまるものとして最も適当なものを，次のア～シからそれぞれ選び，記号で答えなさい。ただし，フィラメントの太さはどれも同じものとします。

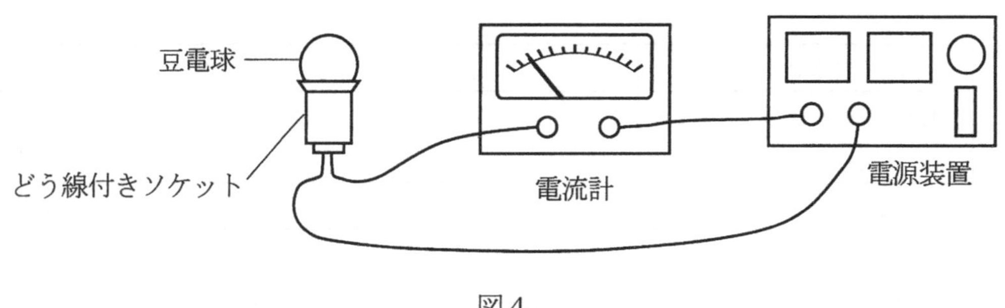

図４

フィラメントの長さを調べると，豆電球ａが最も短く，ｂはａより長く，ｃが最も長かった。電源装置の目もりを１にしたとき，豆電球が明るく光っていた順番に並べると（　①　）になる。また，電源装置の目もりを変えたときの豆電球ａ，ｃに流れる電流をグラフで表すと，（　②　）のグラフになる。

（　①　）にあてはまるもの

	明るい	←→	暗い
ア	a	b	c
イ	a	c	b
ウ	b	a	c
エ	b	c	a
オ	c	a	b
カ	c	b	a

（　②　）にあてはまるもの

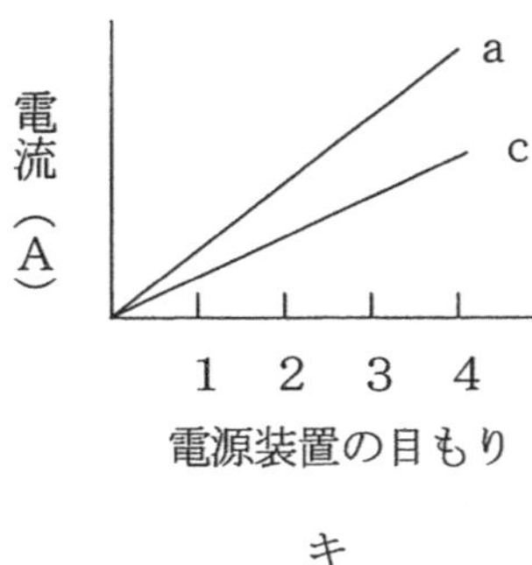

キ

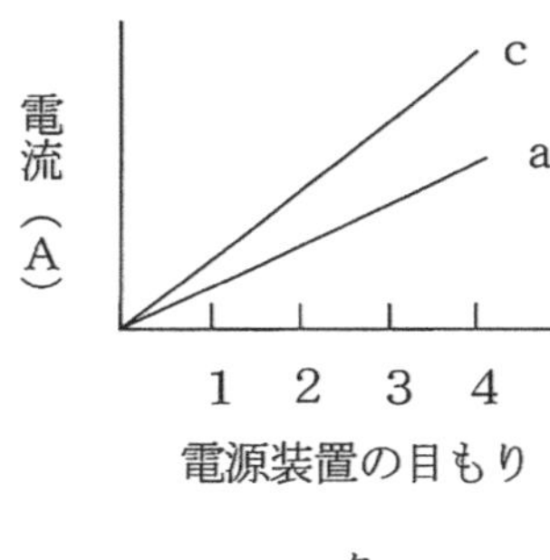

ク

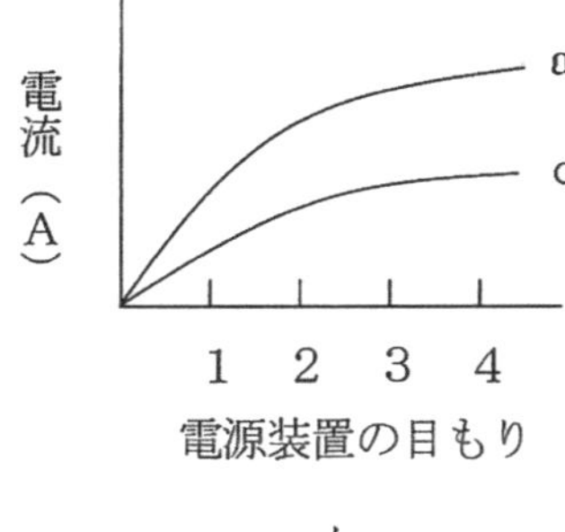

ケ

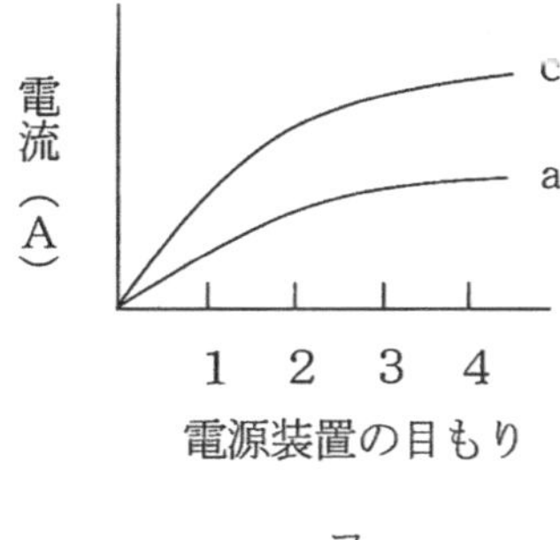

コ

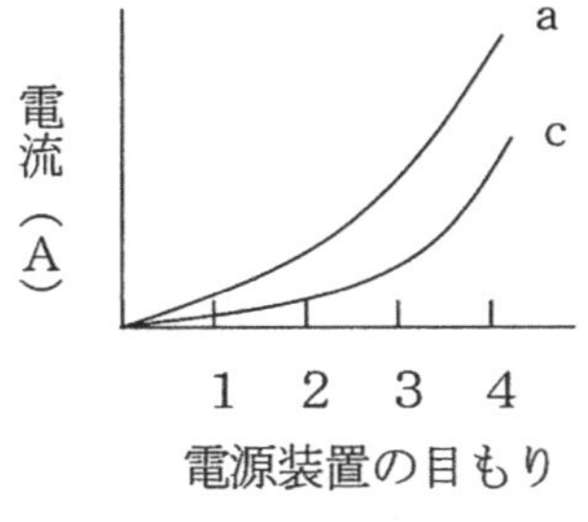

サ

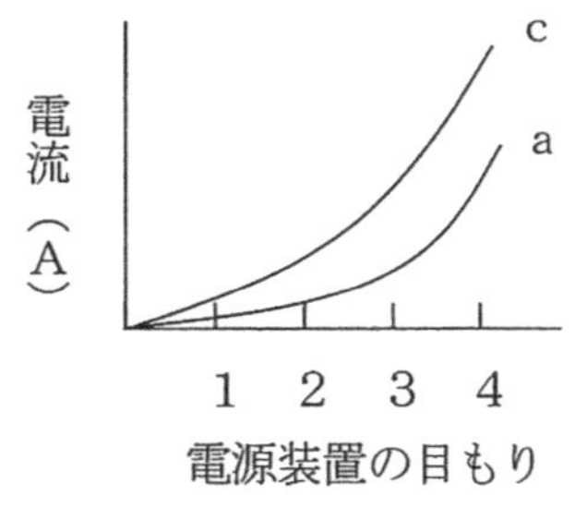

シ

3　次の文を読み，下の問いに答えなさい。

清子さんが海水浴に行った翌日に海で使った浮(う)き輪を片付けていると，浮き輪に白色の固体が付いていることに気づきました。海水から水が蒸発して塩ができたのだと思った清子さんが，その固体をなめてみると，いつも食べている塩よりも苦みが強い塩味がしました。そのことを清子さんのお父さんに話してみると，「それは，海水には食塩以外にもさまざまなものが溶(と)けているからだよ。」と言われました。

問１　下線部のように，水を蒸発させたときに固体が残る水溶液(すいようえき)として適当なものを次のア〜オからすべて選び，記号で答えなさい。

ア．塩酸　　イ．アンモニア水　　ウ．石灰水(せっかいすい)
エ．炭酸水　　オ．ミョウバン水溶液

問２　食塩を入れたティーバッグを，ビーカーに入れた水に静かにつけると，食塩が溶けていくようすが観察されました。このとき観察された「もやもやしたもの」の広がっていくようすとして，最も適当なものを次のア〜オから選び，記号で答えなさい。

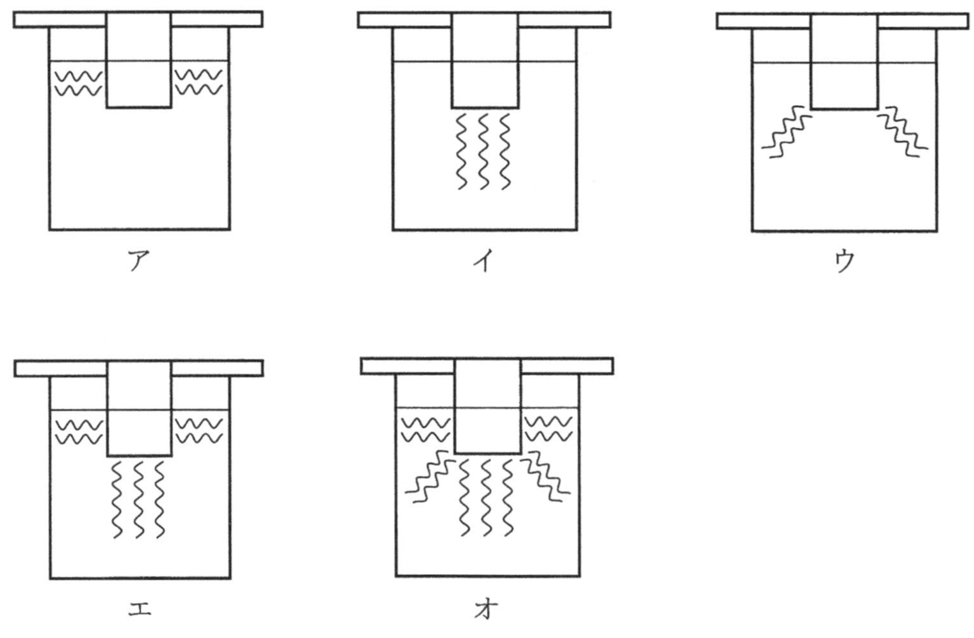

清子さんが海水について調べたところ，次の資料１が見つかりました。

資料１

・海水１kg から水をすべて蒸発させると 35 g の白色の固体が残る。
・白色の固体には，主に，塩化ナトリウム（食塩），塩化マグネシウム，硫酸(りゅうさん)カルシウムという３種類の物質が含(ふく)まれている。
・白色の固体 100 g には，塩化ナトリウム 80 g，塩化マグネシウム 10 g，硫酸カルシウム５ g が含まれ，残りの５ g にはその他複数の物質がごく少量ずつ含まれている。

問３　海水１kg から得られる白色の固体 35 g に含まれる，塩化ナトリウム，塩化マグネシウム，硫酸カルシウムの量として最も適当なものを次のア～カから選び，記号で答えなさい。

	塩化ナトリウム	塩化マグネシウム	硫酸カルシウム
ア	24 g	3 g	1.5 g
イ	24 g	1.5 g	3 g
ウ	28 g	3.5 g	1.75 g
エ	28 g	1.75 g	3.5 g
オ	30 g	6.7 g	3.3 g
カ	30 g	3.3 g	6.7 g

清子さんは，日本で古くから伝えられている海水から塩をつくる方法を参考にして，次の実験を行いました。

【実験】

操作１：海水１kg を鍋(なべ)で煮込(にこ)んで体積を 10 分の１程度にし，一定時間放置した後，30℃になったものを手早くろ過して，白色の固体Ａと無色透明(とうめい)なろ液Ｂに分けました。

操作２：ろ液Ｂを別の鍋で煮込んで体積を 10 分の１程度にし，一定時間放置した後，30℃になったものを手早くろ過して，白色の固体Ｃと無色透明なろ液Ｄに分けました。ろ液Ｄをなめると非常に苦いことが分かりました。

清子さんが行った実験の結果を考察するために，海水に溶けている物質について調べたところ，次の資料２が見つかりました。

資料２

水 100 g に溶ける物質の量と温度の関係は，表の通りである。

表

	水 100 g に溶ける最大量〔g〕			
	10℃	30℃	50℃	70℃
塩化ナトリウム	35.7	36.0	36.7	37.5
塩化マグネシウム	52.0	55.8	59.3	63.6
硫酸カルシウム	0.19	0.21	0.20	0.19

問４　資料２からわかることとして最も適当なものを次のア～エから選び，記号で答えなさい。

ア．どんな物質でも温度を上げれば上げるほど，水によく溶けるようになる。

イ．70℃の水 50 g に塩化ナトリウム 15 g を溶かした水溶液を 10℃に冷ますと，塩化ナトリウムの固体が取り出せる。

ウ．30 g の塩化マグネシウムを溶かした水溶液 100 g から水を蒸発させ，全体の重さを 50 g にして 30℃にすると，塩化マグネシウムの固体が取り出せる。

エ．硫酸カルシウム２ g に全体の重さが 500 g になるように水を加えて 50℃に保ちながらよく混ぜると，硫酸カルシウムはすべて溶ける。

問５　次の文は，清子さんが行った実験の結果について，資料１と資料２から考えられることを述べたものです。文中の（　①　）～（　③　）にあてはまる物質の組み合わせとして，最も適当なものを下のア～カから選び，記号で答えなさい。

水 100 g に溶ける物質の最大量は，複数の物質がいっしょに溶けていても変わらないものとして実験の結果について考える。

操作１で，水の量が 100 g になっているとすれば，固体Ａとして出てくるのは（　①　）である。

操作２で，水の量が 10 g になっているとすれば，固体Ｃとして出てくるのは（　②　）とごくわずかな（　①　）である。

操作２で分けたろ液Ｄには（　①　）はほとんど含まれていないため，ろ液Ｄが苦いのは（　③　）が含まれているからだと考えられる。

	（　①　）	（　②　）	（　③　）
ア	塩化ナトリウム	塩化マグネシウム	硫酸カルシウム
イ	塩化ナトリウム	硫酸カルシウム	塩化マグネシウム
ウ	塩化マグネシウム	塩化ナトリウム	硫酸カルシウム
エ	塩化マグネシウム	硫酸カルシウム	塩化ナトリウム
オ	硫酸カルシウム	塩化ナトリウム	塩化マグネシウム
カ	硫酸カルシウム	塩化マグネシウム	塩化ナトリウム

問６　実験の操作２において，固体Ｃを 100 g 得るためには，操作１で海水何kgを鍋で煮込めばよいですか。この海水の量として最も適当なものを次のア～カから選び，記号で答えなさい。

ア．　2.8kg　　　イ．　3.3kg　　　ウ．　3.5kg

エ．　4.1kg　　　オ．　4.6kg　　　カ．　4.9kg

4　次の文を読み，下の問いに答えなさい。

血液は体内で色々なものを運ぶ役割をもち，また，体温を保つことにも関わっています。ヒトは体温を一定に保つために，かん臓を中心に体内で熱をつくり出しています。温かいものと冷たいものが接したとき，温かいものは熱がにげて温度が下がり，冷たいものは熱を受け取り温度が上がります。ヒトはふつう，体温より低い温度の空気に接していて，体から熱がにげています。

問１　血液のはたらきについて，次のａ，ｂの文の正誤を判断したものとして最も適当なものを下のア～エから選び，記号で答えなさい。

ａ　肺で酸素や養分を取りこみ，全身でそれを手放す。
ｂ　全身で二酸化炭素を取りこみ，肺でそれを手放す。

ア．ａ，ｂともに正しい
イ．ａは正しいが，ｂは誤っている
ウ．ａは誤りだが，ｂは正しい
エ．ａ，ｂともに誤っている

問２　かん臓は熱をつくり出す以外にも多くのはたらきをもちます。かん臓がもつはたらきとして最も適当なものを次のア～エから選び，記号で答えなさい。
ア．血液中の養分の一部をたくわえる。
イ．血液を全身に送り出す。
ウ．食べ物を消化し，小腸へ送る。
エ．食べ物の水分を吸収する。

試験問題は次に続きます。

ヒトは保ちたい体温を脳で設定しており，ここではこれを設定温度といいます。設定温度と体温に差が生じると暑さや寒さを感じます。体内では体温を一定に保つために，体の表面から出入りする熱の量と体内でつくり出す熱の量がつり合うように調整しています。設定温度よりも体温が低下すると，体内で活発に熱をつくり出すなどして設定温度まで戻（もど）し，設定温度よりも体温が上昇（じょうしょう）すると，あせをかくなど体の表面から熱をにがして設定温度に戻します。

ヒトの体温に関する熱は，「体の表面から外部へ，自然ににげていく熱（熱ａ）」，「外部から体の表面へ，自然に入りこむ熱（熱ｂ）」，「体のはたらきによって，体内でつくり出す熱（熱ｃ）」，「体のはたらきによって，体の表面からにがす熱（熱ｄ）」に分類できます。

図１は，ヒトの熱の出入りを模式的に示したものです。このグラフから，例えば気温Ａのときは，熱ａが６，熱ｄが１，熱ｃが７であるから，６＋１＝７で出入りする熱の量がつり合っており，体温を一定に保っていることが分かります。なお，熱ｄについては気温Ｂまでのグラフのみかかれています。

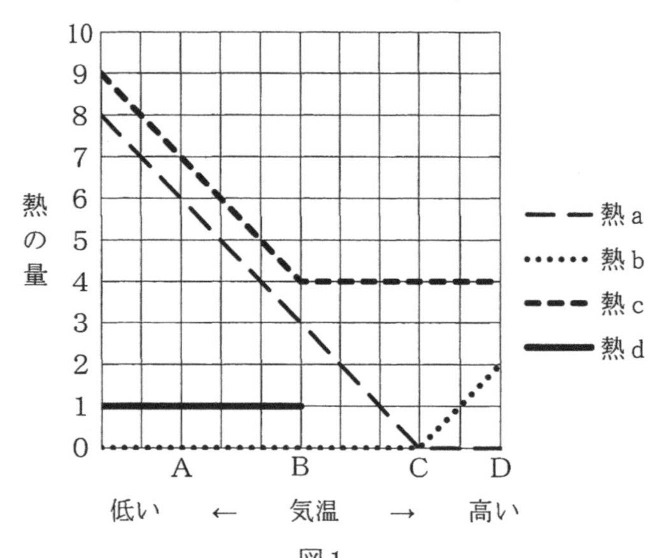

図１

問３　図１について，次の(1)と(2)の問いに答えなさい。

(1) 解答らんの図に気温Ｂ～Ｄの部分の「体のはたらきによって，体の表面からにがす熱（熱ｄ）」のグラフを線（━━）でかきなさい。

(2) 図１について説明した次の文の①と②にあてはまるものを（　　）内からそれぞれ選び，記号で答えなさい。

体温とほぼ同じ気温は　①（ア．Ｂ　イ．Ｃ　）で，体のはたらきによって体内でつくり出す熱の量は，気温が体温とほぼ同じ時からさらに高くなっていくとき，　②（ア．大きくなる　イ．小さくなる　ウ．変わらない　）。

問４　ヒトは生まれつき，病原体（ウイルスや細菌(さいきん)など）に対して抵抗(ていこう)するしくみをもっており，病原体から体を守っています。このしくみは体温が高いほど強く作用するため，病原体に感染(かんせん)すると，設定温度をふだんよりも上昇させることがあります。この現象が，かぜをひいたときの発熱です。体内の病原体が減少するなど，体が回復していくと，設定温度を元に戻し，ふだんの体内の状態へと調整していきます。図２は，かぜをひいたときの設定温度と体温の変化を模式的に示したものです。なお，気温は10℃で一定とします。次の(1)と(2)の問いに答えなさい。

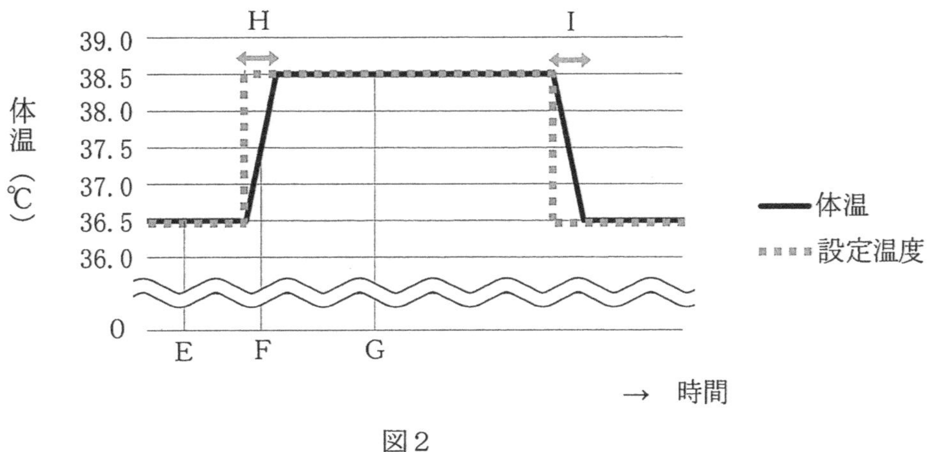

図２

(1) 図２の時間Ｅ，Ｆ，Ｇのとき，それぞれの「体のはたらきによって，体内でつくり出す熱」の大きさを考えます。その大きさの大小の関係として最も適当なものを次のア～エから選び，記号で答えなさい。ただし，「体のはたらきによって，体の表面からにがす熱」は，時間Ｅ，Ｆ，Ｇそれぞれのときどれも同じとします。

ア．ＥとＦとＧはすべて同じ

イ．ＥはＦよりも大きく，ＦはＧよりも大きい

ウ．ＦはＥよりも大きく，ＥはＧと同じ

エ．ＦはＧよりも大きく，ＧはＥよりも大きい

(2) 図２のＨとＩの期間のいずれかでは，寒気を感じることがあります。それはどちらですか。また，その期間に寒気を感じる理由を答えなさい。

２０２４年度

ノートルダム清心中学校　入学試験問題

社　会

【３０分】

受験上の注意

（試験問題・解答用紙について）

1．試験を始める合図があるまで，試験問題を見てはいけません。

2．試験問題は１ページから 18 ページまであります。

3．解答用紙は１枚，試験問題にはさんであります。

4．解答は解答用紙に記入してください。

（試験について）

5．「始めてください」の指示で鉛筆（えんぴつ）をとり，「やめてください」の指示があったらすぐに鉛筆を置いてください。

6．試験が始まったら，最初に受験番号と名前を書いてください。

7．印刷のわからないところやページのぬけているところがあったら，手をあげて監督（かんとく）の先生に知らせてください。

8．解答用紙を集めるまで席を立たないでください。

（その他）

9．試験問題は監督の先生の指示にしたがって持って帰ってください。

1　次の各問いに答えなさい。

問１　次の図は，ノートルダム清心中学校付近の地形を標高ごとに色分けした地図で，地図中の○はノートルダム清心中学校，●はＪＲ西広島駅の位置をそれぞれ示しています。○から●までの断面図として最も適当なものを，下のア～エから１つ選び，記号で答えなさい。

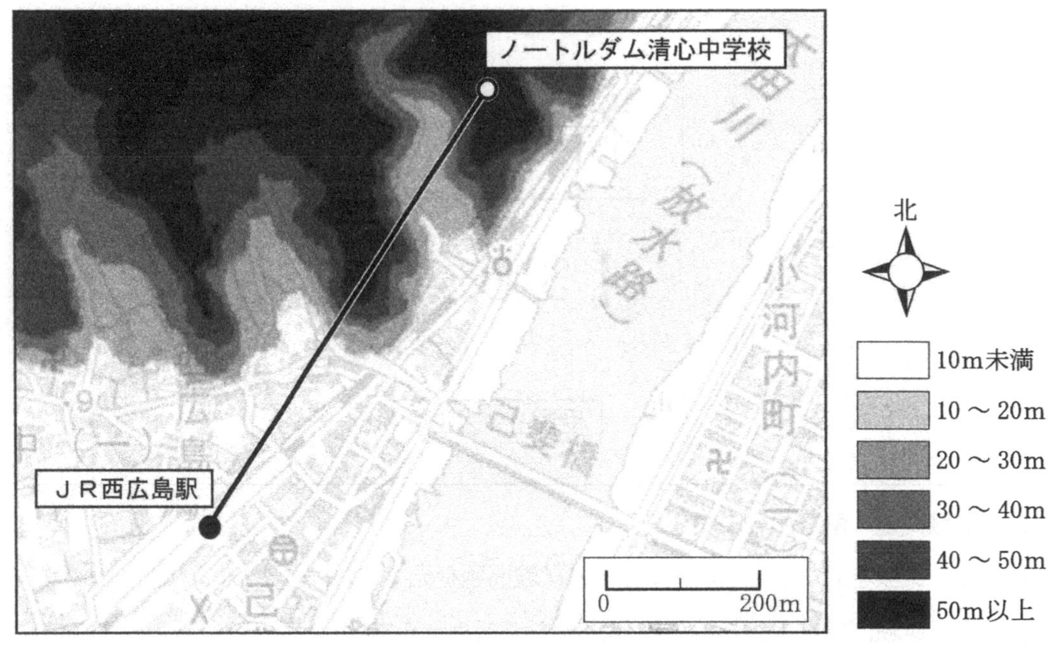

［国土地理院「地理院地図　電子国土Web」より作成］

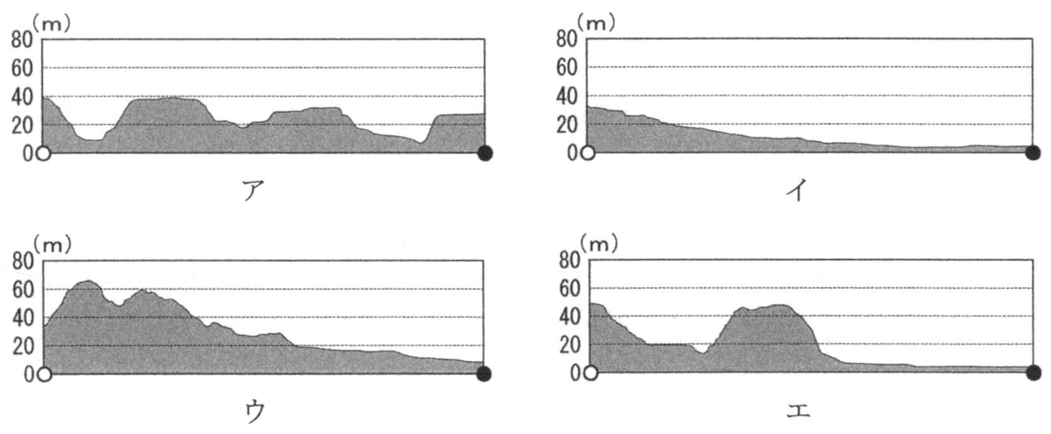

問２　次の表は，広島市，宇都宮市，新潟市のいずれかの都市で，ある時期におもな気象注意報が発表された回数をまとめたものです。Ⅰ～Ⅲにあてはまる都市名の組み合わせとして正しいものを，下のア～カから１つ選び，記号で答えなさい。

	2020年１月				2020年７月			
	乾燥	高潮	強風	雷	乾燥	高潮	強風	雷
Ⅰ	8	0	2	3	0	4	0	13
Ⅱ	1	0	1	1	0	0	0	14
Ⅲ	0	1	7	10	0	0	2	15

［「特別警報・警報・注意報データベース」ホームページより作成］

ア．Ⅰ－広島市　　Ⅱ－宇都宮市　　Ⅲ－新潟市
イ．Ⅰ－広島市　　Ⅱ－新潟市　　Ⅲ－宇都宮市
ウ．Ⅰ－宇都宮市　　Ⅱ－広島市　　Ⅲ－新潟市
エ．Ⅰ－宇都宮市　　Ⅱ－新潟市　　Ⅲ－広島市
オ．Ⅰ－新潟市　　Ⅱ－広島市　　Ⅲ－宇都宮市
カ．Ⅰ－新潟市　　Ⅱ－宇都宮市　　Ⅲ－広島市

問３　次の図は，清子さんが日本の畜産のようすを調べて分かったことと，それについて考えられる理由についてまとめたものです。これを見て，下の(1)・(2)の問いにそれぞれ答えなさい。

調べて分かったこと①
〔　ⓐ　〕で肉牛の頭数が多い。

考えられる理由
えさになる牧草をつくるための広い土地が必要になるから。

調べて分かったこと②
関東地方の内陸側や千葉県で乳牛の頭数が多い。

考えられる理由
〔　ⓑ　〕から。

(1)　〔　ⓐ　〕にあてはまる内容として最も適当なものを，次のア～エから１つ選び，記号で答えなさい。

ア．中部地方の日本海側や長野県
イ．四国地方の瀬戸内海側や高知県
ウ．東北地方の北部や福島県
エ．九州地方の南部や北海道

(2)　〔　ⓑ　〕にあてはまる内容を答えなさい。

問４　次の地図は，ある工場のおもな分布（2023年現在）を示しています。また，下の写真は，地図中に示した工場の一つで，世界文化遺産に登録されています。この工場として最も適当なものを，あとのア～エから１つ選び，記号で答えなさい。

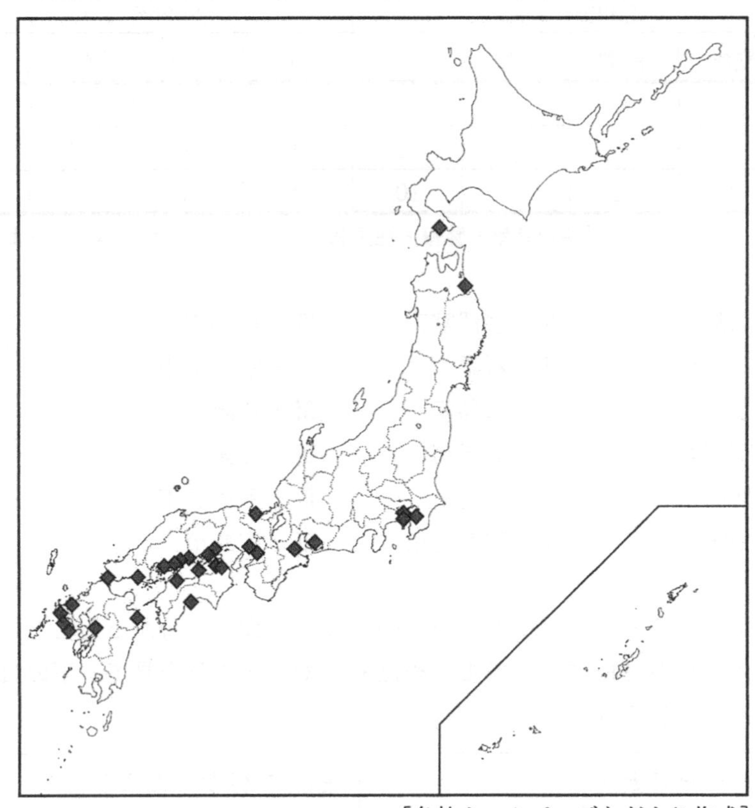

［各社ホームページなどより作成］

ア．自動車組み立て工場　　　イ．製糸場

ウ．造船所　　　　　　　　　エ．石油化学工場問５　次の表は，おもな貿易港の輸出入それぞれの総額と上位３品目（2020年）を示しています。表中のＡ～Ｃは，成田国際空港，東京港，名古屋港のいずれかです。Ａ～Ｃにあてはまる貿易港の組み合わせとして正しいものを，下のア～カから１つ選び，記号で答えなさい。

	輸出		輸入	
	総額（億円）	上位３品目	総額（億円）	上位３品目
Ａ	52331	１位：事務用機器 ２位：自動車部品 ３位：半導体など	109947	１位：衣類 ２位：事務用機器 ３位：肉類
Ｂ	104137	１位：自動車 ２位：自動車部品 ３位：原動機	43160	１位：天然ガス類 ２位：衣類 ３位：原油
Ｃ	101588	１位：半導体など ２位：電子部品 ３位：化学光学機器	128030	１位：通信機 ２位：医薬品 ３位：事務用機器

（注）事務用機器はデスクトップパソコンなど，原動機はエンジンなど，化学光学機器はレンズやカメラなど，通信機はスマートフォンなどを指します。

［帝(てい)国書院『地理データファイル2023年度版』などより作成］

ア．Ａ－成田国際空港　Ｂ－東京港　Ｃ－名古屋港
イ．Ａ－成田国際空港　Ｂ－名古屋港　Ｃ－東京港
ウ．Ａ－東京港　Ｂ－成田国際空港　Ｃ－名古屋港
エ．Ａ－東京港　Ｂ－名古屋港　Ｃ－成田国際空港
オ．Ａ－名古屋港　Ｂ－成田国際空港　Ｃ－東京港
カ．Ａ－名古屋港　Ｂ－東京港　Ｃ－成田国際空港

問６　次の❶～❸のカードは，再生可能エネルギーにかかわる，ある発電の特徴について説明したものです。これを見て，あとの(1)～(3)の問いにそれぞれ答えなさい。

❶	❷	❸
生ゴミや家畜のふんにょうを発こうさせて出るガスを燃やして発電する。原料を運んだり，集めたりする必要があるため，管理にかかる費用が高くなることもある。	井戸を掘って高温の蒸気を使って発電する。再生可能エネルギーの中でも，天候に左右されず安定した発電量を得ることができるが，設置するのに費用と時間がかかることもある。	ソーラーパネルを使って発電する。大規模な発電所をつくるためには日当たりのよい用地が必要になる。安易に山の斜面につくると，【　　X　　】などの原因になることもある。

(1)　❶のカードは，どのような発電について説明していますか。発電の名称を答えなさい。

(2)　次のア～エの地図は，❷のカードで説明している発電所，火力発電所，水力発電所，原子力発電所のいずれかのおもな分布（2023年現在）を示しています。❷のカードで説明している発電所の分布として最も適当なものを，次のア～エから１つ選び，記号で答えなさい。

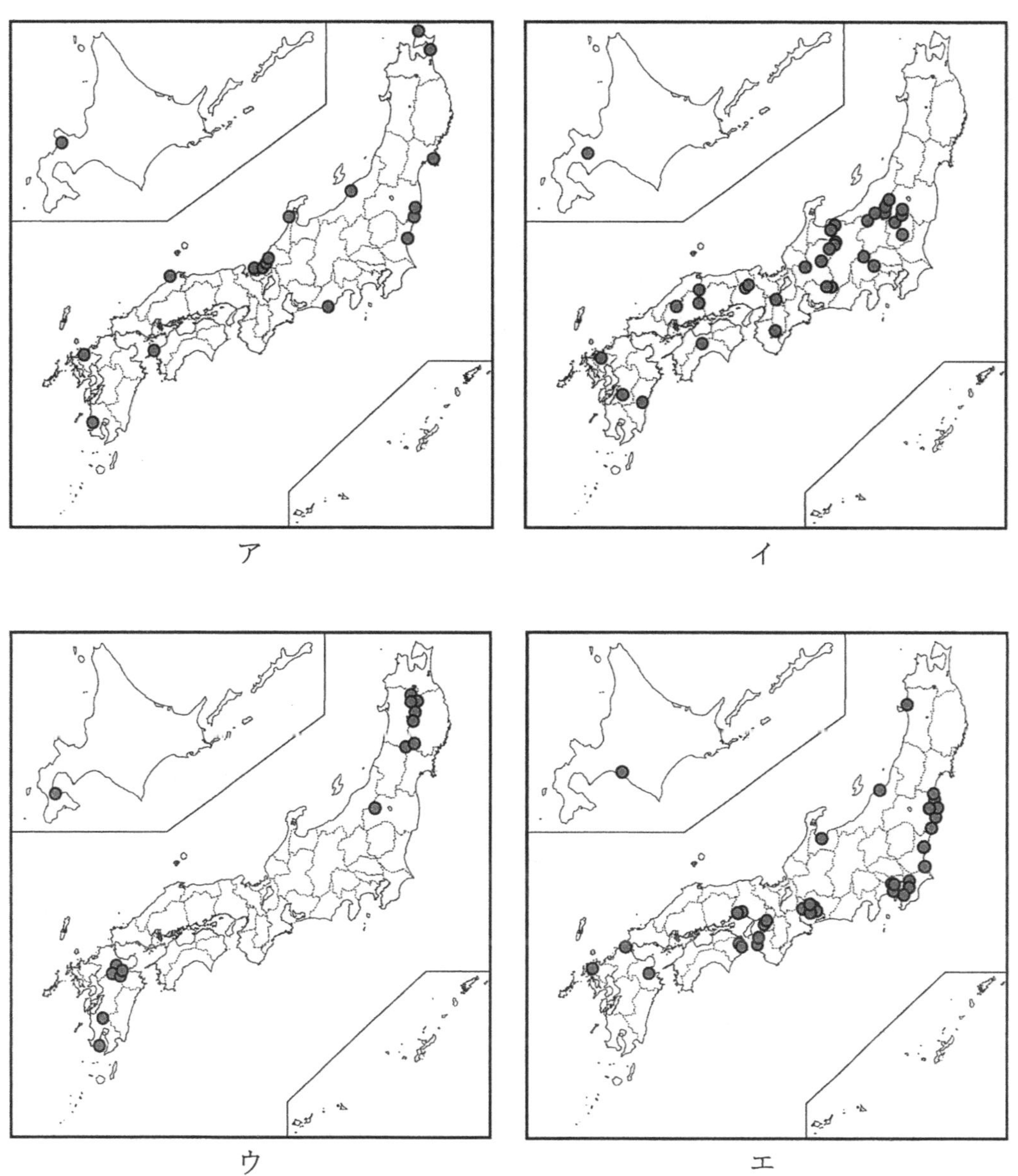

［電気事業連合会「電気事業便覧」，日本原子力産業会議資料などより作成］

(3)　❸のカードの【　　X　　】にあてはまる内容を１つあげなさい。

2　次の図は，中心からの距離(きょり)や方位を正しく表した地図で，東京を中心に，すべての大陸が描(えが)かれています。これを見て，あとの問いに答えなさい。

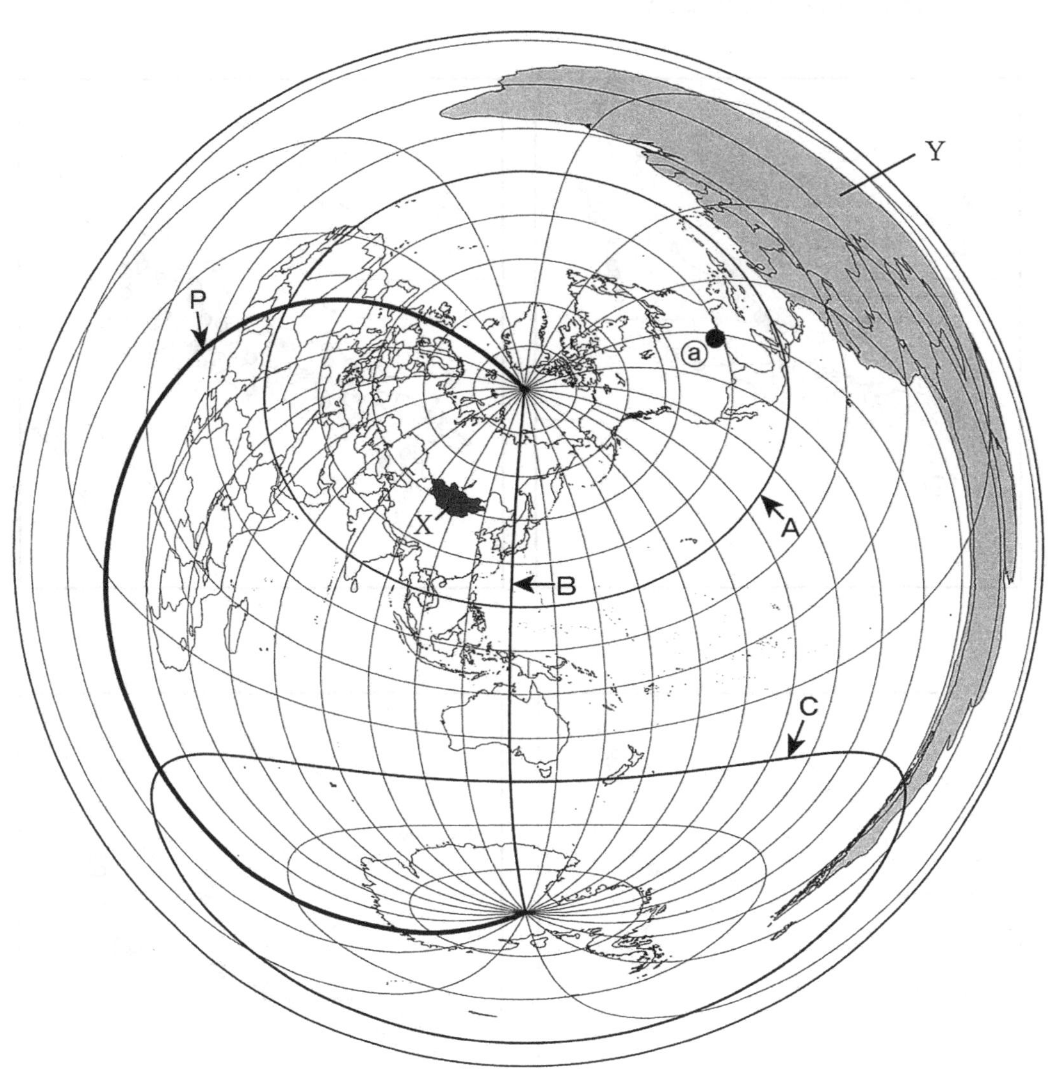

問１　東京から見て，ⓐの地点はどの方角にあたりますか。八方位で答えなさい。

問２　地図中のＡ～Ｃの線のうち，緯(い)線はどれですか。正しいものを，次のア～キから１つ選び，記号で答えなさい。

ア．ＡとＢとＣ　　イ．ＡとＢ　　ウ．ＡとＣ　　エ．ＢとＣ
オ．Ａのみ　　カ．Ｂのみ　　キ．Ｃのみ

問３　次の文は，地図中のＰについて説明したものです。文中の（　　）にあてはまる語を答えなさい。

「Ｐの線は，イギリスの旧（　　）天文台を通っており，時刻を定めるときの基準になる線である。」

問４　地図中のＸの国の国旗として正しいものを，次のア～エから１つ選び，記号で答えなさい。

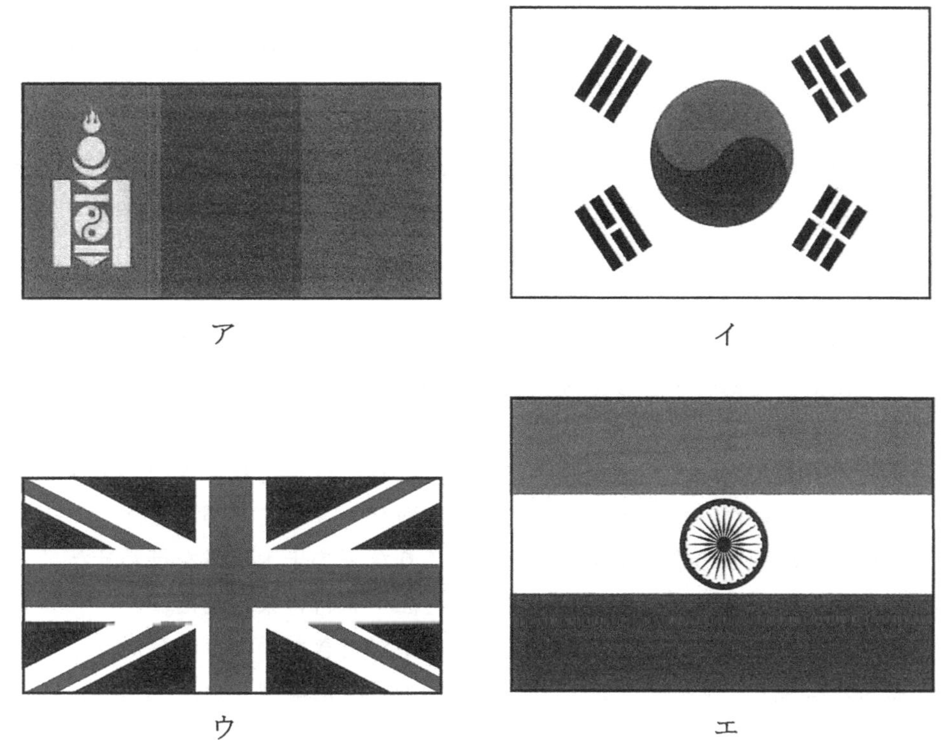

ア　イ　ウ　エ

問５　地図中のＹの大陸名を答えなさい。

3　次の各問いに答えなさい。

問１　大仙(せん)古墳(ふん)のある場所として正しいものを，右の地図中の**ア**～**エ**から１つ選び，記号で答えなさい。

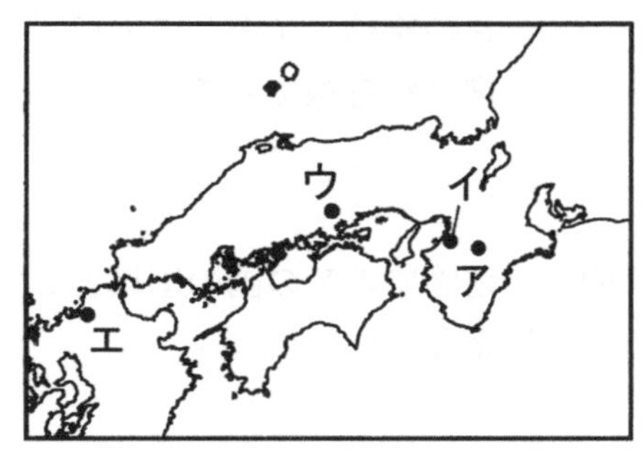

問２　豊臣秀吉(とよとみひでよし)による朝鮮(せん)出兵の際に，大名が朝鮮から連れてきた陶(とう)工によって始められた焼き物として正しいものを，次のア～エから１つ選び，記号で答えなさい。

ア．備前焼(やき)　　イ．有(あり)田焼　　ウ．瀬戸焼　　エ．信楽(しがらき)焼

問３　江(え)戸時代について，次の(1)・(2)の問いにそれぞれ答えなさい。

(1)　大名に対して幕府がとった政策として**適当でないもの**を，次のア～カから**すべて**選び，記号で答えなさい。

ア．幕府の許可がないと，城を勝手につくったり修理したりできないようにした。
イ．あとつぎがいないなどの理由で，大名を取りつぶすことがあった。
ウ．大名に，江戸城の修復や河川(かせん)の堤(てい)防づくりなどの土木事業を行わせた。
エ．大名に，妻子を連れて１年おきに領地と江戸を行き来させた。
オ．幕府の許可がないと，大名の家同士で結婚(こん)ができないようにした。
カ．幕府が監(かん)視しやすいように，外(と)様を江戸の近くに配置した。

(2)　幕府は，治安維(い)持のために各地に関所を置きました。箱根の関所があった場所として正しいものを，右の地図中の**ア**～**エ**から１つ選び，記号で答えなさい。

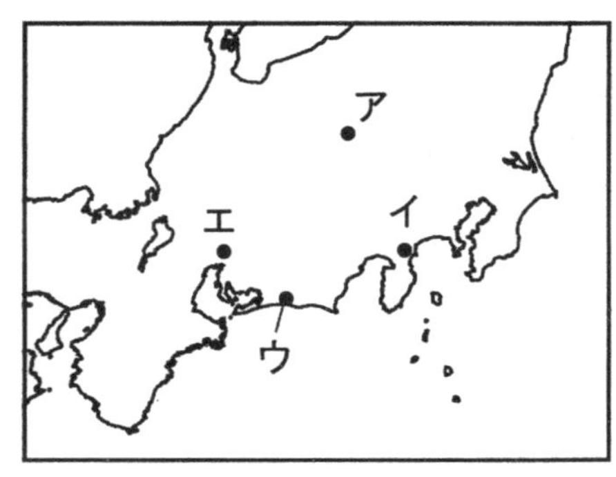

問４　次の説明にあてはまる人物を答えなさい。

「佐賀藩(はん)の武士の家に生まれた。国会開設に備え，立憲改進党をつくった。現在の早稲(わせ)田大学の元になる学校を設立し，明治政府の大臣や首相(しょう)も務めた。」

二〇二四年度入学試験問題　国語　解答用紙

※印のところには、何も記入しないでください。

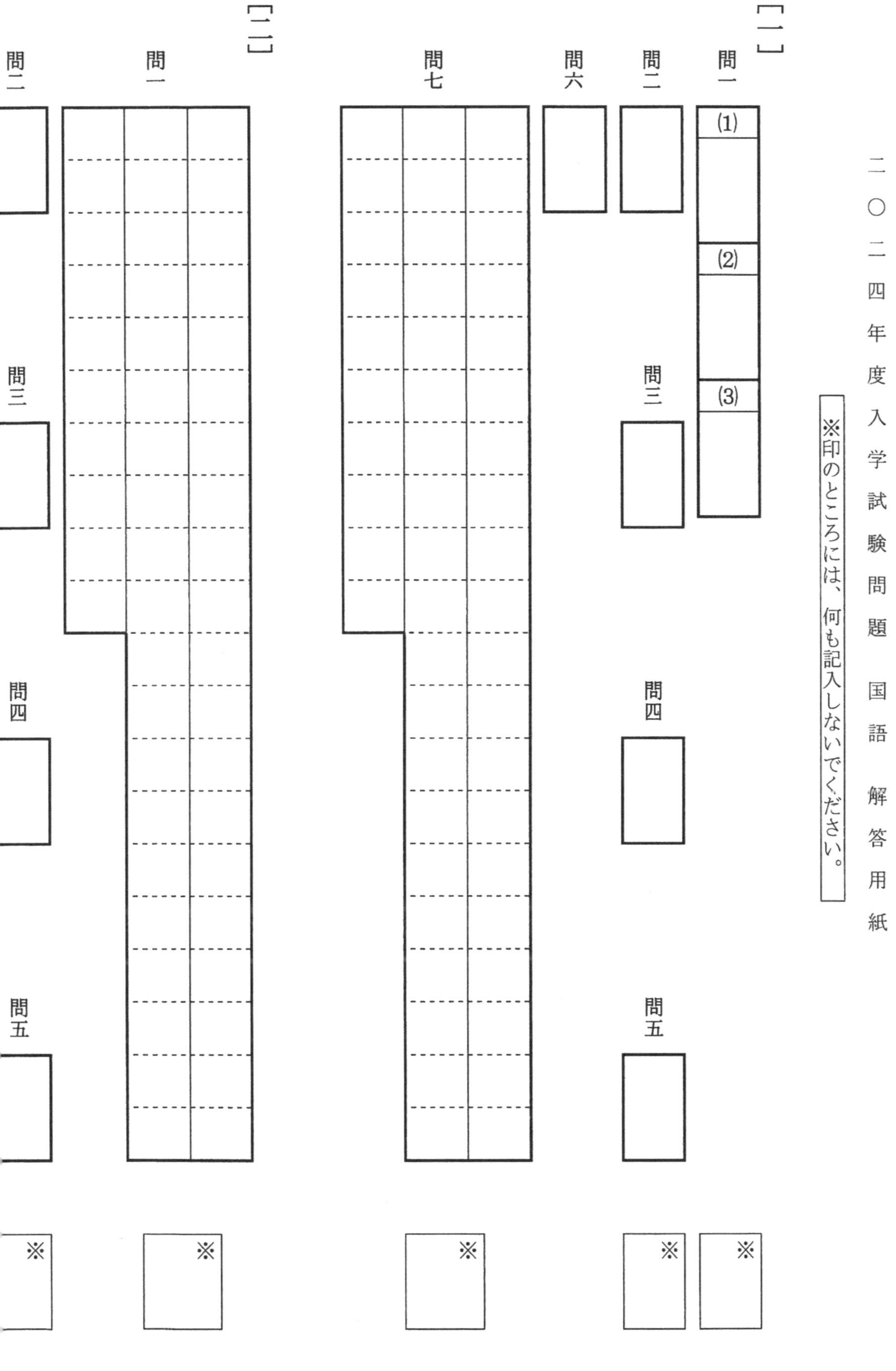

受験番号		名　前	

2

（3）［式］

答　　　　　　秒後，　　　　　　m

2
※

3

（1）［答］

（2）［式］

答

（3）［式］

答

（4）［式］

答

3
※

合計
※

①＋②
※100点満点
（配点非公表）

問4			問5	問6	
①	②	③		①	②

※

3

問1	問2	問3	問4	問5	問6

※

4

問1	問2	問3 (1)	問3 (2) ①	問3 (2) ②

問3 (1)

問4
(1)

※

※

問4 (2)	
期間	理由

※

2024(R6) ノートルダム清心中
K 教英出版

										憲法だから			※

4

問 1	
ため	※

問 2	問 3	
		※

5

問 1	問 2	問 3	問 4	
				※

問 5	
したりすれば	※

問 6		問 7		
(1) 約　　　　億人	(2)	X	Y	※

問 8		
(1)　　　　ため	(2)	※

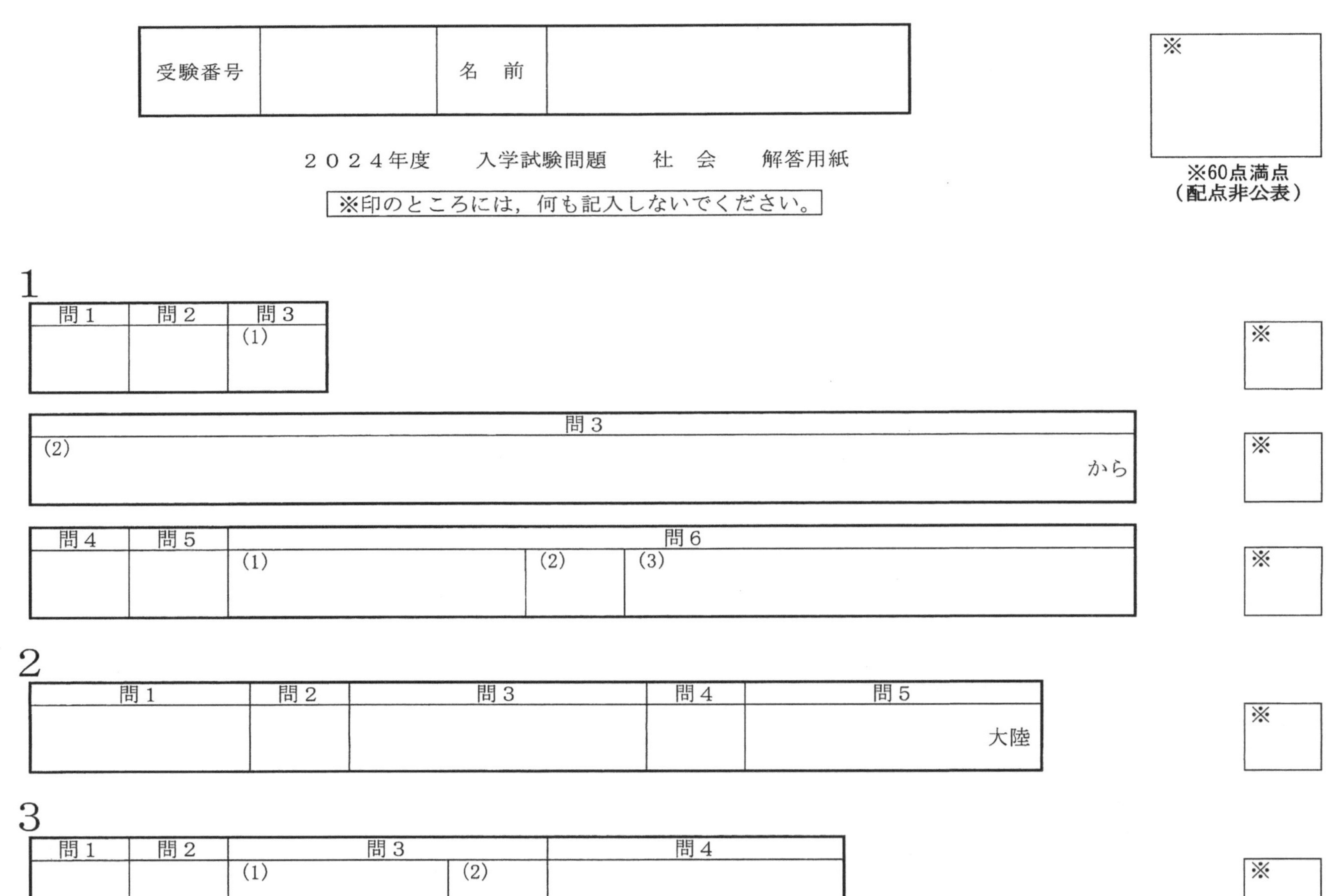

受験番号		名　前	

２０２４年度　入学試験問題　社　会　解答用紙

※印のところには，何も記入しないでください。

※

※60点満点
（配点非公表）

1

問１	問２	問３
		(1)

※

問３
(2)　から

※

問４	問５	問６		
		(1)	(2)	(3)

※

2

問１	問２	問３	問４	問５
				大陸

※

3

問１	問２	問３		問４
		(1)	(2)	

※

【解答用

受験番号		名　前	

※

※60点満点
（配点非公表）

２０２４年度　入学試験問題　理　科　解答用紙

※印のところには，何も記入しないでください。

1

問1	問2		
	①	②	③

問3		問4			問5		問6
		①	②	③	(1)	(2)	(1)
							秒後

問6 (2)
理由 kmの場所

※

※

※

2

問1	問2	問3

【解答用

２０２４年度　入学試験問題　算　数　その②　解答用紙

※印のところには，何も記入しないでください。

1

（１）［式］

答

（２）［式］

答

（３）［式］

答

1
※

2

（１）［答］

（２）［式］

答

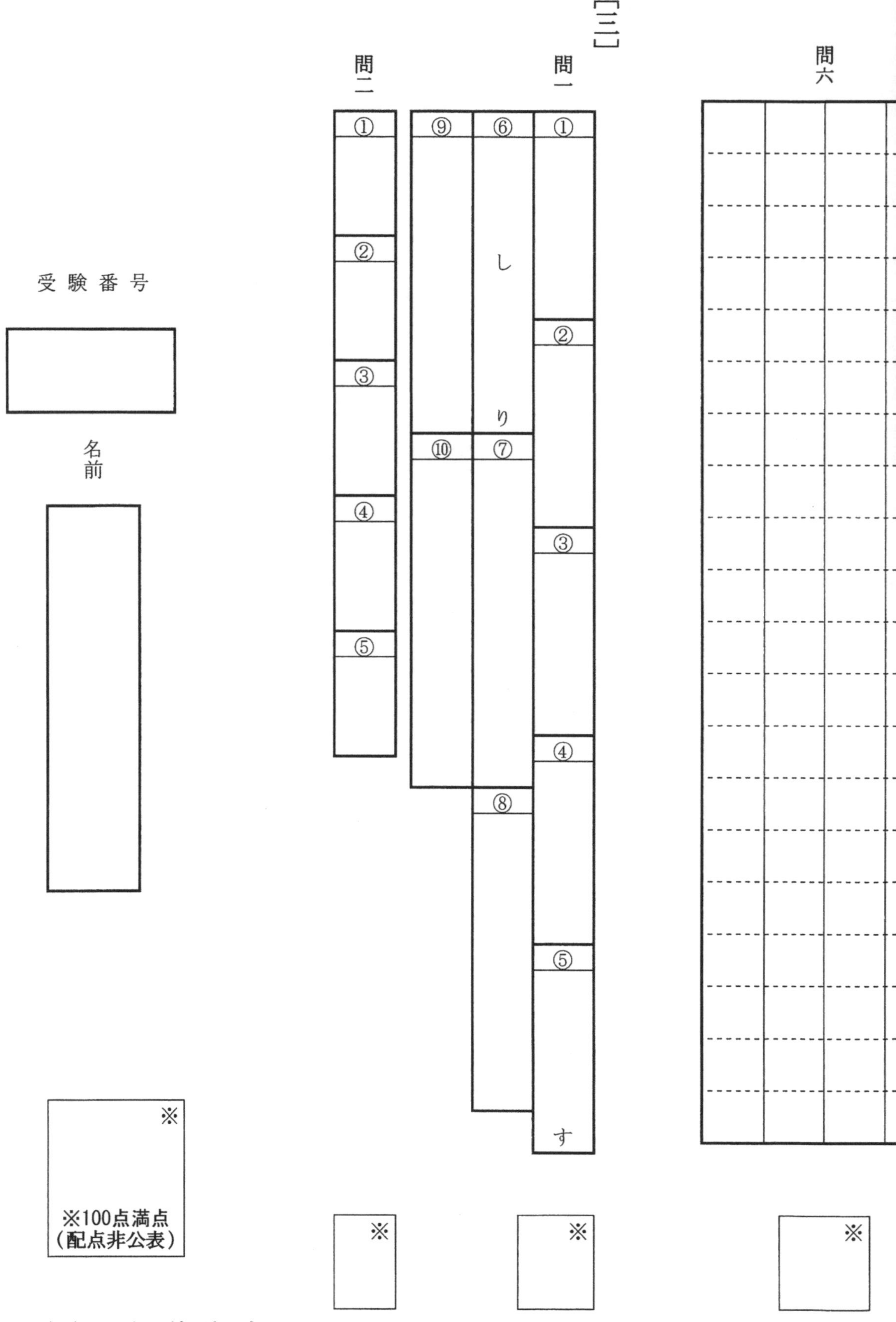

〔三〕
問六
問一
①
②
③
④
⑤
す
⑥
し
り
⑦
⑧
⑨
⑩
問二
①
②
③
④
⑤
受験番号
名前
※
※100点満点
（配点非公表）

問５　明治政府が憲法を制定する際，ドイツの憲法を参考にしたのはなぜですか。解答欄(らん)に合うように10字以内で答えなさい。

問６　日本の戦争の説明として最も適当なものを，次のア～エから１つ選び，記号で答えなさい。

ア．日本が韓(かん)国を併(へい)合したことに反対する清(しん)との間で，戦争がおこった。
イ．東郷(ごう)平八郎(ろう)の指揮する艦(かん)隊が，日本海海戦で清の大艦隊を破った。
ウ．ロシアとの戦争の講和条約は，アメリカで結ばれた。
エ．大正時代におこった世界戦争に日本も参加し，ドイツとともに戦った。

問７　次の**あ**～**う**のできごとを，年代の古い順に正しく並べたものを，下のア～カから１つ選び，記号で答えなさい。

あ．日本が主権を回復した。
い．日本が国際連合に加盟した。
う．日本国憲法が制定された。

ア．**あ → い → う**　　イ．**あ → う → い**　　ウ．**い → あ → う**
エ．**い → う → あ**　　オ．**う → あ → い**　　カ．**う → い → あ**

問８　次の４つの文はすべて，ある都道府県のことを説明したものです。あてはまる都道府県名を，漢字で答えなさい。

・古くからの原始林が残り，世界自然遺産に登録された島がある。
・キリスト教を日本に伝えたザビエルの上陸地である。
・明治10年には，政府に不満を持った人々による大規模な反乱がおこった。
・宇宙関連施(し)設が設けられ，宇宙ロケットの打ち上げも行われている。

4 清子さんたちは，次の資料を使って，鎌倉時代におこった元との戦いについて考えました。清子さんたちの会話をよく読んで，あとの問いに答えなさい。

【資料１】年表

年代	内　　　容
1231	モンゴルが，高麗への攻撃を開始する（以降６回，高麗に攻撃）
1259	高麗政府は，モンゴルに降伏するが，一部で抵抗が続く
1266	モンゴルが，家来になるように求める手紙を日本に送る
1268	高麗がモンゴルの使いとして，モンゴルの手紙を持って来航する
1269	モンゴルの使いが，返事を求めて来航する
1271	モンゴルの使いが，来航する
〃	モンゴルが，国号を元とする
1272	元の使いが，来航する
1273	元が，最後まで抵抗を続けた高麗の軍を鎮圧する
1274	元軍が攻めてくる（**元軍との戦い－Ⅰ**）
1279	元が，南宋(注)を滅ぼす
1281	元軍が攻めてくる（**元軍との戦い－Ⅱ**）

（注）南宋…1127年から1279年まで中国南部にあった王朝

【資料２】元軍の軍事力の構成

	元軍との戦い－Ⅰ	元軍との戦い－Ⅱ	
		朝鮮半島からの軍	中国南部からの軍
船数	900隻 戦いが始まる前の６ヶ月間で高麗が造船	900隻 高麗で造船	3500隻 旧南宋で造船
兵力	２万5000人 このうち，高麗人　１万2700人	４万人 このうち，高麗人　２万5000人	10万人 このうち，大半が旧南宋の兵士

【資料３】　戦いの一場面

清子さん：**資料１**を見ると，モンゴルの使いは日本を従わせるために何度も来たけれど，日本はきちんと返事をしなかったみたいね。

愛子さん：**資料２**を見ると，特に１回目の戦いでは，元軍は高麗がつくった船や兵士を使って，日本と戦っていたことがわかるわ。

聖子さん：それにしても，初めて日本に使いが来てから元軍が攻めてくるまでに，ずいぶん時間がかかっているわ。

愛子さん：その理由は，２つの資料から［　①　］ためだと考えられるわ。

清子さん：**資料３**の戦いの場面は，**資料１**のⅠ，Ⅱどちらの戦いのようすかしら。

聖子さん：私は，Ⅱの戦いのようすだと思うわ。②2度目の戦いのときには，元軍が上陸しにくかったはずだから，戦いがおもに海で行われたのではないかしら。

問１　［　①　］にあてはまる内容を，**資料１・２**から考えて答えなさい。

問２　下線部②について，聖子さんがこのように考えた理由を説明しなさい。

問３　元との戦いが終わった後の，鎌倉時代の日本のようすについて述べた文として**適当でないもの**を，次のア～エから１つ選び，記号で答えなさい。

ア．幕府が御(ご)家人ではない武士たちにも，元と戦うように求めたことによって，幕府の力が全国におよぶようになった。

イ．幕府は活躍(やく)した武士たちに新しい領地を与(あた)えることができず，ご恩と奉(ほう)公で結びついた幕府と武士の関係がくずれていった。

ウ．御家人たちは，元との戦いで多くの費用を使ったため，生活に困る者が多く出た。

エ．守護は任命された国を自分の領地のように支配し，大名と呼ばれるようになった。

5　次の各問いに答えなさい。

問１　日本の選挙について述べた文として正しいものを，次のア～エから１つ選び，記号で答えなさい。

ア．投票用紙には自分の名前を書いて，誰が投票したかを分かるようにしている。
イ．不在者投票では，仕事での滞在先や入院中の病院などで投票できる。
ウ．選挙当日に投票所に行けない場合は，インターネットを利用して投票できる。
エ．憲法で投票を国民の義務としており，投票しないと罰金が科せられる。

問２　日本において，重大な犯罪にかかわる裁判では，18歳以上の国民の中からくじで選ばれた人が，実際の裁判に参加する制度があります。この制度を何といいますか。漢字で答えなさい。

問３　次のⅠ・Ⅱの省とＡ～Ｄの仕事内容の組み合わせとして正しいものを，下のア～エから１つ選び，記号で答えなさい。

Ⅰ　厚生労働省　　　　Ⅱ　総務省

A　自然環境の保護や公害の防止などに関する仕事
B　病気の予防や社会保障，快適に働ける環境の整備に関する仕事
C　情報通信や地方自治，選挙などに関する仕事
D　検察や国籍など法律に関する仕事

ア．Ⅰ－Ａ　Ⅱ－Ｃ　　イ．Ⅰ－Ａ　Ⅱ－Ｄ
ウ．Ⅰ－Ｂ　Ⅱ－Ｃ　　エ．Ⅰ－Ｂ　Ⅱ－Ｄ

問４　国際連合の機関の中には，世界の平和と安全を守るため，常任理事国５か国と非常任理事国10か国で構成される機関があります。この機関を何といいますか。正式名称を，漢字で答えなさい。

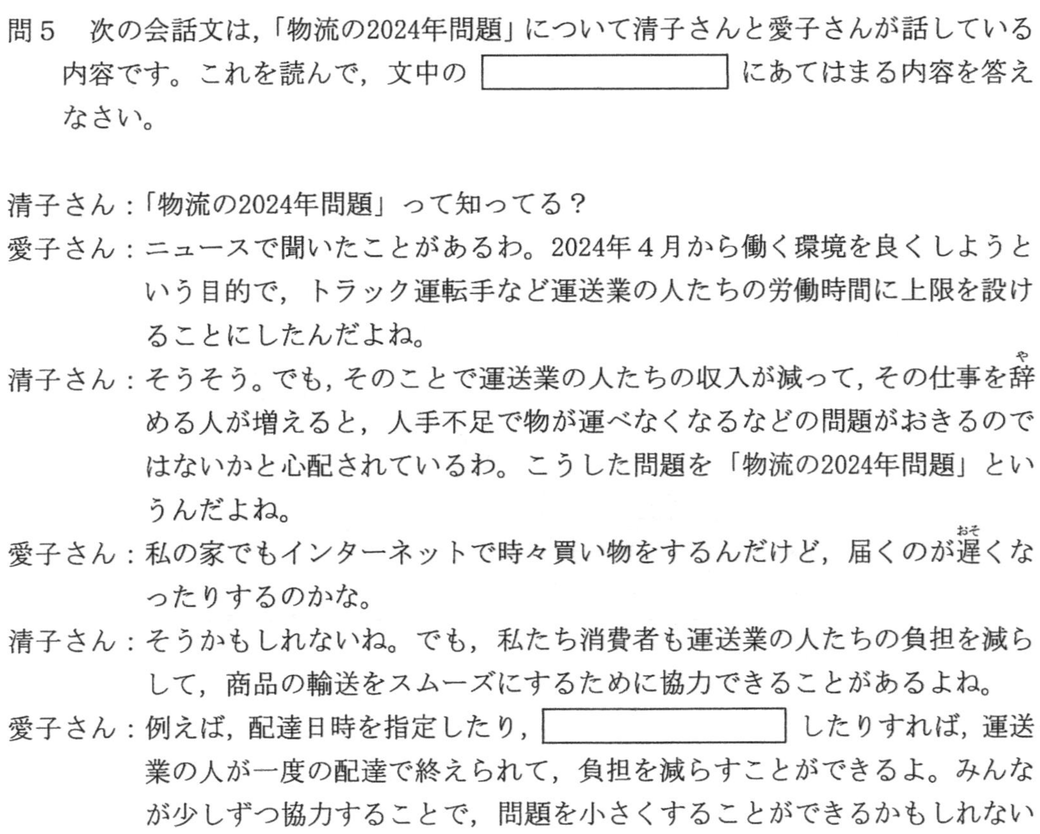

問５　次の会話文は，「物流の2024年問題」について清子さんと愛子さんが話している内容です。これを読んで，文中の［　　　　　　］にあてはまる内容を答えなさい。

清子さん：「物流の2024年問題」って知ってる？

愛子さん：ニュースで聞いたことがあるわ。2024年４月から働く環境を良くしようという目的で，トラック運転手など運送業の人たちの労働時間に上限を設けることにしたんだよね。

清子さん：そうそう。でも，そのことで運送業の人たちの収入が減って，その仕事を辞(や)める人が増えると，人手不足で物が運べなくなるなどの問題がおきるのではないかと心配されているわ。こうした問題を「物流の2024年問題」というんだよね。

愛子さん：私の家でもインターネットで時々買い物をするんだけど，届くのが遅(おそ)くなったりするのかな。

清子さん：そうかもしれないね。でも，私たち消費者も運送業の人たちの負担を減らして，商品の輸送をスムーズにするために協力できることがあるよね。

愛子さん：例えば，配達日時を指定したり，［　　　　　　］したりすれば，運送業の人が一度の配達で終えられて，負担を減らすことができるよ。みんなが少しずつ協力することで，問題を小さくすることができるかもしれないね。

問６　次のグラフは，世界の人口の推移と地域別割合を示したものです。これを見て，下の(1)・(2)の問いにそれぞれ答えなさい。

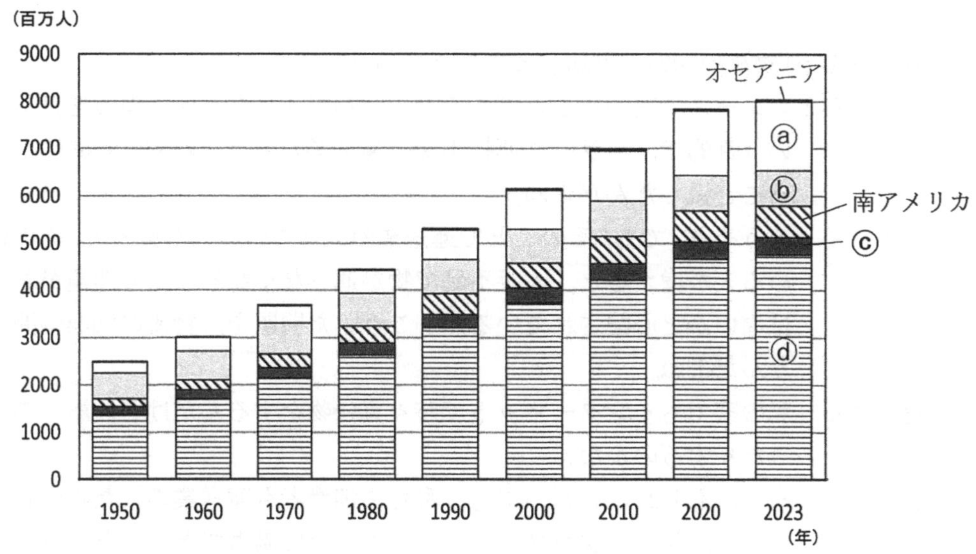

［総務省統計局ホームページ「世界の統計2023」より作成］

(1)　世界の人口は，1960年から2023年の間に約何億人増えていますか。

(2)　グラフ中のⓐ～ⓓは，アジア，北アメリカ，ヨーロッパ，アフリカのいずれかです。ⓐにあてはまる地域を，次のア～エから１つ選び，記号で答えなさい。

ア．アジア　　イ．北アメリカ　　ウ．ヨーロッパ　　エ．アフリカ問７　次の文Ｘ・Ｙで説明している国の位置を，下の地図中の**ア**～**カ**から１つずつ選び，記号で答えなさい。

Ｘ　この国は，2023年に，世界最大の軍事同盟であるＮＡＴＯ（北大西洋条約機構）に31番目の加盟を果たした。

Ｙ　この国は，過激派組織タリバンが政治の実権を握(にぎ)り，女性の教育や社会的活動が制限されている。

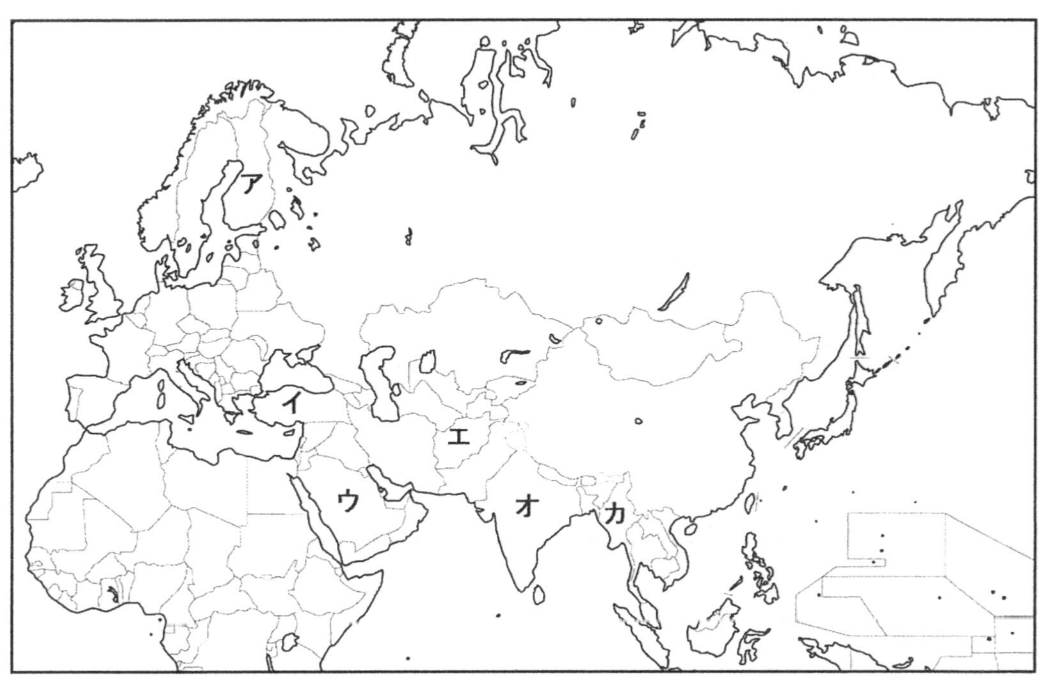

問８　ある30人のクラスで，発表会の出し物を何にするかの話し合いをしました。クラスでは，合唱・演劇・ミュージカルの３つの案が出され，この３つの案の中から１つに決めようとしています。これについて述べた次の文と資料を見て，あとの(1)・(2)の問いにそれぞれ答えなさい。

クラスの話し合いの中で，多数決で決めることになり，全員が１つの案を選んで，投票しました。その結果が**【資料１】**です。結果を見ると，最も多く投票されたのは合唱でしたが，「［　①　］ため，多くの人が納得できる結果ではないのでは」という意見が出ました。そこで，多数決で投票された上位２つの案で，決選投票をすることになりました。決選投票の結果が**【資料２】**です。ただ，結果を見るとちょうど半分ずつで票が分かれてしまい，決めることができませんでした。

【資料１】「多数決での投票数」

	合唱	演劇	ミュージカル
投票数	１４	１２	４

【資料２】「決選投票での投票数」

	合唱	演劇
投票数	１５	１５

ある生徒が別の決め方として，「全員が３つの案について，自分がしてみたい出し物の順に１位から３位までを決めて投票をして，１票につき１位に３点，２位に２点，３位に１点として計算し，最も合計点数の高かった案で決めたらどうか」と提案しました。そこで，その方法を使って，もう一度全員で投票をしました。その結果が**【資料３】**です。この方法で，最も合計点数が高かったのは，（　②　）となり，クラスの発表会の出し物は，（　②　）に決まりました。

【資料３】「各案の１位から３位の投票数」

	合唱	演劇	ミュージカル
1位の投票数	１４	１２	４
2位の投票数	５	１３	１２
3位の投票数	１１	５	１４

(1) ［　　　①　　　］にあてはまる内容を答えなさい。

(2)（　②　）にあてはまる内容を，次のア～ウから１つ選び，記号で答えなさい。

ア．合唱　　　イ．演劇　　　ウ．ミュージカル

二〇二三年度

ノートルダム清心中学校　入学試験問題

国語

【五十分】

受験上の注意

〔試験問題・解答用紙について〕

1. 試験を始める合図があるまで、試験問題を見てはいけません。
2. 試験問題は1ページから21ページまであります。
3. 解答用紙は一枚、試験問題にはさんであります。
4. 解答は解答用紙に記入してください。

〔試験について〕

5. 「始めてください」の指示で鉛筆(えんぴつ)をとり、「やめてください」の指示があったらすぐに鉛筆を置いてください。
6. 試験が始まったら、最初に受験番号と名前を書いてください。
7. 印刷のわからないところや、ページのぬけているところがあったら、手をあげて監督(かんとく)の先生に知らせてください。
8. 解答用紙を集めるまで席を立たないでください。

〔その他〕

9. 試験問題は監督の先生の指示にしたがって持って帰ってください。

［一］　次の文章は、あさのあつこの『花や咲く咲く』という小説の一部です。太平洋戦争下の小さな田舎の温泉町に暮らす三芙美は、いつものようにお気に入りの洋服店である「山口洋装店」の美しいショーウインドーを眺めていた際、店を営む「奥さん」から声をかけられ、店内で話をしています。この文章を読んで、あとの問いに答えなさい。（本文は一部表記を変えたところがあります。）

奥さんは、わたしの前に裁縫箱とよく似た形の箱を置いた。蓋を取ると、中にはたくさんの＊端切れが入っていた。わたしは、つい(1)今しがた、わたしの頭の中で舞っていた布たちではないか、とあり得ないことを思ってしまった。

奥さんは白と濃い＊蘇芳の端切れを重ね、

「これが桜がさね。若葉色と薄紅を重ねると、桜萌黄となるの。どちらも、春の＊かさね色目やねえ」

「季節で変わるんですか」

「そうや。日本には四つの季節があるやろ。その季節に合わせた色目があるんやわ。季節を違えるのは、とっても(2)野暮で a ユルされんことだったんよ」

「……そうなんだ」

わたしは煎餅の味のする唾を飲み込んだ。そのお煎餅のことも、＊寿子のことも頭から抜け落ちて、わたしはおばさんの話と色とりどりの端切れに引き込まれていった。

端切れはさまざまな材質らしく、艶のある紅色もあれば、［　1　］重たげな緑もあった。ブラウスやスーツやスカート、b ホウモン着や浴衣。あらゆる衣服の残り布が小さな箱に収められている。少なくとも、わたしにはそう思えた。

わたしは、そう信じた。

「じゃあ、夏とか秋のかさね色目とかもあるんですか」

「もちろん、あるわよ。えっと、例えば……」
奥さんは c キヌの端切れを二つ、取り出した。
向日葵の d カベンのような黄色と明るい茶色だった。
「これは、橘。白と緑なら卯の花。檜皮と青なら蝉の羽。秋は、桔梗とか女郎花とか月草、冬なら雪の下紅梅、氷がさねなんて名前のかさねがあるんよ。雪の下紅梅ってのはね、白の下に濃い桃色を置くの。真っ白な雪原の下には花の気配がするって意味なんかしらねえ。ちょっとすてきでしょ」
「はい」
わたしは、うなずいた。
本気でうなずいた。
「昔の人ってすてきだったんですね」
「ほんまにね。自分の周りに美しい色が満ちているってこと、ちゃんと知ってはったんやねえ。それをこんな優雅な名前にして残すなんて、すごいわねえ」
わたしは顎を上げ、大きく息を吸った。誇らしかった。頬が紅潮するぐらい誇らしかった。
「やはり、わたしたち大和民族は世界に(3)類をみない、優れた民族なんですね」
奥さんの目が瞬いた。すぐに肯定の返事が無いことに戸惑い、わたしもまた、瞬きを繰り返す。
「万世一系の貴い御皇統を仰ぐわたしたち大日本帝国の民は、他のどの国よりも優れた民族なのです。このありがたくもすばらしい国に生まれたことを誇りとして、我々は皇国の民として日々を励まねばなりません」
学校では、毎朝、校長先生の*訓話がある。
わたしたちの国が、わたしたち大和民族が、どれほど優秀で正しいものであるか、訓話の度に、先生は繰り返し、わたしたちは直立不動で聴き入った。

正直、そのときは「あぁ、そうなんだ」と頭の上っ面だけで理解しようとしていた。だって、大和民族の誰もが優秀なら、わたしもそうだということになる。それはちょっと……という思いだった。

わたしは和美ほど美しくないし、詠子のように走ることもできない。則子みたいに大らかで優しいわけでもない。学校の成績も中ほどだ。洋服のデザインを考えるのは大好きだけど、それは〝優秀〟な能力の内には入らないだろう。＊時局を考えれば、邪魔にはなっても何の役にも立たないではないか。

わたしは自分を優秀だなんて、どうしても思えなかったのだ。けれど、かさね色目について知ったとき、①大きく胸を張りたい気になった。

誇らしかった。

桜がさね、橘、蝉の羽、女郎花、雪の下紅梅。

衣の色を重ねることに、こんな美しい名前をつけて楽しむなんて、わたしたちのご先祖さまってすごいと思う。なんて繊細で軽やかで研ぎ澄まされた感性なんだろう。

優秀だ。本当に優秀だ。そして、もしかしたら、もしかしたら、本当にもしかしたらだけれど、わたしにもその感性が受け継がれているかもしれない。

［　2　］考えただけで、嬉しくなってしまう。

「うーん、そうやねえ」

奥さんは首を傾げ、口をつぐむ。この沈黙はなんなのだろう。どうして、すぐに、「そうよ。その通り。ほんとに誇らしいことやわ」との返事がないのだろう。

②奥さんの口から微かな吐息が漏れた。細い指が、箱の底から空色の布を摘みだす。毛織物のようだ。まさに空色、澄みわたった空のように清々しい色だ。

「ねえ、これが端切れやなくて一反ぐらいの布だとしたら、三芙美ちゃんなら何を作りたい」

「ジャケット」
わたしは迷うことなく答えた。
この布でジャケットを縫って白い大きめのボタンでもつけたら、さぞや映えるにちがいない。首元にボタンと同系色のタフタのリボンなんかを結んだら、どうだろう。その場合、襟はむろん小さめの立襟にする。色は？　白がいいだろうか、ジャケットと同色の方がeブナンだろうか。ブナンだけれどおもしろみには欠けるかもしれない。うん、やっぱり襟は白の［　３　］硬い感じだ。襟の硬さとリボンの柔らかさ、それに、ボタンのかわいらしさが調和して、とても愛らしい一着になる感じがする。
冬の終わりかけ、一年中で一番凍えるけれど、ふと見上げた空や昼下がりの風に春の気配が潜んでいる季節、こんな色のジャケットを着て歩けば、どれほどいい心持ちがするだろう。白分自身が春告げ鳥になった気分に浸れるんじゃないか。
わたしは心に浮かぶままを夢中でしゃべった。
奥さんは静かに、物思いにふけるような眼差しでわたしの話を聞いてくれた。そして、うなずいてくれた。
「ええわね。じゃあスカートはどうしましょう。タイト？」
いいえと、わたしはかぶりを振った。
「オールプリーツのふんわりしたスカートがいいです」
タイトだと大人っぽくなりすぎる。
この色はわたしたち少女の色だ。
「そうね。その方がすてきやねえ。うん、ほんまにすてきやわ」
奥さんは水色の端切れを愛おしむように撫でた。③わたしも視線でそっと撫でる。
「sky blue」

聞き慣れない言葉が聞こえた。それが、英語だと理解したとき、④わたしは身を竦めて、奥さんの顔を凝視していた。
⑤奥さんが微笑む。
「azure blue、horizon blue、英語にも空の色を表すいろんな呼び方があるの。中国にもね、天藍、海天藍なんて、すてきな呼び名がいろいろとあるのよ。日本だけやないの」
奥さんが空色の布を［　4　］箱の中に戻した。
「日本だけやないのよ、三芙美ちゃん」
奥さんは、菓子器の中の煎餅を手早く包んでくれた。
「これ、寿子ちゃんへのお土産。持って帰ってな」
わたしはかぶりを振り、指を握りこんだ。
「要りません」
それだけ言うと、山口洋装店を飛び出した。
怖かった。
スカイブルーだのアジュールブルーだのティエンランだのと、［　5　］口にする奥さんが怖かった。

（あさのあつこ『花や咲く咲く』実業之日本社）

＊　端切れ　……　裁断したあとの残りの布地。はんぱな布きれ。
＊　蘇芳　……　染色の名。黒みを帯びた紅色。
＊　かさね色目　……　衣服を数枚重ねた場合の色の組み合わせ。季節によって配色が考慮されていた。
＊　寿子　……　三芙美の妹。
＊　訓話　……　教え諭す話。
＊　時局　……　社会の情勢。

問一　──線a～eのカタカナを、それぞれ漢字に直して答えなさい。

問二　══線(1)「今しがた」・(2)「野暮（やぼ）」・(3)「類をみない」とありますが、その意味として、最も適当なものを次の中からそれぞれ選び、記号で答えなさい。

(1)　今しがた

ア　今までずっと　　イ　今さらながら　　ウ　思いがけず

エ　ほんの少し前　　オ　何の気なしに

(2)　野暮

ア　だらしない　　イ　恥（は）ずかしい　　ウ　わざとらしい

エ　失礼だ　　オ　洗練されていない

(3)　類をみない

ア　たとえようもなく独特な　　イ　比べるものがなく際立（きわだ）っている　　ウ　またとなく珍（めずら）しい

エ　引けをとらない特別な　　オ　誇るべき立派な

問三　［　1　］～［　5　］に入る語句として、最も適当なものを次の中からそれぞれ選び、記号で答えなさい。ただし、同じ記号を選んではいけません。

ア　さっさと　　イ　さらりと　　ウ　かちりと　　エ　じわじわと　　オ　ちらりと
カ　そっと　　キ　はっと　　ク　ぽてりと　　ケ　ずらりと

問四　――線①「大きく胸を張りたい気になった」とありますが、なぜですか。百二十字以内で説明しなさい。ただし、句読点や符号（ふごう）も字数にふくみます。

問五 ——線②「奥さんの口から微かな吐息が漏れた」とありますが、このときの「奥さん」の心情を説明したものとして、最も適当なものを次の中から選び、記号で答えなさい。

ア 大和民族が優秀であることと三芙美が優秀であることに直接的な関係はないと伝えようと思ったが、話をしてもきっと理解できないだろうと諦め、話題をそらそうとしている。

イ 他の民族を軽視するような三芙美の発言に驚き、かさね色目の話をしたことを後悔するが、もう少し三芙美の本音を聞こうと思い直し、会話を続けようとしている。

ウ 大人の話を素直に受け止める三芙美の純粋さは認めながらも、心の底からそう思っているのか疑問に思っていたが、確かめる方法を思いついたので実行しようと考えている。

エ 大和民族の優秀さを疑わない三芙美の考え方が一面的であると感じ、それに気付いてもらうにはどうすれば良いか考えていたが、思いついた方法で伝えてみようと心を決めている。

オ かさね色目の文化を持つ民族が優秀であるとは言えないのに、そう信じている三芙美の幼さにあきれながらも、その気持ちを三芙美に悟られないように振る舞おうとしている。

問六　――線③「わたしも視線でそっと撫でる」とありますが、このときの「わたし」の心情を説明したものとして、最も適当なものを次の中から選び、記号で答えなさい。

ア　興奮にまかせて話した自分の洋服の案をうなずきながら聞き、共感してくれている奥さんに対して、心を寄せ、親しみを感じている。

イ　憧(あこが)れの存在である奥さんに褒(ほ)められたことで、自分にもやはり大和民族としての優れたところがあったのだと実感し、嬉しくなっている。

ウ　布地を優しく撫でる様子から、奥さんが自分の洋服のセンスを気に入ってくれたことが分かり、自分を評価してもらえたことに満足している。

エ　夢中になって話をした自分とは対照的に、冷静な態度を崩(くず)さない奥さんに不安を感じ、調子を合わせることで様子をうかがおうとしている。

オ　少女の色である水色の布地を大切に扱(あつか)う仕草から、奥さんが過ぎ去った少女時代を惜(お)しんでいると感じ、奥さんの気持ちに寄り添(そ)おうとしている。

問七　――線④「わたしは身を竦めて、奥さんの顔を凝視していた」とありますが、「わたし」がそのような動作をした理由として、最も適当なものを次の中から選び、記号で答えなさい。

ア　何気ない奥さんのつぶやきの中に、自分の感性を否定するような皮肉を感じ、信頼していた奥さんに裏切られた気がして動揺したから。

イ　大和民族の豊かな感性を表す色をわざわざ英語で表現するのは、大和民族への侮辱であり、そのようなことをする奥さんに、強い不信感を抱き始めたから。

ウ　同じ感性を持っていると信じていた奥さんが、聞き慣れない敵国の言葉を口にしたことに恐怖を感じ、奥さんが得体の知れない存在のように思えたから。

エ　身近な存在であった奥さんが敵国語である英語を話せると知ったことで、奥さんを一気に遠い存在に感じて寂しく思ったから。

オ　奥さんに感性を認められて自信を持ち始めていたが、英語の知識はなかったので、奥さんの豊かな知識に触れて、自分の未熟さを恥ずかしく思ったから。

問八　――線⑤「奥さんが微笑(ほほえ)む」とありますが、このときの「奥さん」の気持ちの説明として、最も適当なものを次の中から選び、記号で答えなさい。

ア　心を開いたように見えた三芙美が、英語を話した自分を警戒(けいかい)するように見つめていることに気づき、英語を用いたのは大和民族の優秀さの一例を示すためであって、日本の教育や三芙美の考えを否定するためではないことを伝えようとする気持ち。

イ　三芙美の子どもらしい純粋な洋服への愛情が嬉しくて、思わず三芙美に理解できない英語を用いて話してしまったが、驚いた三芙美の様子から、それが彼女の自信を失わせてしまうかもしれないと気づき、三芙美を元気づけようとする気持ち。

ウ　大和民族だけが優れた感覚を持っているわけではないことを伝えるために英語を使ってみせたが、それに動揺する三芙美を安心させるとともに、世界には多様な感性や文化があり、決して日本だけが特別なのではないと諭そうとする気持ち。

エ　色や洋服に関する自分の感性に自信を持ち、大和民族であることを誇らしく思っている様子の三芙美に対し、敵国の言葉を用いるという危険を冒(おか)してでも、そのような偏(かたよ)った考えを修正し、興奮した三芙美を落ち着かせようとする気持ち。

オ　それぞれの国が長い歴史の中で少しずつ形作ってきた純粋な美しい色の世界を、国や民族の優秀さといった関係のない観点から評価した三芙美に対して失望したが、その気持ちを伝えるわけにもいかないので、努めてにこやかに振る舞おうとする気持ち。

[二]　次の文章を読んで、あとの問いに答えなさい。(本文は一部表記を変えたところがあります。)

唐突(とうとつ)ですが、こんな知識をお持ちでしょうか。私たちの体についてですが、胃の内部や腸の内部は体の外側だというものです。口から消化器を通って肛門(こうもん)まで、ずっと管が通じているのはわかります。ですから、極端(きょくたん)に単純化すれば、人間の体は真ん中に穴が空いたａエンチュウに手足がついたようなものです。人間の消化器はドーナツにある穴のようなものです。ドーナツの穴がドーナツの内部とは言えないように、食物が通っていく私たちの消化器は穴なのです。

消化器が外側であるという知識を持っていれば、食物を口に入れると、それでもう体内に取り込(こ)んだのだとは思えなくなるでしょう。歯で*咀嚼(そしゃく)し、胃でこなし、生物で習った憶(おぼ)えきれないほどの種類の消化液を出して、食物を何とか腸壁(ちょうへき)から内部に取り込めるかたちにしようとしているのだと考えることができるようになるでしょう。

薬だって同様です。薬を飲めばもう体内に取り込んでいると思い込みがちですが、消化器内は体外なのですから、胃なり腸なりから吸収されなくてはなりません。だいたいにおいて薬の吸収は半分程度だと考えられているようです。

毒だってそうです。飲んだだけで吸収されなければ害は及(およ)ばないはずです。吸収されてわれわれの正常な働きを*阻害(そがい)するので毒性を現すわけです。われわれの体と運用の*メカニズムを阻害するので毒になるわけで、毒性があるから毒というわけではないでしょう。人には有毒でも別のある動物には無害なこともあり得るわけです。

消化器官が体の外側だと知っていれば、食物や薬や毒が吸収されていくメカニズムがどうなっているのかに興味を引かれるかもしれません。

サプリメントの広告で、*患部(かんぶ)で重要な機能を果たしているとされる成分が、いかに多く含(ふく)まれているかをうたっているのをよく見かけます。その成分が患部の不調に関わっているのは認められるとしても、腸からどのように吸収され、どのようなメカニズムで患部にまで運ばれるのか、まず気になってしまいます。

消化器が外側であるという知識を持っていれば、特別柔軟な頭脳を持っていなくても、以上のようなことは考えられるのではないかと思います。少なくともその知識を持っていない時に較べて何らかの違いはあるのではないでしょうか。

【中　略】

同様にその知識を持っていることによって、大きな知識の適用を行いやすくなるといったこともあります。たとえば、進化そのものは生物は変化するとのみ言ってるわけで、やや＊茫漠として使いにくいと感じるかもしれません。しかし、進化は＊闇雲に変化するわけではありません。ある進化はそれ以前に持った＊形質を＊ベースにしてそこからの変化です。直前のものを必ずベースにしているのです。

ウマの蹄は、われわれの手足の指先とはかなり違った形態をしています。しかし、通常のというか典型的なほ乳類の手足は5本指です。したがって、それをもとにしてそこから変化していったウマは、指を減らしていって指一本で立ち、元の指にあったツメを蹄に変化させたのだということにならざるを得ません。

〈ア〉

同じことですが、陸に上がり肺呼吸というかたちでそこに適応した動物は、再度水中に生活の場を移したとしても、肺呼吸の様式をそれ以前のエラ呼吸に戻せるわけではありません。肺呼吸を維持しながら水中での生活になるべく適応したものにしていくしかないわけです。

進化を考える時、直前に持った形質をベースにして適応していくという知識は進化論運用のための b ホジョ的な機能を果たしてくれます。わかりやすくしてくれます。このような知識の保有によって、知識の使用がしなやかに行われる可能性が生まれるわけですから、A 頭脳の柔軟性だけで知識運用のなめらかさが決まるわけでもないのです。

①「知ってるつもり」についてもう一度触れておきましょう。

〈イ〉

大学生に「昆虫について知っているか」「昆虫とはどういうものですか」と問うと多くの学生がまず間違いなく「知っている」と言い、「頭・胸・腹に分かれていて、脚が6本の生き物です」と答えます。

＊学習指導要領で決められていますから、日本の小学校教育を受けた人は3年生の理科で「昆虫」を習います。

そこで意地悪な教師が「頭・胸・腹に分かれていない昆虫はいるのですか。脚が6本でない昆虫はいますか」と問うと、「昆虫の定義が頭・胸・腹に分かれていることだし、脚が6本だということなんだから、いないじゃないんですか」とか「例外はあるかもしれません」といった返答が戻ってきます。

〈ウ〉

また、重ねて「昆虫の他に頭・胸・腹に分かれている生き物はいますか」とか「クモは同じ＊節足動物で頭・胸・腹に分かれているように見えますし、脚が8本なのをcノゾけば昆虫に似ていますが、どんな点が昆虫と違うのですか」とか「昆虫の胸に肺や心臓があるのですか」などと問うと、まずまともで実質的な回答は戻ってきません。そんなことは考えたこともない、というのが彼らの態度です。

〈エ〉

動物全体の中でも、また節足類の中でも非常にdトクイな形で進化してきたのが昆虫だと思うのですが、大学生の回答は、頭・胸・腹に分かれていることと、脚が6本であることのみを、昆虫の定義として記憶しそれだけの知識で、意地悪な教師の質問にeボウセンしているだけなのです。

大学生のほとんどは昆虫の定義的「知識」を持っているだけなのですが、昆虫について「知ってるつもり」でいます。翅や各部の働き、近縁の動物との関係など、ほとんど知らないのですが「昆虫について知っている」と思い込んでいます。周辺知識がほとんどないまま、定義だけを保持して、「知ってる」と思い込んでいるのです。これが「知ってるつもり」の特徴のひとつです。逆に、周辺知識がある場合には、知らない＊領域が存在することに気づきやすい。したがって、「知識」のある方が「知ってるつもり」にはならないのが普通です。孤立した知識を実際に使用することもなく、孤立したままに保持している場合に「知ってるつもり」になりやすいようなのです。

知識が少なく孤立していると「知ってるつもり」になりやすく、知識が孤立しないで豊富にあるようだと②「知ってるつもり」になりにくいというのは、奇妙に聞こえるかもしれませんが、次のように考えれば整理できるのではないかと思います。

いま、日本の47都道府県名と県庁所在地を憶えなければならないとします。10セット憶えれば残りは37ですし、40セット憶えれば残りは7です。憶えれば憶えるほど残りは少なくなっていきます。このような知識を対象にしていれば、知ってれば知ってるほど知らないことは減っていきますし、最後には知らないことがなくなります。

こういう場合には、知ってることが少なければ、知らないことは多いことになります。知ってることが多ければ、知らないことは少なくなります。しかし、こういう関係が成立するのは、対象にしている知識が＊人為的に限られたものだからです。試験範囲なんていうのも似たようなものでしょう。

ところが、われわれが通常相手にしているのはこういう範囲の決められた暗記のようなものではありません。たとえば、同じ各都道府県に関することでも、気候や産物といった実際的な細かい領域に入っていけば、事態はまったく違ってきます。

リンゴの産地の1、2、3位は青森県、長野県、岩手県ですが、なぜ青森・岩手から離れた長野が2位なのか、青森のリンゴの産地は、岩手県のある太平洋岸ではなく、なぜ弘前を中心にした日本海側に集中しているのか、低温が重要なら西洋リンゴが最初に導入された北海道はなぜ生産量が多くないのか、などなどわからないこと知らないことがいくらでも出てきます。

こういう場合には、知れば知るほどわからないことが起こりやすくなるのです。その理由は簡単です。獲得した知識、知ってる知識を使って、その周辺にスポットライトを当てるからです。そういうことであれば、そして知識の使用の仕方がそのようであれば、知識が多いほどわからないことは起こりやすく、わからないことは増えることになります。「知らない」とか「わからない」といった事態は、所有している「知ってる」知識のすぐそばで起きるのです。「知ってる」知識を活用して「知らない」状態や「わからない」状態になれるわけです。

そして、その外側には、「考えたことのない、わからないとも思ったことのない」世界が広がっているのです。③模式図的に表せば図Xのようになろうかと思います。

「考えたことのない、わからないとも思ったことのない」領域を、「知らない」領域に含め、しかも知識世界全体を有限のものと見なすと、「知れば知るほど知らないことが減る」という考えになります。しかし、知った知識を使ってわからなくなるというのが現実ですから、図Xを受け入れて、知れば知るほど知らないことが増えると見なすのが＊妥当(だとう)ではなかろうかと思います。逆に、知識が孤立すると疑問を持たないので④「知ってるつもり」になりやすいのだと思って下さい。

（西林克彦(にしばやしかつひこ)『知ってるつもり』光文社新書より）

＊咀嚼 …… かみくだくこと。
＊阻害 …… じゃますること。
＊メカニズム …… 仕組み。
＊患部 …… 病気や傷のある部分。
＊茫漠 …… ぼんやりして、つかみどころがないさま。
＊闇雲 …… むやみ。
＊形質 …… 生物の形態的な要素や特徴。
＊ベース …… 土台。基礎。
＊学習指導要領 …… 文部科学省が公示する教育課程の基準。教科書もこれに基づいて編集される。
＊節足動物 …… 生物学的区分けのひとつ。昆虫、クモ、ムカデなど。
＊領域 …… ある力・作用などがおよぶ範囲。
＊人為的 …… 人の手が加わっているさま。
＊妥当 …… 適切であること。

問一 ――線a～eのカタカナを、それぞれ漢字に直して答えなさい。

問二　本文からは、次の一段落が欠落しています。この段落が入る、最も適当なところを本文中の〈ア〉～〈エ〉から選び、記号で答えなさい。

> 手を翼に進化させて飛ぶ鳥類と、コウモリのようなほ乳類を別にすれば、翅（昆虫のハネはこの字を当てます）を持って飛翔する種は昆虫しかいません。ムシの類いで飛んでいるものがいれば必ず昆虫なのです。翅を動かすのに胸にはぎっしりと筋肉が詰まり、この筋肉で外の翅を動かすために、支点の機能を果たしている胸の外骨格はしっかり硬いタンパク質で作られています。これが胸を際立たせ、昆虫を頭・胸・腹の3つに分かれていると見せる理由なのです。また、胸は翅と脚のついた運動器官に特化していますから、私たちの考える通常の胸とは著しく異なります。心臓は腹の部分に存在するのです。

問三　――線①「知ってるつもり」とありますが、どういうことですか。五十字以内で説明しなさい。ただし、句読点や符号も字数にふくみます。

問四　――線②「『知ってるつもり』になりにくい」とありますが、なぜですか。七十字以内で説明しなさい。ただし、句読点や符号も字数にふくみます。

問五　――線③「模式図的に表せば図Xのようになろうかと思います」とありますが、図Xとして最も適当なものを次の**図ア～図エ**から選び、記号で答えなさい。

a…「わからないとも思ったことのない」領域
b…「わからない」が起きる領域
c…「わかっている」領域

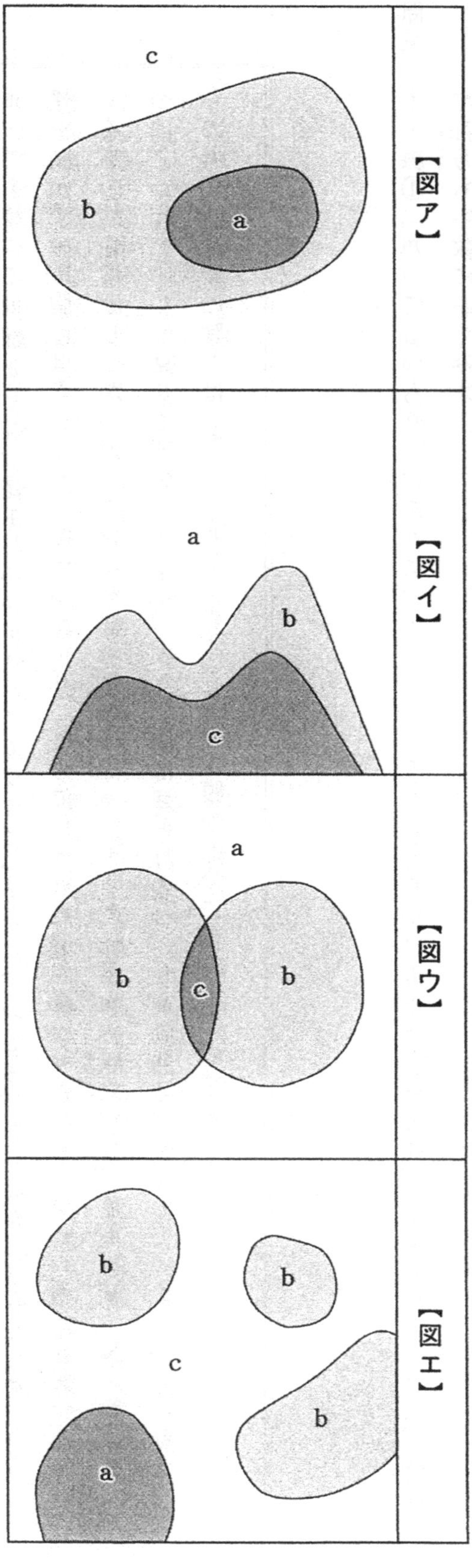

【図ア】

【図イ】

【図ウ】

【図エ】

問六　――線④「『知ってるつもり』になりやすい」とありますが、それに対して「『知ってるつもり』になりにくい」人は、知識をどのようなものと捉（とら）えていますか。十字以内で答えなさい。

問七 ━━線A「頭脳の柔軟性だけで知識運用のなめらかさが決まるわけでもない」とありますが、「知識をなめらかに運用する」とはどういうことですか。文章全体をふまえた上で、その具体的な説明として最も適当なものを次の中から選び、記号で答えなさい。

ア 新型コロナウィルス感染症の薬を開発しようとしているときに、アフリカの熱病のための薬が、同じように発熱を伴う東アジアの感染症の治療にも効果的だとわかり、新型コロナウィルス感染症の特効薬として期待し試してみたが、効果が得られなかったので、その薬を使うことをあきらめた。

イ 生魚を食べる習慣のなかった文化圏の人々が日本食が健康的であると知って、そのひとつである寿司を好んで食べるようになり、さらに独自のアレンジを加えて、自分たちの食文化に合うオリジナルの寿司を作り出すようになった結果、世界で様々な寿司が楽しめるようになった。

ウ 海ガメが産卵のときだけ陸に上がることに疑問を感じたので、水中で暮らす他の爬虫類を調べてみたところ、その多くは同じく陸上で産卵することがわかったが、水中で産卵する爬虫類もいると知って、さらに調べてみると、海ガメが陸でしか産卵できない理由がわかってきた。

エ 強力な接着剤を開発しているときに、粘着力が非常に弱い接着剤がたまたま生まれてしまい、当初は用途がなく失敗の産物と思われていたが、貼ってはがせる新しい機能のメモを作れるのではないかと思いつき、商品化したところ、爆発的に売れて広く使われるようになった。

オ 季節外れの桜が咲くのはなぜなのだろうと思い、桜の開花に気象条件が関係しているのではないかと推測して、毎日の気温や湿度などを数年間記録して調べてみたところ、季節外れの桜が咲く理由はわからなかったが、開花する時期が正確に予測できるようになってきた。

問八　筆者は、この文章でどのように意見を述べていますか。最も適当なものを次の中から選び、記号で答えなさい。

ア　現代社会で主流になっている知識の捉え方によって、多くの問題が生じていることを指摘し、その原因について具体的事例をあげて分析した上で、解決策を示している。

イ　対照的な二つの知識の捉え方が、それぞれどのような思考につながり、どのような問題を引き起こすかを述べた上で、それらの問題への対応策を示している。

ウ　知識の捉え方についての異なる二つの考え方を述べ、その違いを比較しながら長所と短所をそれぞれ整理し、どちらがより適切な考え方かを示している。

エ　多くの人間がおちいりやすい知識の捉え方についての問題点を述べつつ、視点を変えて見ることで、より効果的な知識の捉え方を示している。

オ　二つの対立する知識の捉え方を述べた上で、両者の短所をおぎない、長所をあわせ持った新しい知識の捉え方を、具体例をあげて示している。

2023(R5) ノートルダム清心中
K 教英出版

２０２３年度

ノートルダム清心中学校　入学試験問題

算　数　その①

【１５分】

受験上の注意

（試験問題・解答用紙について）

１．試験を始める合図があるまで，試験問題を見てはいけません。

２．問題用紙は表紙を除いて１枚あります。

３．枚数が足りない時は，手をあげて監督（かんとく）の先生に知らせてください。

４．解答は解答らんに記入してください。

５．この表紙と問題用紙を切り取ることは，しないでください。

（試験について）

６．「始めてください」の指示で鉛筆（えんぴつ）をとり，「やめてください」の指示があったらすぐに鉛筆を置いてください。

７．試験が始まったら，最初に受験番号と名前を書いてください。

８．印刷のわからないところなどがあったら，手をあげて監督の先生に知らせてください。

９．解答用紙を集めるまで席を立たないでください。

（その他）

１０．この表紙の裏を，「その①」の計算のために使ってもかまいません。この表紙は監督の先生の指示にしたがって持って帰ってください。

※印のところには，何も記入しないでください。

1 次の計算をしなさい。

（1） $5 - 4.251 \div (1.09 \times 3) \times 2$

[答]

（2） $\frac{9}{38} \times \left(\frac{1}{5} + \frac{4}{15} \div 0.25\right) - \frac{1}{6}$

[答]

2 $\frac{26}{37}$ を小数で表したとき，小数第 11 位の数字は何ですか。

[答]

3 ある都市の１年前の人口は２年前より２％増え，今年の人口は１年前より３％増えました。今年の人口は２年前の人口より何％増えましたか。

[答]　　％

4 800 mの道のりを一定の速さで歩くと，10 分かかりました。同じ速さで 10 km の道のりを歩くと，何時間何分かかりますか。

[答]　　時間　　分

5 家から学校まで，昨日は分速 90 mの速さで歩きましたが，今日は分速 80 mの速さで歩いたので，着くまでに２分多くかかりました。家から学校までの道のりは何mですか。

[答]　　m

受験番号		名　前	

6 清子さんは，愛子さんの３倍のお金を持っていましたが，清子さんが，愛子さんに800円をわたしたところ，清子さんと愛子さんの持っているお金の比は５：３になりました。はじめに清子さんが持っていたお金は何円ですか。

[答]　　　　円

7 正午を過ぎてから，時計の長針と短針のつくる角が，３回目に直角になる時刻は何時何分ですか。

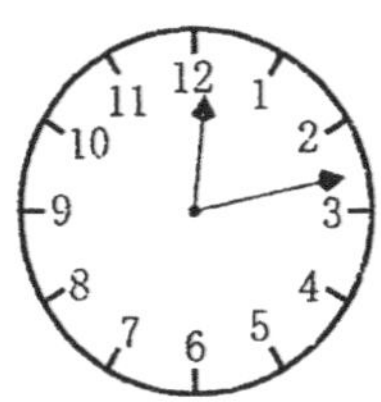

[答]　　　　時　　　　分

8 下の図のように，正方形を４つの長方形に分けました。**ア**の長さは何cmですか。

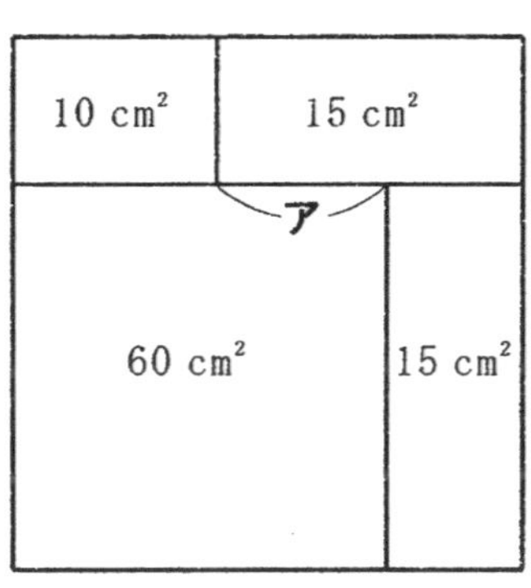

[答]　　　　cm

9 下の図で，四角形ＡＢＣＤは正方形，三角形ＰＣＤは正三角形です。**イ**の角度は何度ですか。

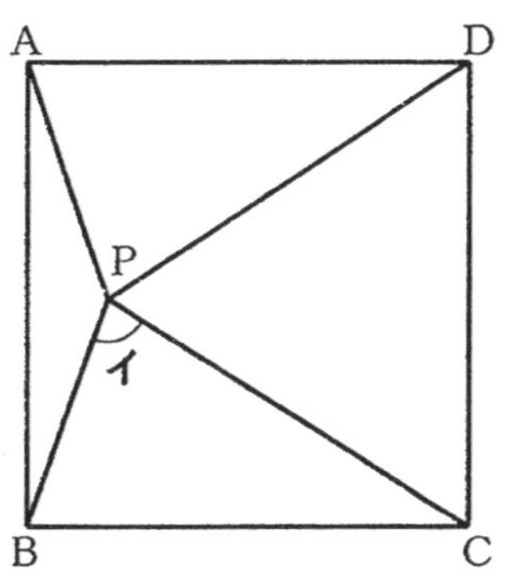

[答]　　　　度

①＋②
※100点満点
（配点非公表）

合計
※

２０２３年度

ノートルダム清心中学校　入学試験問題

算　数　その②

【３５分】

受験上の注意

（試験問題・解答用紙について）

１．試験問題は，１ページから３ページまで３問あります。

２．解答用紙は，問題用紙とは別に１枚あります。

３．枚数が足りない時は，手をあげて監督（かんとく）の先生に知らせてください。

４．解答は解答用紙に記入してください。

５．この表紙と問題用紙を切り取ることは，しないでください。

６．この表紙と問題用紙は，監督の先生の指示にしたがって持って帰ってください。

1 ある博物館の３連休の入館者数は，１日目が，大人が 34 人，子どもが 26 人で，２日目は，大人が 17 人，子どもが 38 人でした。また，１日目と２日目の入館料の合計は 60000 円であり，１日目の入館料の合計は，２日目の入館料の合計の 1.4 倍でした。次の問いに答えなさい。

（１）１日目の入館料の合計金額を求めなさい。

（２）大人１人の入館料を求めなさい。

（３）３日目は，大人１人と子ども１人の２人１組で入館できるペアチケットが 1000 円で販売（はんばい）されました。３日目の入館料の合計は 84800 円であり，入館者数は 150 人で，そのうち大人は 86 人でした。ペアチケットは何枚売れましたか。

2 ある小学校の６年生全員に算数のテストをしました。テストを返すときに，先生が次のように言いました。

「第１問は４点，第２問と第３問は３点の問題で，合計 10 点です。」
「３問のうち，２問正解した人は 51 人でした。」
「第２問を正解した人は，第３問を正解した人より６人少なかったです。」

６年生全員のテストの成績をまとめると，右の表のようになりました。次の問いに答えなさい。

合計点（点）	人数（人）
10	6
7	**ア**
6	28
4	12
3	9
0	2

（１）表の**ア**にあてはまる数字を求めなさい。

（２）テストの平均点を求めなさい。

（３）第１問を正解した人は何人ですか。

（４）第２問を正解した人は何人ですか。

3　図１のように，円柱の形をした２つの容器㋐，㋑があり，どちらにも水がいっぱいに入っています。容器㋐の高さは100 cmです。図２のような直角三角形の紙を，辺ＡＣの部分が，図１の容器㋐の直線ＤＥに重なるようにしてから，図３のように容器㋐に巻きつけると，ちょうど２回りしたところで，図２の点Ｂが図３の点Ｅに重なりました。下の問いに答えなさい。ただし，容器や紙の厚みは考えないものとし，円周率は3.14とします。

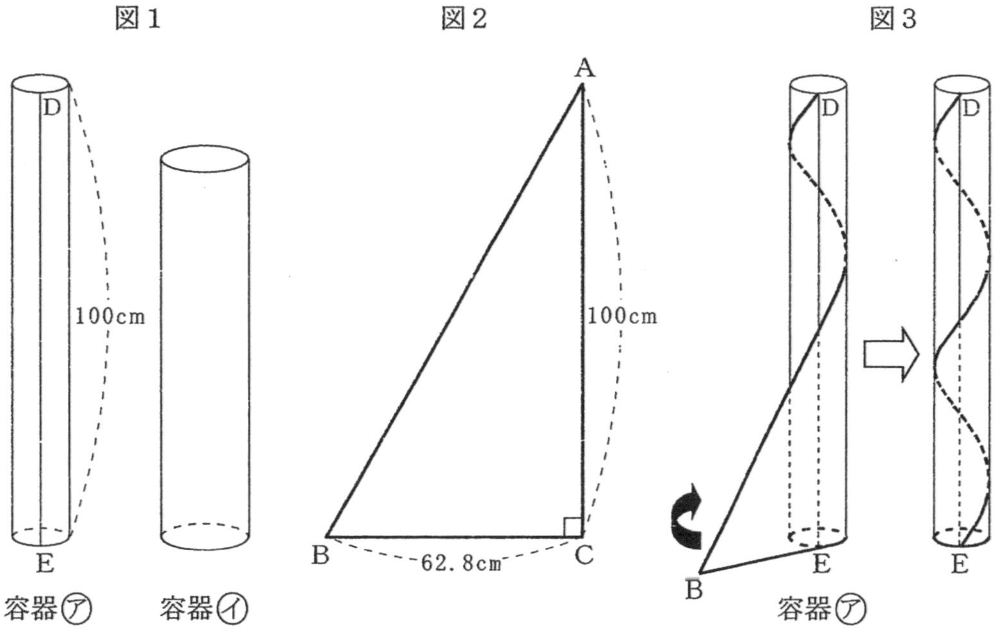

（１）㋐の底面の直径の長さを求めなさい。

（２）㋐の容積を求めなさい。

（３）㋐の側面で，紙におおわれていない部分の面積を求めなさい。

（４）㋐，㋑の両方の容器の底に穴を開け，どちらも毎分157cm³の速さで同時に水をぬき始めました。ぬき始めて４分後に，㋐の水面の高さは㋑の容器の高さと等しくなりました。さらにその２分後に，㋐と㋑の水面の高さは等しくなりました。㋑の容積を求めなさい。

２０２３年度

ノートルダム清心中学校　入学試験問題

理　科

【３０分】

受験上の注意

（試験問題・解答用紙について）

１．試験を始める合図があるまで，試験問題を見てはいけません。

２．試験問題は１ページから 17 ページまであります。

３．解答用紙は１枚，試験問題にはさんであります。

４．解答は解答用紙に記入してください。

（試験について）

５．「始めてください」の指示で鉛筆（えんぴつ）をとり，「やめてください」の指示があったらすぐに鉛筆を置いてください。

６．試験が始まったら，最初に受験番号と名前を書いてください。

７．印刷のわからないところやページのぬけているところがあったら，手をあげて監督（かんとく）の先生に知らせてください。

８．解答用紙を集めるまで席を立たないでください。

（その他）

９．試験問題は監督の先生の指示にしたがって持って帰ってください。

1　広島に住んでいる清子さんは，太陽と月の動きを調べるために，季節ごとに観察しています。これについて述べた次のⅠとⅡの文を読み，それぞれあとの問いに答えなさい。

Ⅰ．清子さんは図１のように地面に棒を立て，８時から16時の間，一定時間ごとに棒の影（かげ）を観察しました。そして，棒の影の先端（せんたん）の位置を記録用紙にかき，線でつなぎました。図２の**線ア**～**線ウ**は，12月，３月，６月のある日の観察記録です。なお，観察するときは，記録用紙を常に同じ向きに置きました。

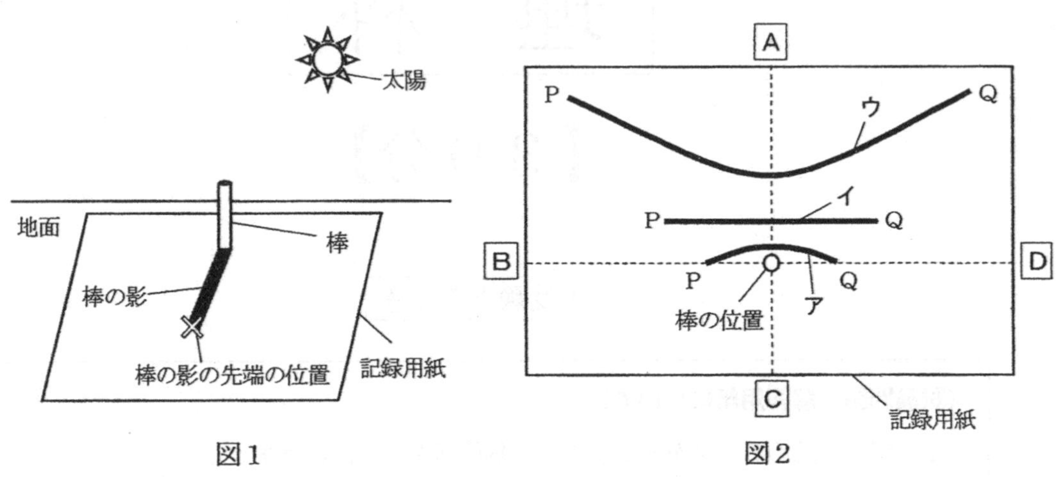

図１　　　　図２

問１　図２の観察記録について，北は A ～ D のどれですか。

問２　図２の観察記録について，棒の影の先端が動いた方向は，ＰからＱ，ＱからＰのどちらですか。また，12月の記録は，**線ア**～**線ウ**のどれですか。

問3　図3は，ある日の15時に，広島で地面に棒を立て，棒の影の位置を観察したようすを模式的に示したものです。また，下の文は，観察した日の同じ時刻に，図4のZ地点で同様の観察を行った場合に考えられることについてまとめたものです。文中の（　①　）と（　②　）にあてはまることばとして，最も適当なものを，それぞれ下のア～カから選び，記号で答えなさい。

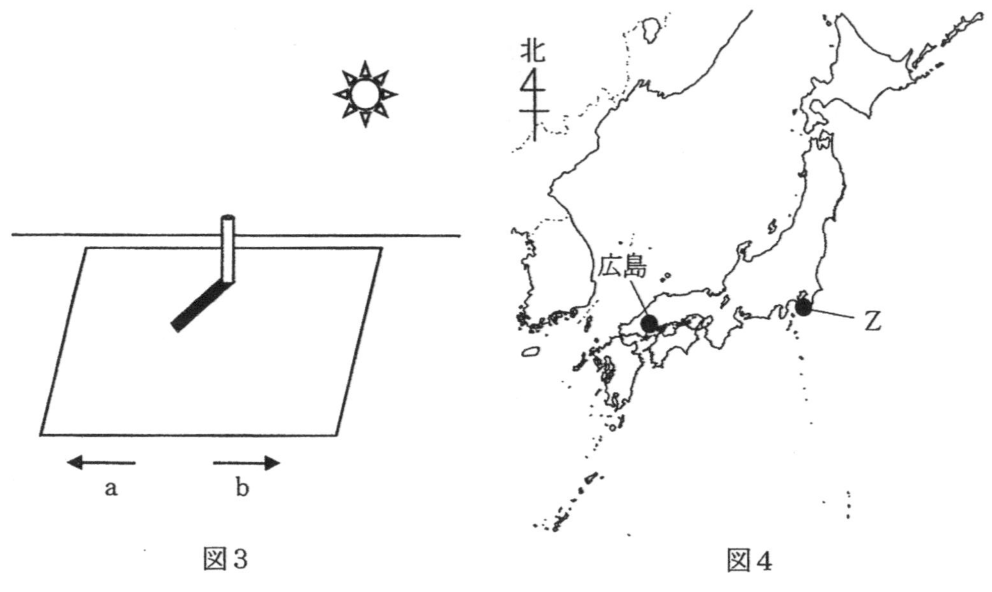

図3　　　図4

Z地点での棒の影の位置は，図3の（　①　），棒の影の長さは図3の（　②　）と考えられる。

（　①　）にあてはまるもの

ア．棒の影の位置よりa側になり

イ．棒の影の位置よりb側になり

ウ．棒の影の位置と同じになり

（　②　）にあてはまるもの

エ．棒の影の長さより短い

オ．棒の影の長さより長い

カ．棒の影の長さと同じになる

Ⅱ．清子さんは月を観察しようと思い，部屋の窓から外を見ていると，図５のように月がのぼってきました。

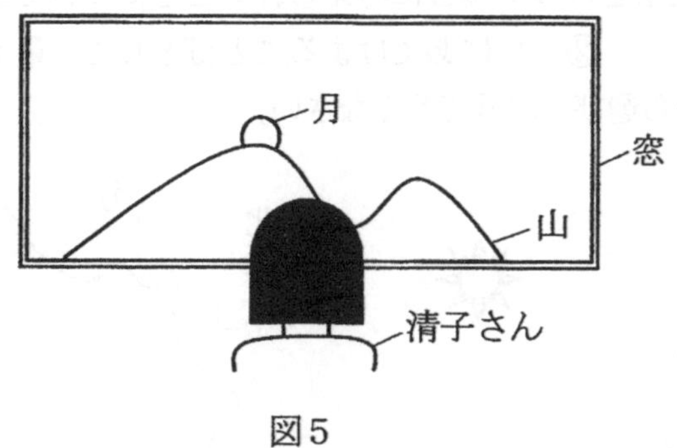

図５

問４　次の文は，清子さんが部屋の窓から月を見た方向について述べたものです。文中の（　①　）と（　②　）にあてはまることばとして，最も適当なものを，それぞれ下のア～クから選び，記号で答えなさい。

> 清子さんの部屋の窓は（　①　）の方向にあり，図５の南は月を見ている清子さんの（　②　）である。

（　①　）にあてはまるもの

ア．東　　イ．西　　ウ．南　　エ．北

（　②　）にあてはまるもの

オ．正面　　カ．背面　　キ．右手側　　ク．左手側

問５　月が明るく光って見える理由を説明した文として，最も適当なものを，次のア～エから選び，記号で答えなさい。

ア．自ら強い光を発しているから。
イ．太陽からの光を反射しているから。
ウ．地球からの光を反射しているから。
エ．人工衛星からの光を反射しているから。

問6　いん石がぶつかるとクレーターができます。地球ではクレーターが壊(こわ)れやすいため，クレーターがあまりみられませんが，月にはクレーターが多くみられます。次の文は，この理由の1つについて説明したものです。文中の（　　　）に4字以上10字以内のことばを入れなさい。

月にクレーターが多くみられる理由は，月は地球と違(ちが)って（　　　　　　）からである。このことは，月に生物がいないことにも関係している。

問7　清子さんはロケットで月に行きたいと思っています。次の文は，月にとう着するまでの日数と，ロケットを打ち上げるときの方向について述べたものです。文中の（　①　）と（　②　）にあてはまる数値をそれぞれ答えなさい。ただし，月と地球との距離(きょり)は36万kmで，ロケットは常に時速5000kmで進むものとします。

下の図は，月が地球の周りを回るようすを表した模式図である。ロケットが月へ飛行するとき，最短距離で移動すると，とう着するまでに（　①　）日かかる。月は，30日で地球の周りを1周する。1周は360度なので，月は1日に12度移動することになる。したがって，ロケットを打ち上げるときには，図の月の位置から（　②　）度ずらした方向に打ち上げれば，最短距離でとう着できる。

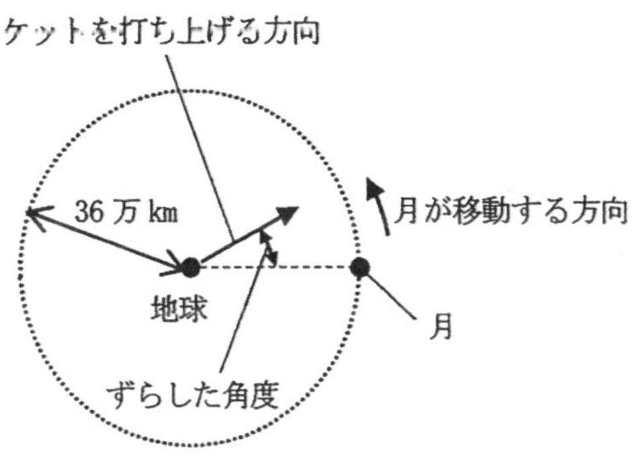

2　次のⅠとⅡの文を読み，それぞれあとの問いに答えなさい。

Ⅰ．ろうそくが燃えるときのようすを調べる実験１と実験２を行いました。

【実験１】集気びんに，火のついたろうそくを入れた後，集気びんにふたをして，ろうそくの火が消えるまで待ちました。その後，集気びんの中の空気について，酸素と二酸化炭素の体積の割合を調べました。

問１　集気びんの中の空気について，次の(1)と(2)の問いに答えなさい。

(1) 火のついたろうそくを入れる前の空気中の気体のうち，体積の割合が最も大きいものの名前を答えなさい。

(2) ろうそくの火が消えた後の空気中の気体の体積の割合として，最も適当なグラフを，次のア～クから選び，記号で答えなさい。

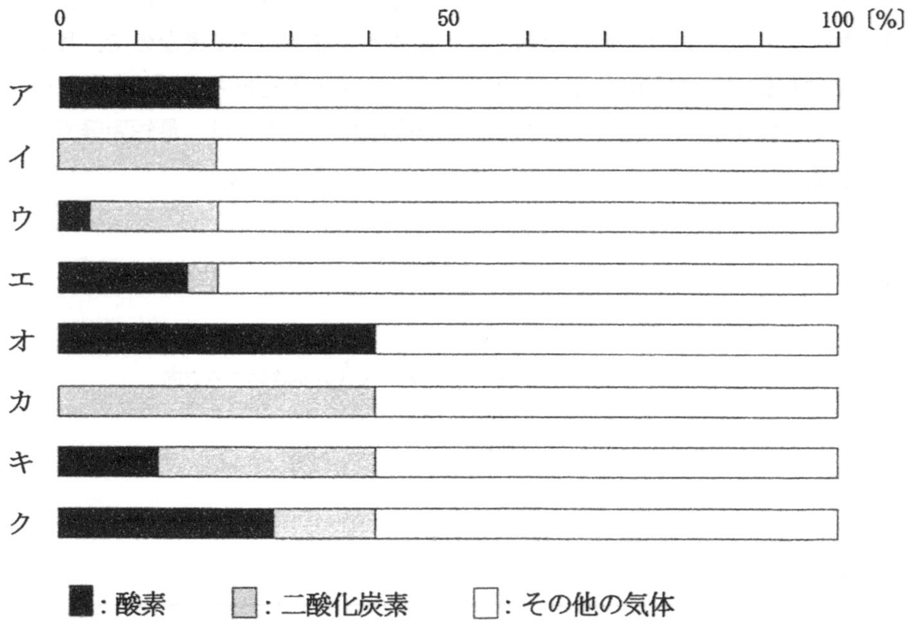

【実験２】長さの異なる火のついた２本のろうそくＡとろうそくＢを立てて，ガラスの容器でおおいました（図）。しばらくすると，ろうそくＡの火が消え，その後，ろうそくＢの火が消えました。

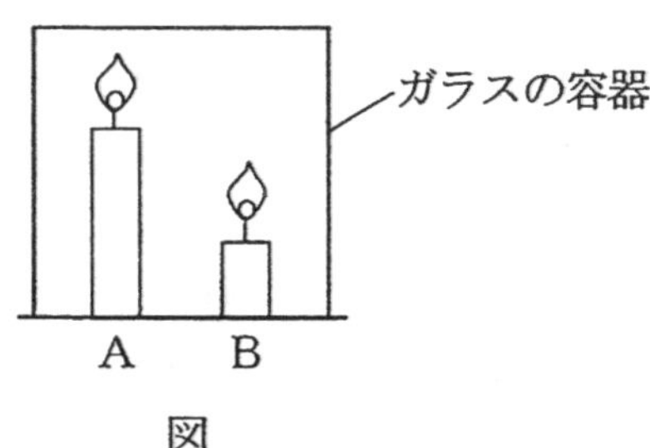

図

問２　実験２の結果で，ろうそくＡの火がろうそくＢの火より先に消えた理由として，最も適当なものを，次のア～エから選び，記号で答えなさい。

ア．ろうそくが燃えるのに必要な気体が，均一に減ったから。

イ．ろうそくが燃えて生じた気体で，容器内が満たされたから。

ウ．ろうそくが燃えて生じた気体は，空気より重く下へ動いたから。

エ．ろうそくが燃えた後の空気は，温められて上へ動いたから。

Ⅱ．家庭で使われるガスには，メタンというよく燃える気体がふくまれています。次の資料は，メタンの燃え方について説明したものです。

資料

〔メタンの燃え方〕
○以下の気体の体積は，温度などの条件をそろえて測定している。
・メタン100 cm^3 が燃えるとき，酸素200 cm^3 が使われて，二酸化炭素100 cm^3 と液体の水ができる。
・メタンが燃えるとき，メタンと酸素は，どちらかが余ることはあっても，両方が余ることはない。たとえば，メタン500 cm^3 と酸素2000 cm^3 を混ぜた気体2500 cm^3 を燃やすと，メタン500 cm^3 と酸素1000 cm^3 が使われて，酸素1000 cm^3 が残り，新たに二酸化炭素500 cm^3 と液体の水ができる。燃えた後の気体の体積の合計（合計体積）は，酸素1000 cm^3 と二酸化炭素500 cm^3 の合計1500 cm^3 である。

問３　資料について，次の(1)～(3)の問いに答えなさい。

(1)　メタン100 cm^3 に酸素を混ぜて燃やすとき，混ぜた酸素の体積と，できる二酸化炭素の体積の関係は，どのようになりますか。混ぜた酸素の体積が0 cm^3，100 cm^3，200 cm^3，300 cm^3 のときにできる二酸化炭素の体積を求め，解答らんの図に点（•）をうち，グラフを線（——）でかきなさい。

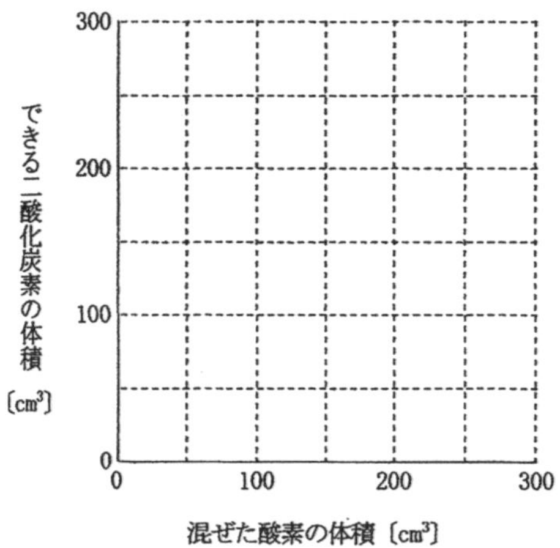

(2)　メタン300 cm^3 と酸素300 cm^3 を混ぜた気体600 cm^3 が燃えた後の，気体の合計体積は何 cm^3 ですか。

(3) メタンと酸素，それぞれの体積を変えて，体積の合計が1000 cm³になるように混ぜた気体をいくつか用意し，これを燃やす実験を行いました。燃やす前に混ぜた酸素の体積と，実験後の気体の合計体積の関係を表したグラフとして，最も適当なものを，次のア～カから選び，記号で答えなさい。

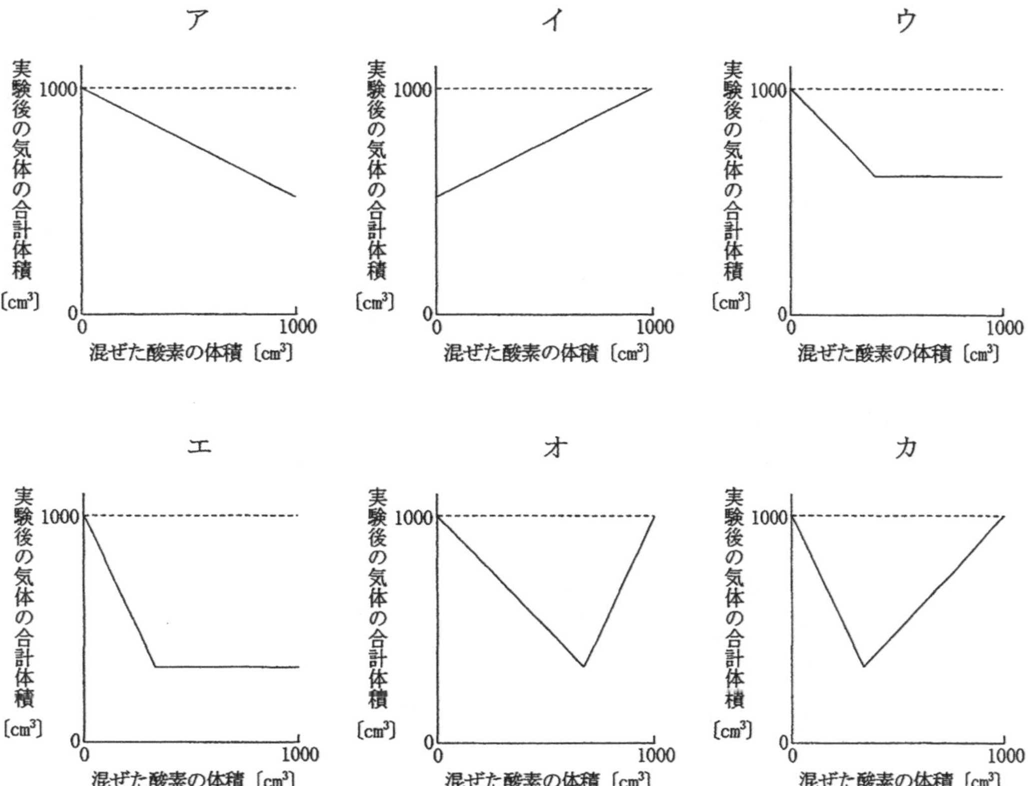

3　次のⅠ～Ⅲの文を読み，それぞれあとの問いに答えなさい。

Ⅰ．植物には，Ⓐおばなとめばなをつくるものと，Ⓑ1つの花におしべとめしべをつくるものがあります。

問1　下線部Ⓐについて，おばなとめばなをつくる植物を，次のア～エから2つ選び，記号で答えなさい。

ア．カボチャ　　イ．ヘチマ　　ウ．アサガオ　　エ．ユリ

問2　下線部Ⓑについて，アブラナ，サクラ，チューリップは，1つの花におしべとめしべをつくります。これらの花の花びら，がく，おしべ，めしべの数を数えてみると，次のA～Cのいずれかでした。それぞれの花にあてはまる組み合わせとして，最も適当なものを，下のア～カから選び，記号で答えなさい。

A　花びら：5枚　がく：5枚　おしべ：30本　めしべ：1本
B　花びら：3枚　がく：3枚　おしべ：6本　めしべ：1本
C　花びら：4枚　がく：4枚　おしべ：6本　めしべ：1本

	アブラナ	サクラ	チューリップ
ア	A	B	C
イ	A	C	B
ウ	B	A	C
エ	B	C	A
オ	C	A	B
カ	C	B	A

Ⅱ．図１は，ある植物の花ができる部分を上から見た模式図です。正常な花（めしべ，おしべ，花びら，がくをすべてもつ花）の場合，花の中心から外側にかけて，図１の①～④の場所にそれぞれ，めしべ，おしべ，花びら，がくができます。そのしくみを説明したものが下の資料です。

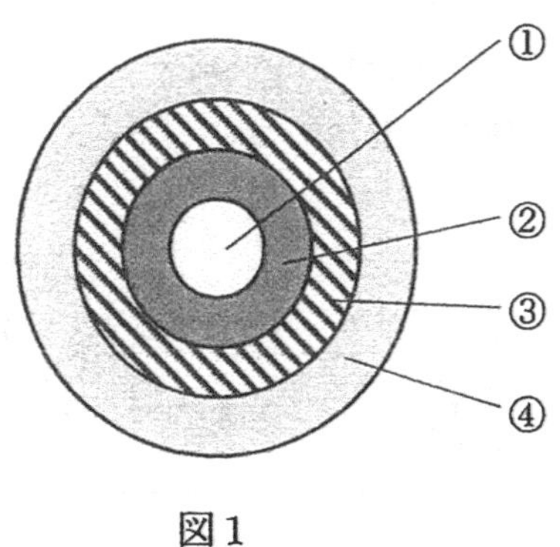

図１

資料

・めしべやおしべなどがつくられるためには，３種類の物質（物質Ⅰ～物質Ⅲ）が，下の表のように単独または組み合わさってはたらく必要がある。

	はたらく物質
めしべ	Ⅰのみ
おしべ	ⅠとⅡ
花びら	ⅡとⅢ
がく	Ⅲのみ

・物質Ⅰと物質Ⅲが同じ場所で，同時にはたらくことはない。ある場所で物質Ⅰがはたらかない場合，物質Ⅲがその場所ではたらき，ある場所で物質Ⅲがはたらかない場合，物質Ⅰがその場所ではたらくようになる。

問３　この植物が花をつくるときに，物質Ⅰ～物質Ⅲのいずれかがはたらかない場合には，正常な花をつくることができず，花びらをもたない花などができることがあります。物質Ⅰがはたらかない場合には，図１の①～④の場所に，それぞれ何ができますか。最も適当なものを，次のア～エからそれぞれ選び，記号で答えなさい。ただし，同じ記号を何回選んでもよいものとします。

ア．めしべ　　イ．おしべ　　ウ．花びら　　エ．がく

Ⅲ．１つの花におしべとめしべをつくる植物では，こん虫が花の中で動いたり，花粉を体につけて花と花の間を移動したりすることで受粉が起こります。受粉には，次のような３つのパターン（受粉１～受粉３）があります（図２）。

受粉１：花粉が同じ花のめしべにつく。
受粉２：花粉が同じ株の別の花のめしべにつく。
受粉３：花粉が異なる株の花のめしべにつく。

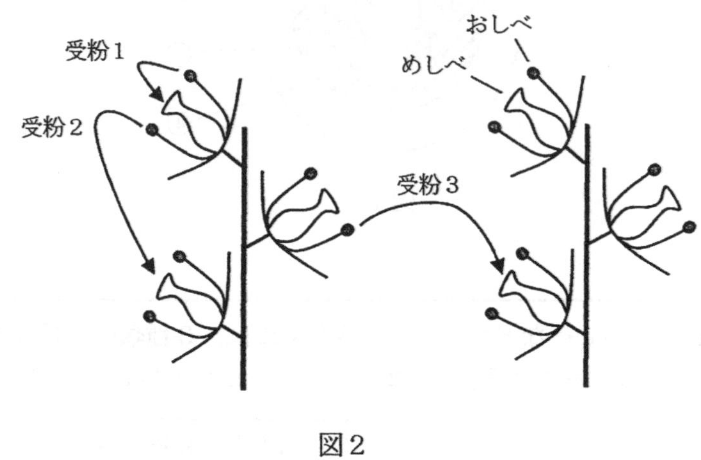

図２

こん虫Ｙは，下の方に咲(さ)いている花から上の方に咲いている花へ順に移動する習性があります。そのようすを模式的に示したものが図３です。

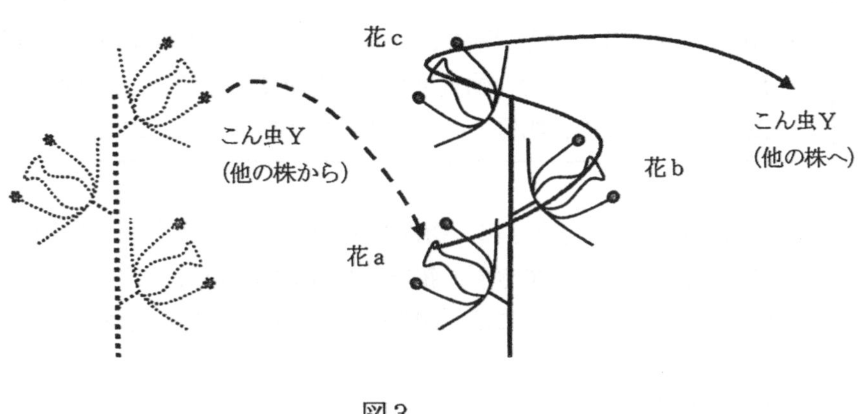

図３

問4　図3のようにこん虫Yが移動して受粉が起こった場合，花a～花cが受粉2のパターンによって受粉する可能性について説明したものとして，最も適当なものを，次のア～オから選び，記号で答えなさい。

ア．花aの可能性が最も高く，花bと花cの可能性は等しい。

イ．花aの可能性が最も高く，花b，花cの順で低くなる。

ウ．花cの可能性が最も高く，花aと花bの可能性は等しい。

エ．花cの可能性が最も高く，花b，花aの順で低くなる。

オ．すべての花で可能性は等しい。

問5　植物Zは1つの花におしべとめしべをつくる植物ですが，1つの花の中におしべだけをもつ時期（おばな期）とめしべだけをもつ時期（めばな期）があります。これによって，こん虫Yによる受粉3のパターンが起こりやすくなります。次の文中の（ ❶ ）と（ ❷ ）にあてはまるものの組み合わせとして，最も適当なものを，下のア～エから選び，記号で答えなさい。

> 植物Zが茎(くき)の先端部(せんたんぶ)を伸(の)ばしながら上へ成長し，先端部から少し下の部分に花をつくることをくり返す場合，（ ❶ ）ほど，先に開花した花となる。
> 植物Zで，（ ❷ ）のように花が咲いていると，すべての花で受粉1と受粉2のパターンが起こりにくくなる。これにより，受粉3のパターンが起こりやすくなる。

	❶	❷
ア	上の花	上の花がおばな期，下の花がめばな期
イ	上の花	上の花がめばな期，下の花がおばな期
ウ	下の花	上の花がおばな期，下の花がめばな期
エ	下の花	上の花がめばな期，下の花がおばな期

4　次の文を読み，あとの問いに答えなさい。

長さが 120 cm の軽い棒があります。この棒は，図１のように，端(はし)Aから 60 cm の位置（点O）に糸をつけてつり下げると，水平になります。

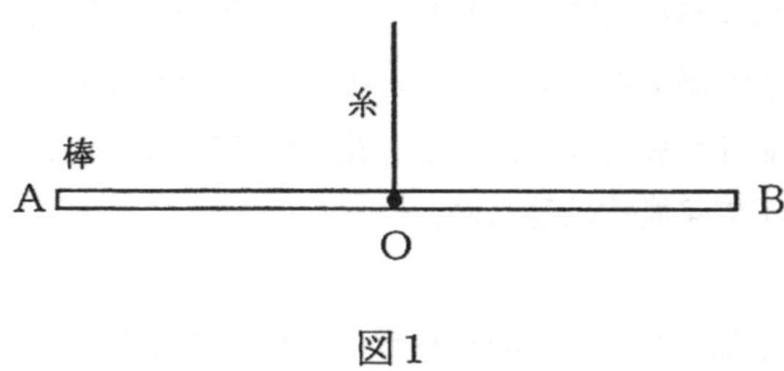

図１

問１　図２のように，点Oに糸をつけて棒をつり下げ，端Aから 20 cm の位置に，90 g のおもりをつるしました。棒を水平にするためには，120 g のおもりを端Aから何 cm の位置につるせばよいですか。

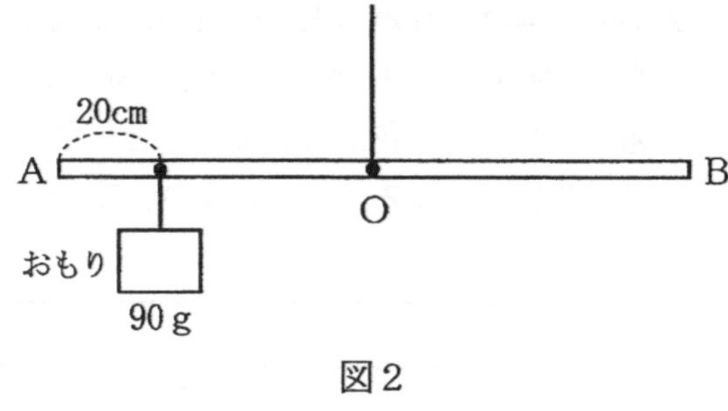

図２

棒の端Aと端Bに異なる重さのおもりをつるすと，点Oでは棒を水平にすることができませんでした。棒を水平にすることができる位置を調べるために，次の実験１を行いました。

【実験１】図３のように，棒の端Aと端Bにさまざまな重さのおもりをつるしました。そして，棒をつり下げる位置を動かし，棒を水平にすることができる位置を調べて，端Aからの長さをはかりました。このときの結果をまとめたものが下の表です。

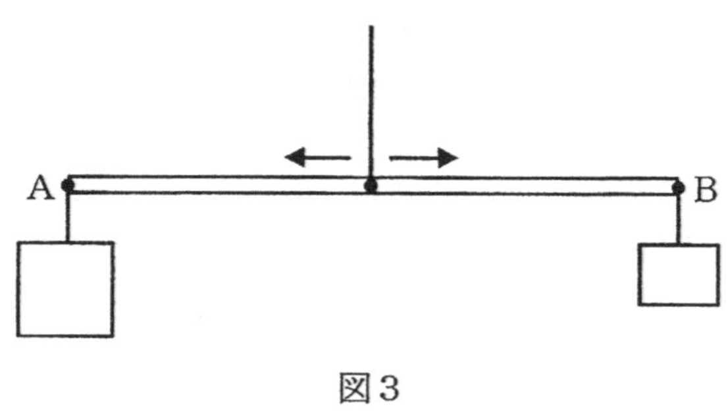

図３

表

つるすおもりの重さ〔g〕	端A	60	20	10
	端B	30	60	40
端Aからの長さ〔cm〕		40	90	96

問２　棒の端Aに 30 g のおもりをつるし，端Bには重さがわからないおもりをつるしたところ，棒を水平にすることができた位置は，端Aから１mでした。端Bにつるしたおもりの重さは何 g ですか。ただし，棒の重さは考えないものとします。

棒だけでなく，板でも，図４のように１本の糸でつり下げるとき，水平に保つことができる点があり，これをその板の重心（じゅうしん）とよびます。板全体が同じ材質でできていて，厚さが一定の正方形や長方形の板では，真ん中（対角線が交わる点）が重心となります。

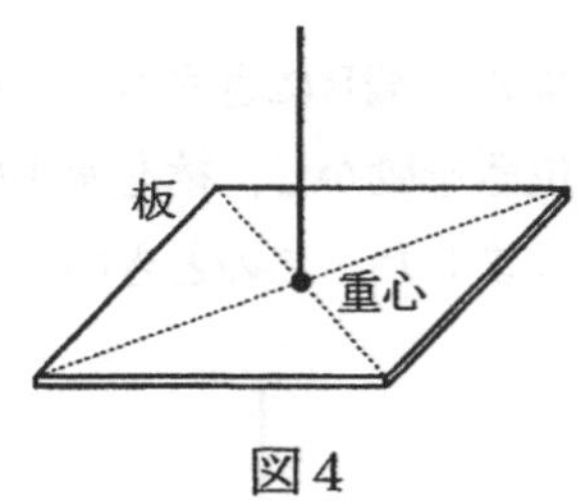

図４

いろいろな形の板の重心を調べるために，同じ厚さの４種類の板（P，Q，Q'，Q"）を用意し，あとの実験２～実験４を行いました。ただし，４種類の板の中で，板Ｐと板Ｑは同じ材質で，その他の板は材質が異なります。なお，実験で使用する接着剤（せっちゃくざい）の重さは考えないものとします。

板Ｐ　：一辺の長さが12㎝の正方形で，重さが80ｇ
板Ｑ　：一辺が12㎝，もう一辺が６㎝の長方形で，重さが40ｇ
板Q'：一辺が12㎝，もう一辺が６㎝の長方形で，重さが160ｇ
板Q"：一辺が12㎝，もう一辺が６㎝の長方形で，重さが640ｇ

【実験２】板Ｐと板Ｑを，図５のように接着剤でくっつけて長方形の板Ｒを作りました。板Ｒの重心を調べると，図の点Ｅでした。図の点Ｃと点Ｄは，板Ｐと板Ｑの重心をそれぞれ表し，２点を結ぶ直線上に点Ｅがありました。

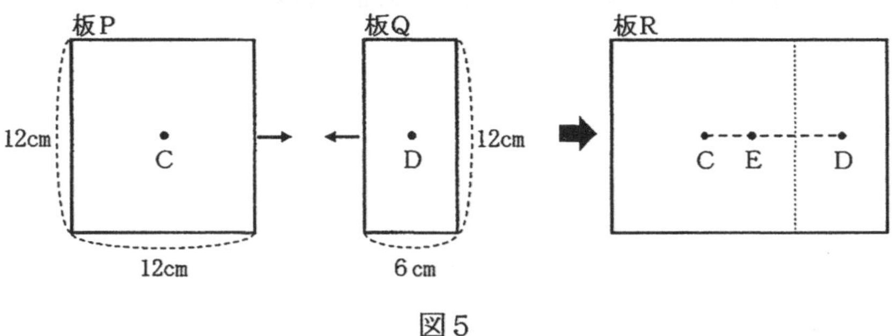

図５

問３　図５の板ＲのＣＥの長さとＥＤの長さはそれぞれ何㎝ですか。

【実験3】板Pと板Q’（重心は点D’）を，図6のように接着剤でくっつけて長方形の板R’を作りました。板R’の重心を調べると，図の点E’でした。点E’は，点Cと点D’を結ぶ直線上にあり，CE’の長さは6cm，E’D’の長さは3cmでした。

また同様に，板Q”（重心は点D”）を，板Pとくっつけてできた長方形の板の重心を調べると，直線CD”上にあり，点Cから8cmの位置でした。

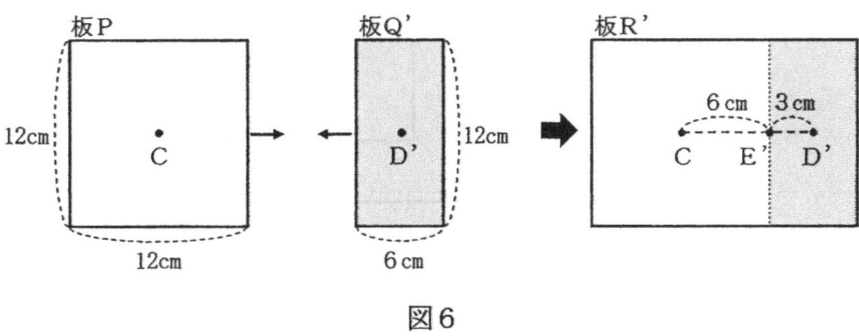

図6

【実験4】2枚の板Qを，図7のように接着剤でくっつけて板Sを作りました。板Sの重心を調べると，図の点Fでした。点Fは，2枚の板Qの重心を結ぶ直線上にあり，ちょうど真ん中の位置でした。

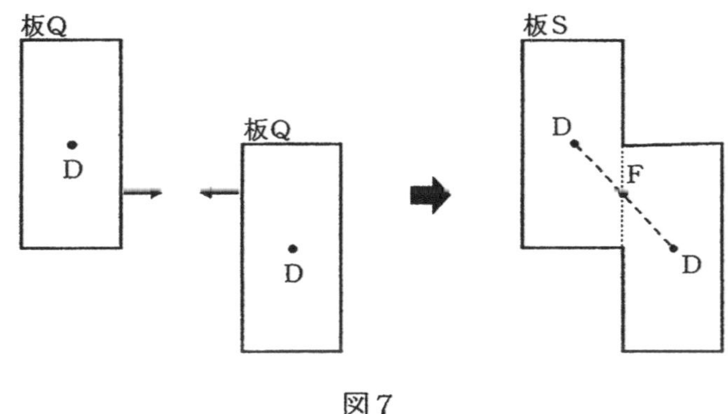

図7

問4　板Pと板Q’を，図8のように接着剤でくっつけて板Tを作りました。板Tの重心は，点Cと点D’を結ぶ直線上にありました。実験2～実験4をふまえると，板Tの重心は，点Cから何cmの位置にあると考えられますか。

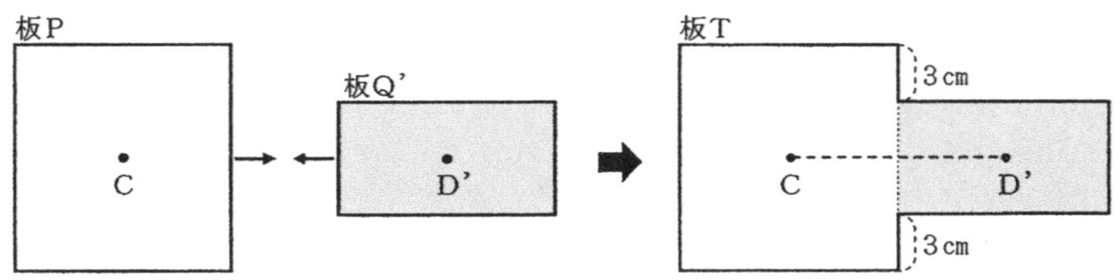

図8

問５　物体の重心は，１本の糸でつり下げなくても調べることができます。図９のような形をした厚さが一定の板の重心を，下の手順１～手順６によって調べました。文中の（　①　）にあてはまることばと，（　②　）にあてはまる内容をそれぞれ答えなさい。

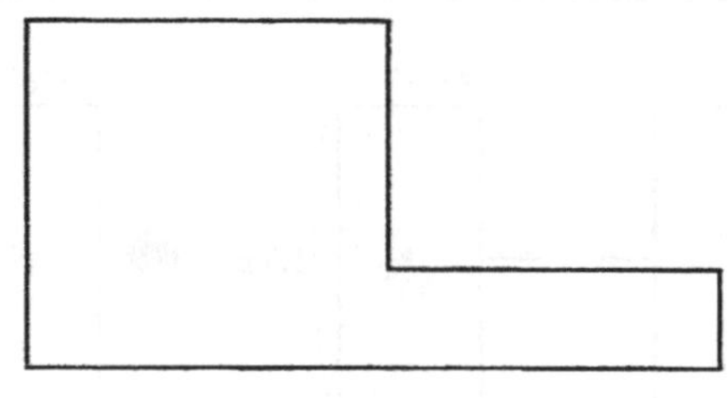

図９

手順１　板を切り，２つの長方形に分けて，それぞれを板ａ，板ｂとする。
手順２　板ａと板ｂの重さをそれぞれはかり，重さの（　①　）を求める。
手順３　板ａの重心（点ｘ）と板ｂの重心（点ｙ）をそれぞれ調べる。
手順４　板ａと板ｂをくっつけて，もとの形に戻す。
手順５　点ｘと点ｙを線で結ぶ。
手順６　もとの板の重心（点ｚ）の位置は，（　　　　②　　　　）とわかる。

2023(R5) ノートルダム清心中
K 教英出版

２０２３年度

ノートルダム清心中学校　入学試験問題

社　会

【３０分】

受験上の注意

（試験問題・解答用紙について）

１．試験を始める合図があるまで，試験問題を見てはいけません。

２．試験問題は１ページから 13 ページまであります。

３．解答用紙は１枚，試験問題にはさんであります。

４．解答は解答用紙に記入してください。

（試験について）

５．「始めてください」の指示で鉛筆(えんぴつ)をとり，「やめてください」の指示があったらすぐに鉛筆を置いてください。

６．試験が始まったら，最初に受験番号と名前を書いてください。

７．印刷のわからないところやページのぬけているところがあったら，手をあげて監督(かんとく)の先生に知らせてください。

８．解答用紙を集めるまで席を立たないでください。

（その他）

９．試験問題は監督の先生の指示にしたがって持って帰ってください。

1　次のA～Fの写真は，上空から撮影（さつえい）したものです。清子さんたちは，写真を見ながら，知っていることや考えられることなどについて話し合いました。写真と会話文をよく見て，あとの問いに答えなさい。なお，写真はすべて，上が北です。

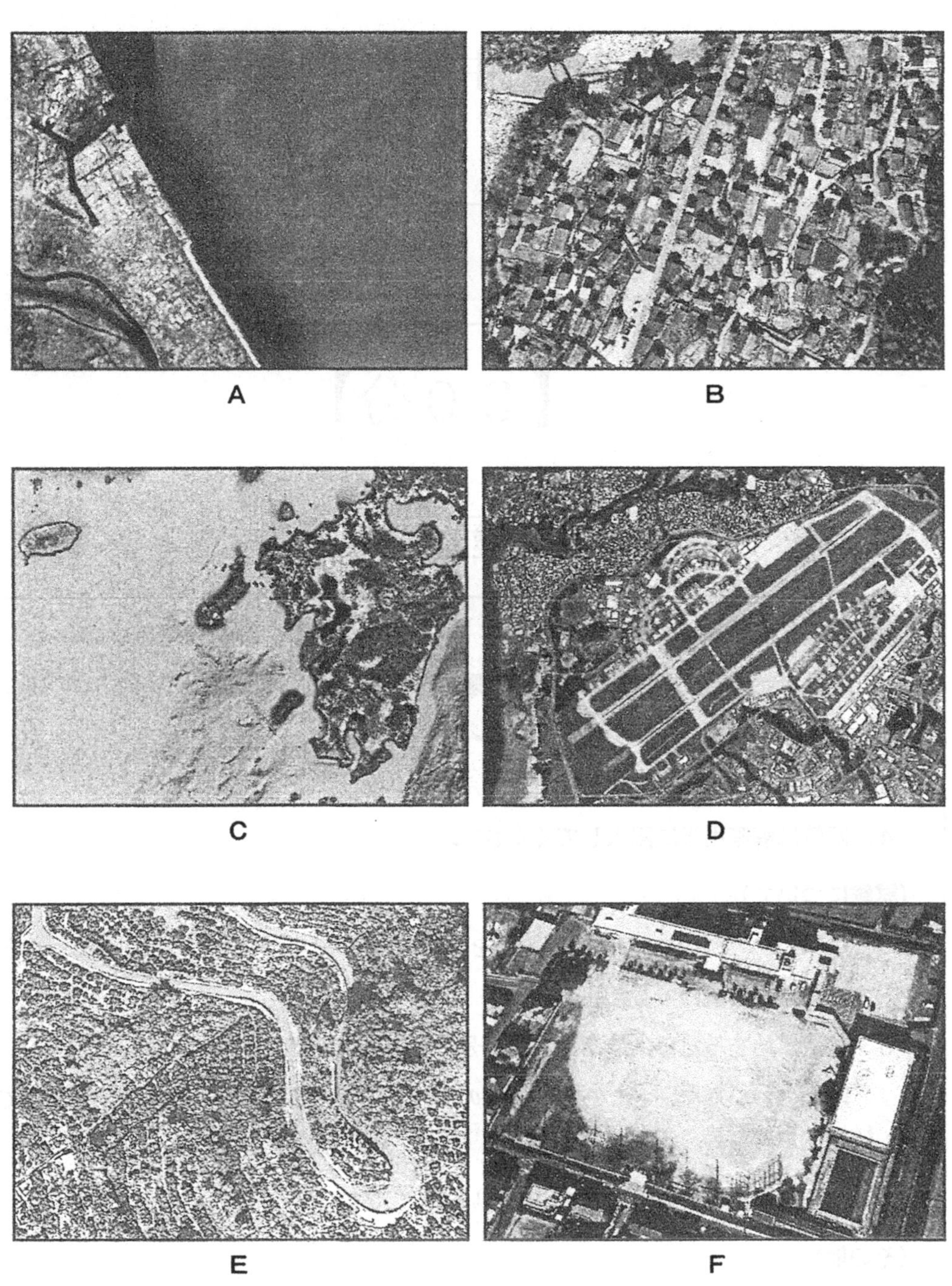

［Google Earth Proにより作成］

清子さん：Aは，（　あ　）県にある港だよ。

愛子さん：海岸線がまっすぐで入り江がないから，陸地を奥に掘り込んで港がつくられているのね。まっすぐな海岸線は，千葉県まで続いているわ。

花子さん：①この港を中心に，重化学工業が発達しているのよ。

清子さん：Bは，（　い　）県にある白川郷みたいよ。

愛子さん：日本にある②世界遺産の一つね。上からの写真だと，合掌造りのようすがわからないわ。

花子さん：Cは，③九州がバッチリ写っているね。

清子さん：よく見ると，④写真の左上の方に外国の島も写っているわ。

愛子さん：Dは，沖縄県のアメリカ軍基地だよ。

花子さん：日本にあるアメリカ軍基地の約70%が沖縄県に置かれているよね。

清子さん：⑤沖縄県の生活や産業について調べてみたいわ。

愛子さん：Eは，⑥みかん畑みたいだよ。

花子さん：このみかん畑って，段々畑になっているんじゃないかな。

清子さん：どうしてそう思ったの。

花子さん：だって，写真を見ると［　　　　　　　］から，このあたりの土地は，斜面が急になっていると考えたのよ。

愛子さん：なるほど。空中写真からさまざまなことが読み取れるね。

清子さん：ちなみにFは，私たちが通っている学校だよ。私たちにとって⑦身近な地域のようすを，地図から探るのもおもしろいと思うわ。

問１　（　あ　）・（　い　）にあてはまる県名を，それぞれ漢字で答えなさい。

問２　［　　　　　　　］にあてはまる内容を答えなさい。

問３　清子さんは，実際の距離を調べるため，A～Dそれぞれの写真に，長さ１cmの直線を引いてみました。同じ１cmの長さでも，写真によって実際の距離は異なります。実際の距離が長いものから順に並べ，記号で答えなさい。

問４　下線部①について，右の写真は，Ａの写真の一部を拡大したもので，次の文は，右の写真から読み取れることを述べたものです。文中の【　ⓐ　】・【　ⓑ　】にあてはまる語の組み合わせとして正しいものを，下のア～エから１つ選び，記号で答えなさい。

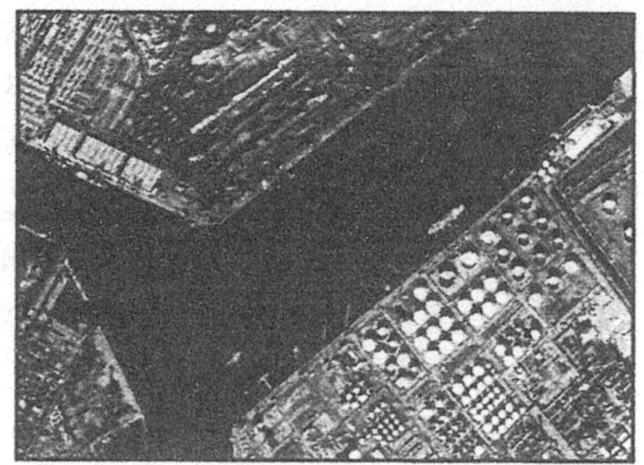

［Google Earth Pro により作成］

「写真の【　ⓐ　】側では，【　ⓑ　】工業が発達している。」

ア．ⓐ－北西　ⓑ－石油化学　　イ．ⓐ－北西　ⓑ－自動車
ウ．ⓐ－南東　ⓑ－石油化学　　エ．ⓐ－南東　ⓑ－自動車

問５　下線部②について，世界遺産のことを述べた文として正しいものを，次のア～エから１つ選び，記号で答えなさい。

ア．世界遺産は，ユニセフとよばれる国際機関によって登録される。
イ．現在，四国地方には世界遺産として登録されたものがない。
ウ．現在，日本で最も北にある世界文化遺産は富岡製糸場である。
エ．日本で最も標高の高い山である富士山は，世界自然遺産に登録されている。

問６　下線部③に関連して，次の表は，長崎市，大分市，宮崎市，鹿児島市のいずれかのおもな業種の製造品出荷(か)額（2019年）を示したものです。大分市にあてはまるものを，表中の**ア**～**エ**から１つ選び，記号で答えなさい。

（億円）

	鉄鋼	化学	輸送用機械	食料品
ア	－	135	334	423
イ	19	2	876	248
ウ	5820	5309	263	367
エ	32	80	39	1513

［「2020年工業統計調査　地域別統計表」より作成］

問７　下線部④について，その島はどこの国に属していますか。正しいものを，次のア～エから１つ選び，記号で答えなさい。

ア．ロシア　　イ．フィリピン　　ウ．中国　　エ．韓(かん)国

問８　下線部⑤について，清子さんたちは，沖縄県の調べ学習を行うことにしました。次の表は，学習テーマと，それにかかわるキーワードをまとめたものです。学習テーマに対するキーワードの設定として**適当でないもの**を，表中の**ア～エ**から１つ選び，記号で答えなさい。

	学習テーマ	学習テーマにかかわるキーワード
ア	沖縄県でみられる家やくらしのくふう	台風，水不足，オンドル
イ	沖縄県の農業の特色	パイナップル，作付（つけ）面積，気温
ウ	沖縄県の観光と課題	リゾート開発，さんごしょう，赤土
エ	沖縄県の伝統文化	首里城，エイサー，三線（しん）

問９　下線部⑥について，次の**【図１】**と**【図２】**は，2021年２月から12月までの間に，東京都中央卸（おろし）売市場で取り引きされた，露（ろ）地栽培（さいばい）されたみかんとハウス栽培されたみかんの，月ごとの数量と平均価格を示したものです。**【図１】**と**【図２】**の㋐～㋓のうち，露地栽培されたみかんを表しているものの組み合わせとして正しいものを，下のア～エから１つ選び，記号で答えなさい。

【図１】

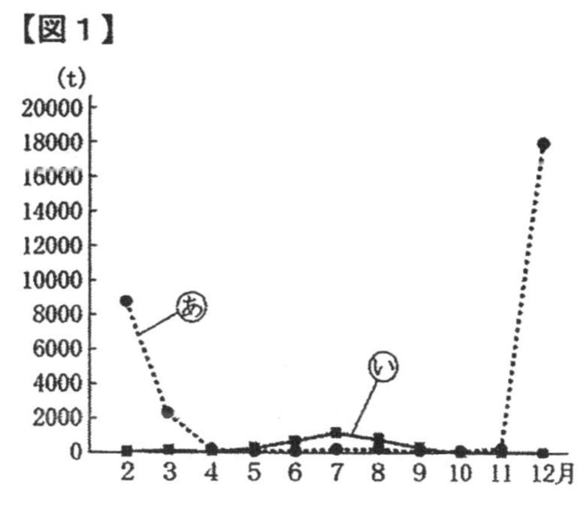

【図２】

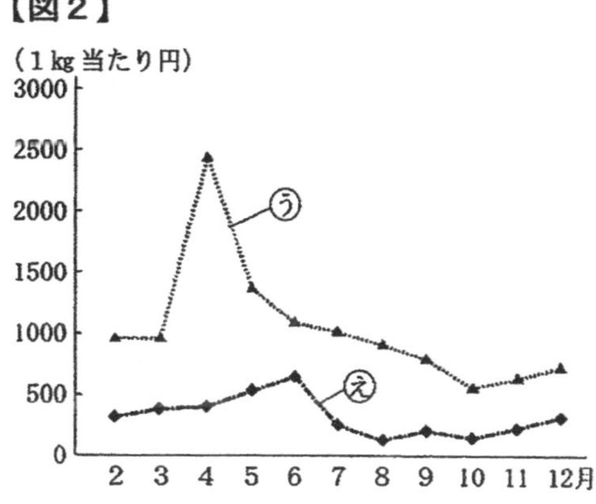

［東京中央卸売市場の市場統計資料より作成］

ア．㋐と㋒　　イ．㋐と㋓　　ウ．㋑と㋒　　エ．㋑と㋓

問10　下線部⑦について，次の地図は，清子さんたちが住んでいる地域を示したものです。これを見て，あとの(1)～(3)の問いにそれぞれ答えなさい。

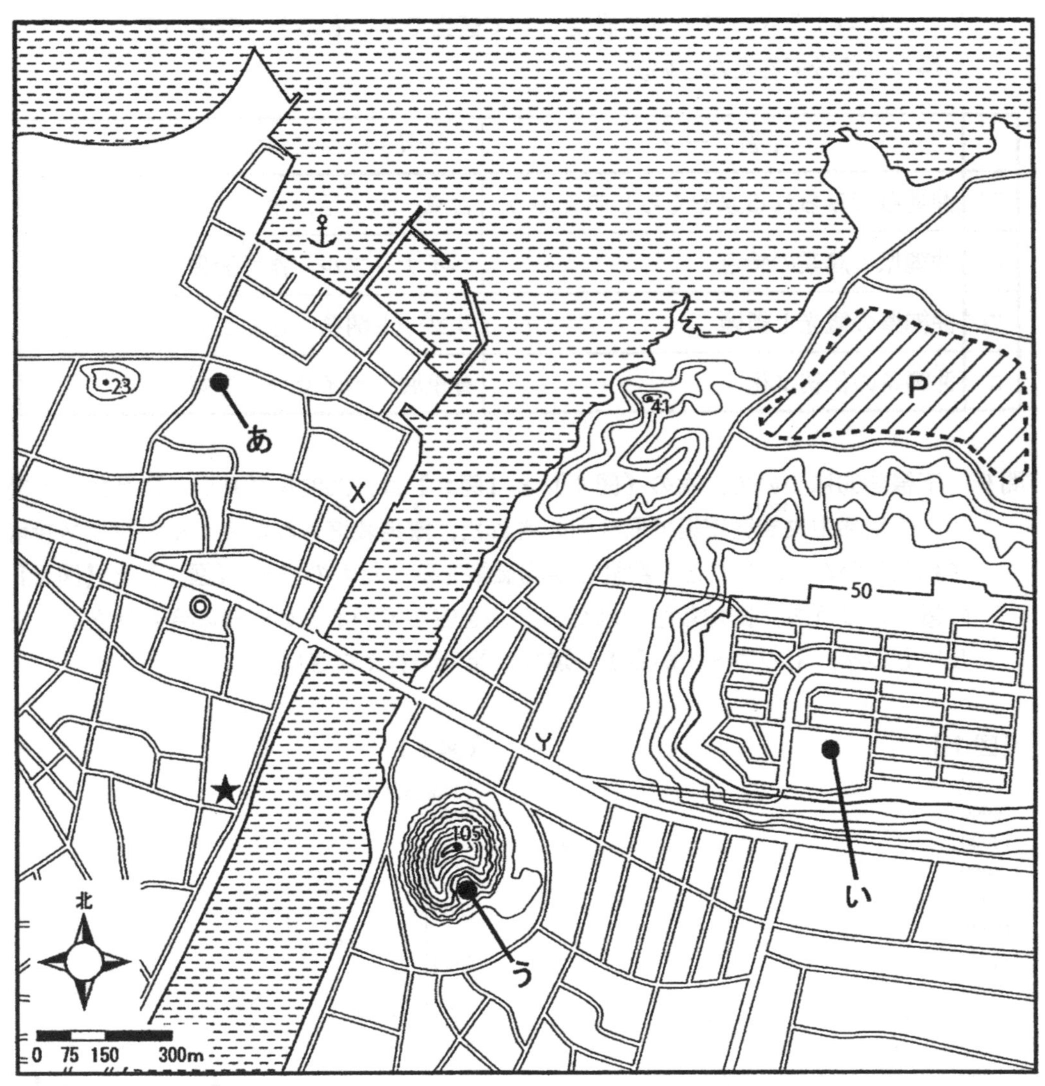

(1)　地図中のＰでは，野菜が広く栽培されています。野菜が栽培されているところは，どのような地図記号で表すことができますか。その地図記号を答えなさい。

(2) 地図中の**あ**～**う**は指定緊急避難場所です。次の❶～❸は，**あ**～**う**のいずれかにある掲示板の情報の一部です。**あ**～**う**と❶～❸との組み合わせとして最も適当なものを，下のア～カから１つ選び，記号で答えなさい。

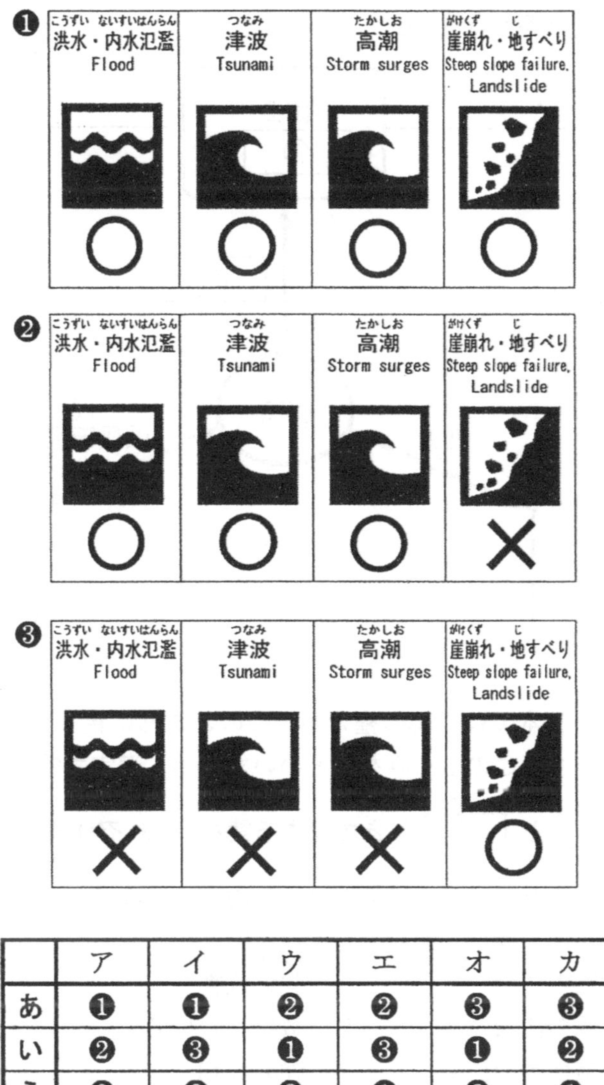

	ア	イ	ウ	エ	オ	カ
あ	❶	❶	❷	❷	❸	❸
い	❷	❸	❶	❸	❶	❷
う	❸	❷	❸	❶	❷	❶

(3) 清子さんは，地図中の★にあるマンションの１階に住んでいます。清子さんが住む地域に，大雨警報と洪水警報が発表されて避難指示が出た場合，清子さんはどのように行動するのが望ましいと考えられますか。最も適当なものを，次のア～エから１つ選び，記号で答えなさい。

ア．消防署へ行って町の被害の状況を伝え，近くの山へ避難する。
イ．気象情報を確認しながら，住んでいるマンションの上の階へ避難する。
ウ．川のようすを直接確認しに行って，水位が上がっていれば市役所へ避難する。
エ．交番へ行って自分や家族の安全を報告した後で，港にある建物へ避難する。

2　次の各問いに答えなさい。

問１　次の図は，日本の政治のしくみを示したものです。これを見て，下の(1)～(4)の問いにそれぞれ答えなさい。

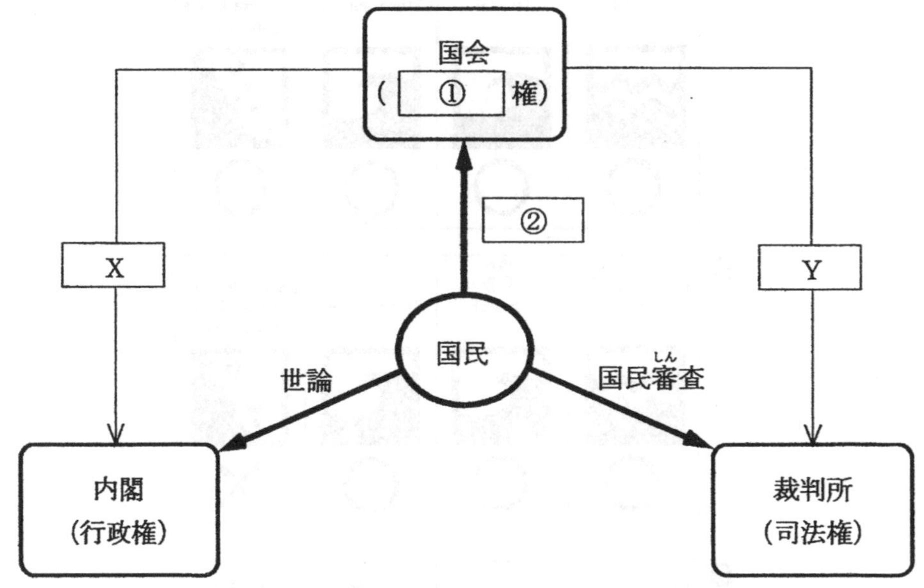

(1)　図のように，日本では，国の権力が一つのところに集まることをさけるしくみがとられています。このしくみを何といいますか。漢字で答えなさい。

(2)　図中の ① と ② にあてはまる語を，それぞれ漢字２字で答えなさい。

(3)　図中の X と Y にあてはまる内容の組み合わせとして正しいものを，次のア～エから１つ選び，記号で答えなさい。

ア．X－国務大臣の任命　　　　Y－弾劾裁判
イ．X－国務大臣の任命　　　　Y－裁判官の指名
ウ．X－内閣不信任案の決議　　Y－弾劾裁判
エ．X－内閣不信任案の決議　　Y－裁判官の指名

(4)　公正な裁判を保障するために，日本国憲法に規定されている内容として**適当でないもの**を，次のア～エから１つ選び，記号で答えなさい。

ア．だれでも，裁判所で裁判を受ける権利がある。
イ．裁判官は，憲法や法律をもとに，政府と相談しながら裁判を行う。
ウ．裁判官は，かってに辞めさせられることはない。
エ．裁判は，原則として公開で行う。

二〇二三年度入学試験問題　国語　解答用紙

※印のところには、何も記入しないでください。

［一］

問一
a
b
c
d
e

問二
(1)
(2)
(3)

問三
1
2
3
4
5

問四

問五

問六

問七

問八

※

※

※

※

受験番号		名　前	

2

（4）［式］

答

2
※

3

（1）［式］

答

（2）［式］

答

（3）［式］

答

（4）［式］

答

3
※

合計
※

①＋②
※100点満点
（配点非公表）

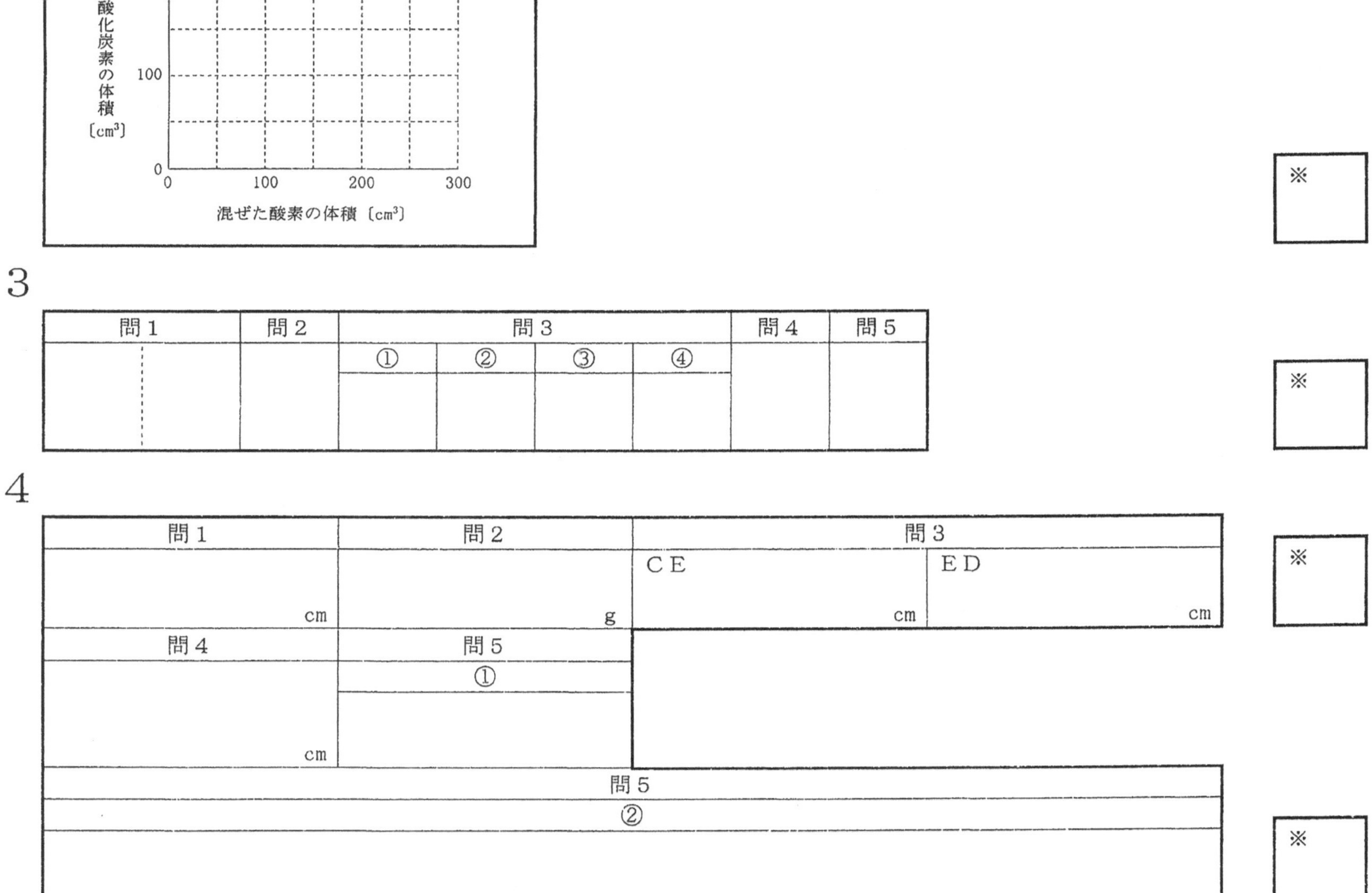

3

問1	問2	問3				問4	問5
		①	②	③	④		

※

4

問1	問2	問3	
		CE	ED
cm	g	cm	cm

※

問4	問5
	①
cm	

問5
②

※

問2
(3) 企業

※

問3	問4	問5	問6	
			(1)	(2)

※

3

問1	問2	問3	問4
			(1)

※

問4
(2)

※

問5			問6
①	②	③	

※

4

問1	問2	問3	問4

※

問5	
❶	❷

※

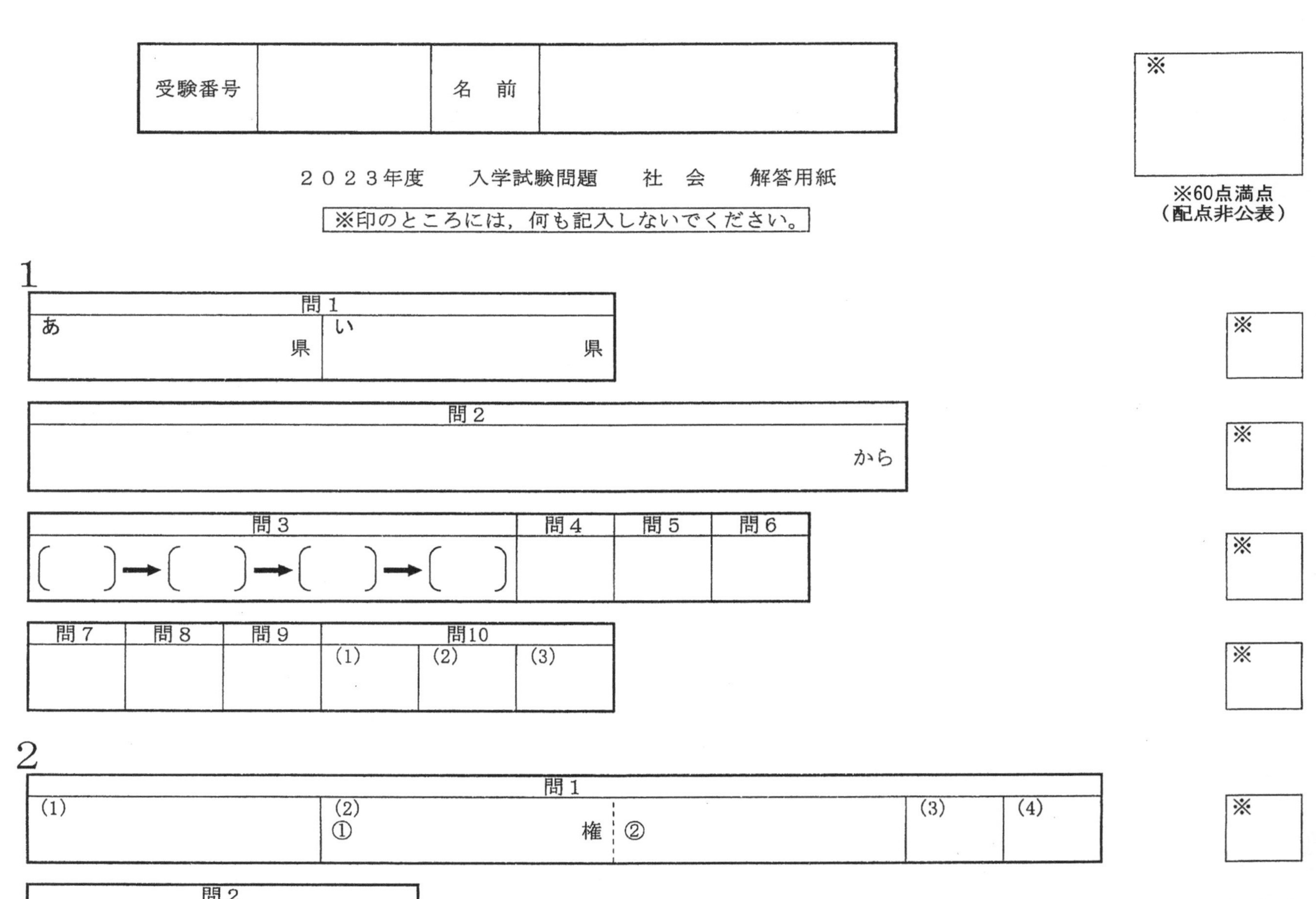

受験番号		名　前	

※

※60点満点
（配点非公表）

２０２３年度　入学試験問題　社　会　解答用紙

※印のところには，何も記入しないでください。

1

問１	
あ　　県	い　　県

※

問２
から

※

問３	問４	問５	問６
（　）→（　）→（　）→（　）			

※

問７	問８	問９	問10		
			(1)	(2)	(3)

※

2

問１				
(1)	(2) ①　　権	②	(3)	(4)

※

問２	
(1)	(2)

※

【解答用

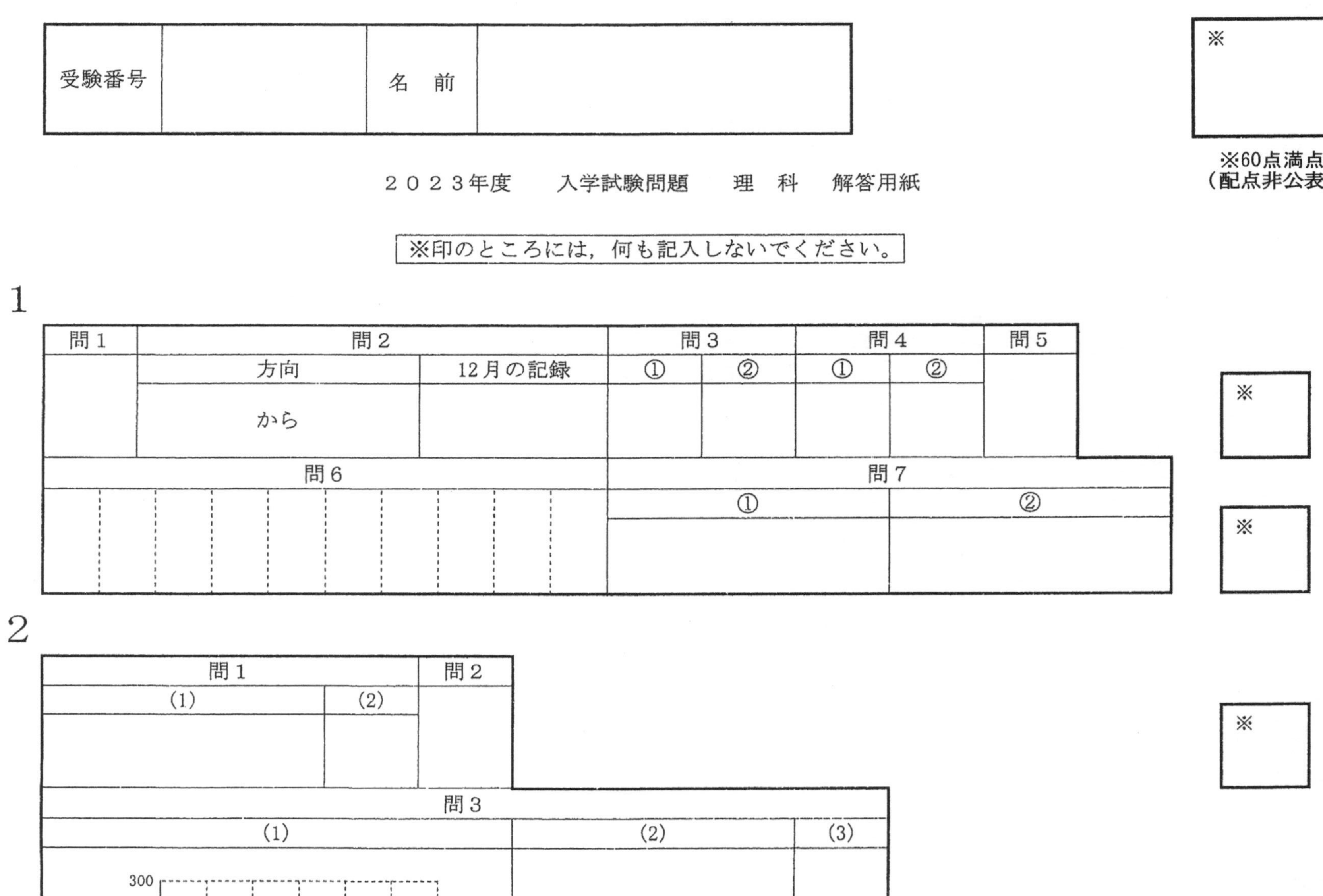

受験番号		名　前	

※

※60点満点
（配点非公表）

２０２３年度　入学試験問題　理　科　解答用紙

※印のところには，何も記入しないでください。

1

問1	問2		問3		問4		問5
	方向	12月の記録	①	②	①	②	
	から						

※

問6	問7	
	①	②

※

2

問1		問2
(1)	(2)	

※

問3		
(1)	(2)	(3)
300	cm³	

【解答用

２０２３年度　入学試験問題　算　数　その②　解答用紙

※印のところには，何も記入しないでください。

1

（1）［式］

答

（2）［式］

答

（3）［式］

答

1
※

2

（1）［答］

（2）［式］

答

（3）［答］

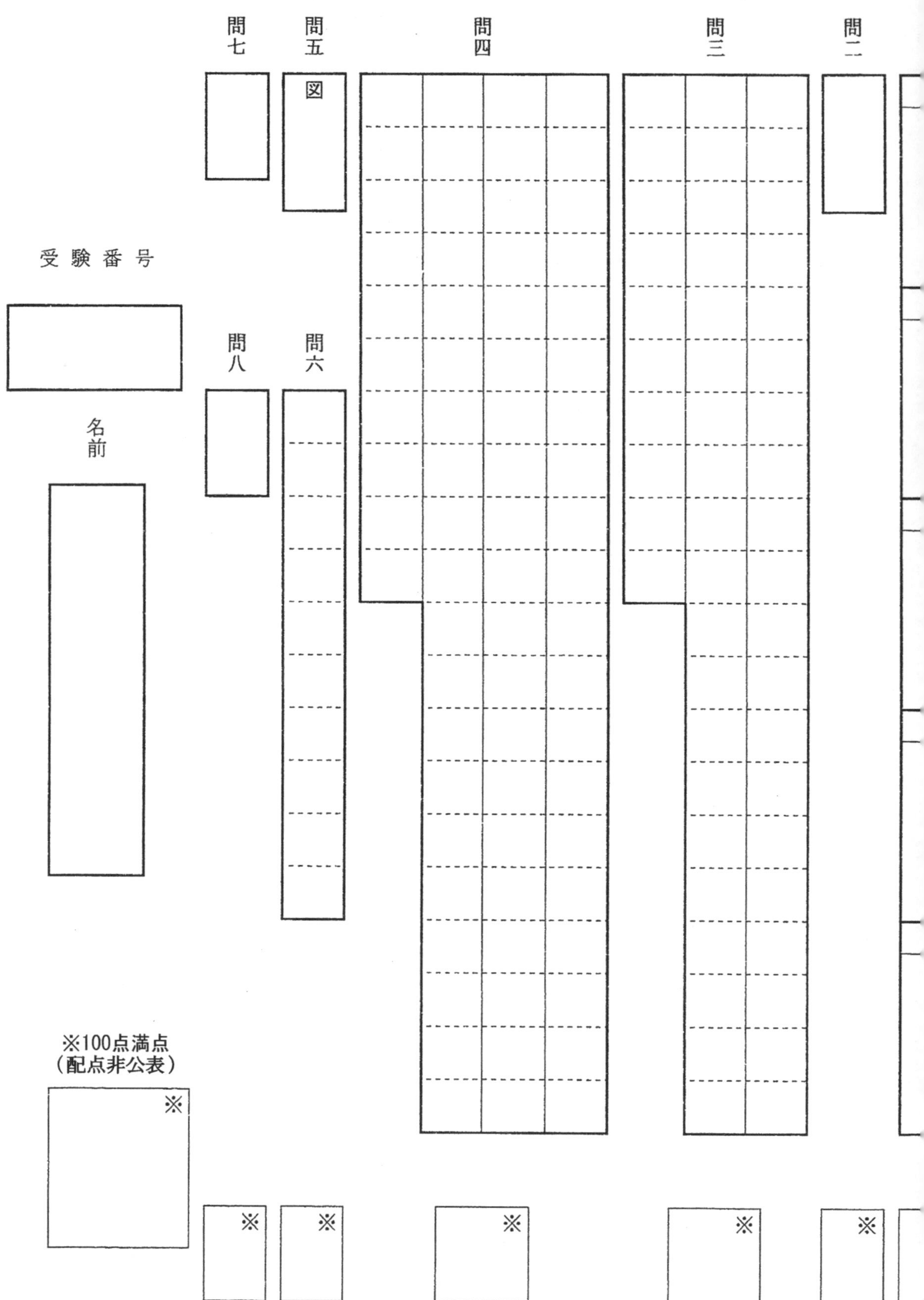

2023(R5) ノートルダム清心中

教英出版

【解答用

問２　次の会話文を読んで，下の(1)～(3)の問いにそれぞれ答えなさい。

生徒Ａ：新聞やニュースで「円安」という言葉をよく聞くようになったのですが，円安とは何ですか。

先　生：ドルなどの外国のお金に対して，円の価値が下がることを円安といいます。例えば，「１ドル＝100円」が「１ドル＝120円」になると，１ドルの価値が20円高くなったことになります。これは言いかえると，円の価値が１ドルあたり20円下がったことになります。逆に，「１ドル＝100円」から「１ドル＝80円」になることを，円高といいます。

生徒Ｂ：円安になると，日本の経済にはどのような影響（きょう）がありますか。

先　生：円安になると，さまざまな輸入品の値段が上がります。日本でふだん食べているものや着ているものの多くは，海外から輸入したり，輸入した原料から作られたりしているので，食品や衣類の値段が上がります。それ以外にも，①<u>さまざまな生活費が上がる可能性があります</u>。

生徒Ａ：円安と同じように，昨年からよく聞くようになった（　②　）は，円安と関係があるのですか。

先　生：（　②　）とは，ものの平均的な値段である物価が上がり続けることをいいます。円安によって輸入品の値段が上がることは，（　②　）の原因の一つになっています。

生徒Ｂ：円安になると，日本の経済には，他にどのような影響がありますか。

先　生：円安になると［　　　　　　　　　　］企（き）業は，利益を上げやすくなります。

生徒Ｂ：そのような企業がもうけることができれば，その企業で働く人の収入が増えて，日本の経済が活発になってくる可能性がありますね。

(1)　下線部①について，次のア～エのうち，円安の影響を最も受けにくい生活費を１つ選び，記号で答えなさい。

ア．ガソリン代　　イ．電気代　　ウ．ガス代　　エ．水道代

(2)　（　②　）にあてはまる語をカタカナで答えなさい。

(3)　［　　　　　　　　　　］にあてはまる内容を，「海外」という語を使って答えなさい。

問３　次のグラフは，メディア別信頼度(注)を年代ごとに示したものです。グラフから読み取れることを説明した文として最も適当なものを，下のア～エから１つ選び，記号で答えなさい。

（注）メディア別信頼度とは，それぞれのメディアについて，「信頼できる情報がどの程度あると思うか」と質問し，「全部信頼できる」，「大部分信頼できる」，「半々くらい」，「一部しか信頼できない」，「まったく信頼できない」のうちで，「全部信頼できる」または「大部分信頼できる」と答えた人の割合。

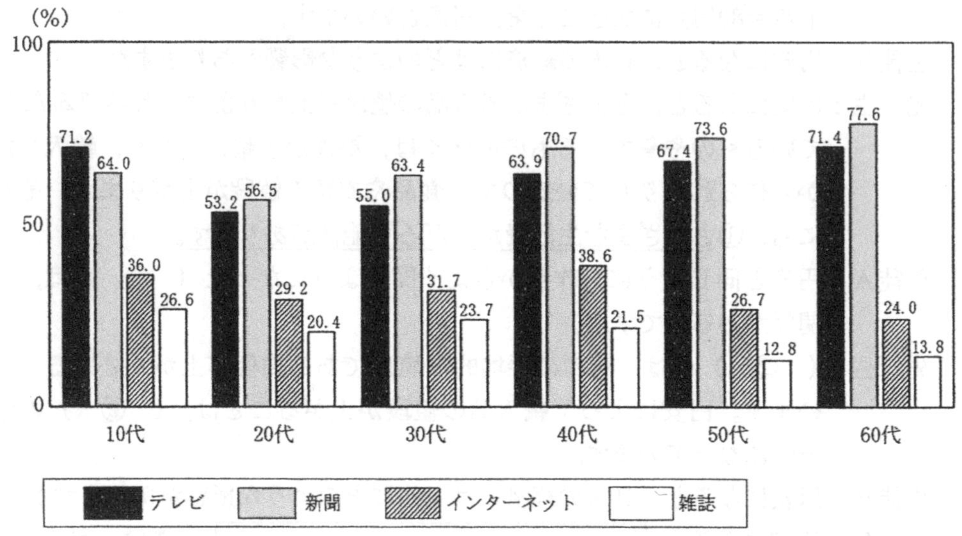

［総務省「令和元年版　情報通信白書」より作成］

ア．テレビは，若い年代ほど信頼度が高い。
イ．新聞は，どの年代でも信頼度が一番高い。
ウ．インターネットの信頼度は，10代が一番高い。
エ．雑誌の信頼度が20%を下回る年代は，新聞の信頼度が70%を超えている。

問４　次の説明にあてはまる用語を，アルファベット３字で答えなさい。

「政府が，支援を必要とする国々に対して，社会の発展や福祉の向上のために資金や技術を提供して行う援助。」

問５　2022年に開かれた核軍縮に関する国際会議のことを述べた次の文**あ**，**い**について，その正誤の組み合わせとして正しいものを，下のア～エから１つ選び，記号で答えなさい。

あ．核兵器禁止条約の第１回締約国会議が，ウィーンで開かれた。
い．核拡散防止条約の再検討会議に，日本の首相が初めて出席した。

ア．**あ**，**い**は，どちらも正しい。
イ．**あ**は正しいが，**い**は誤っている。
ウ．**あ**は誤っているが，**い**は正しい。
エ．**あ**，**い**は，どちらも誤っている。

問６　次の文を読んで，下の(1)・(2)の問いにそれぞれ答えなさい。

「2023年のサミット（主要国首脳会議）は，広島で開催される予定です。サミットには７か国の首脳が集まり，さまざまな問題について話し合います。1998年から2013年までは８か国の首脳が集まっていましたが，（　①　）は，2014年に②クリミア（クリム）半島の併合を一方的に宣言したことにより，サミットへの参加を停止されました。」

(1)　（　①　）にあてはまる国を答えなさい。

(2)　下線部②について，クリミア（クリム）半島の位置を，次の地図中の**ア**～**エ**から１つ選び，記号で答えなさい。

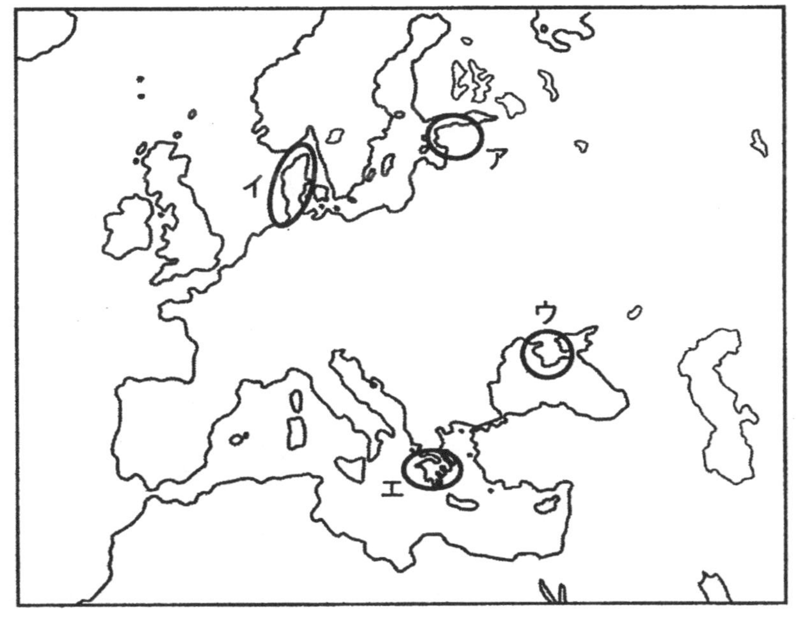

3　次の各問いに答えなさい。

問１　かな文字を使って書かれた平安時代の文学作品として**適当でないもの**を，次のア～エから１つ選び，記号で答えなさい。

ア．『枕草子』　イ．『浦島太郎』　ウ．『源氏物語』　エ．『竹取物語』

問２　明治の初め，政府は，大名が治めていた領地と領民を天皇に返すように命じました。これを何といいますか。

問３　右の図は，日清戦争で日本が獲得した賠償金の使いみちを示したものです。**あ**にあてはまる内容として正しいものを，次のア～エから１つ選び，記号で答えなさい。

ア．八幡製鉄所を建設する費用

イ．皇室に関係する費用

ウ．台湾を開発する費用

エ．軍事に関連する費用

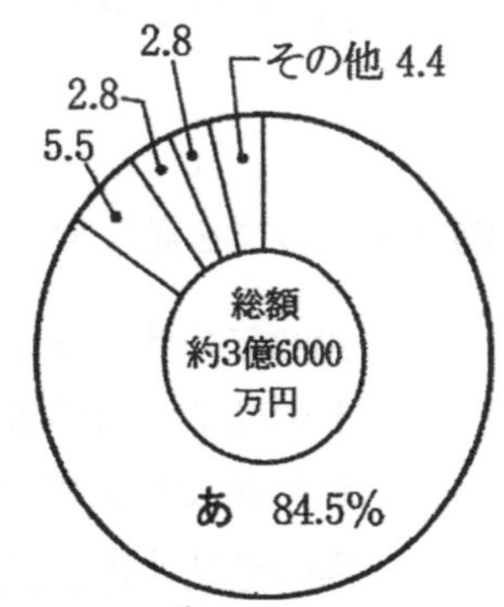

［『日本史料集成』平凡社などより作成］

問４　明治時代に開設された帝国議会について，次の(1)・(2)の問いにそれぞれ答えなさい。

(1)　貴族院の議員になった人々として**適当でないもの**を，次のア～エから１つ選び，記号で答えなさい。

ア．皇族　　イ．元公家や大名

ウ．各府県や道の代表者　　エ．高額納税者

(2)　次のＡは明治半ば（1890年），Ｂは昭和初期（1928年）の衆議院議員選挙の投票所のようすです。ＡとＢの◯で囲まれたところには，たくさんの人がいます。その人々は，なぜそこにいるのですか。ＡとＢのちがいがわかるように説明しなさい。ただし，Ａは，警官はふくみません。

Ａ

Ｂ

問5　次の文は，1940年ごろの日本と外国との関係について説明したものです。（　①　）～（　③　）にあてはまる国を，下のア～カから1つずつ選び，記号で答えなさい。

「日本は，（　①　）との戦争を続け，ドイツ・（　②　）と同盟を結び，石油などの資源を求めて，東南アジアに軍隊を送った。このような動きに対して，（　①　）を援助していた（　③　）は警戒を強め，日本への石油の輸出を禁止するなどしたため，日本と（　③　）の対立は深まっていった。」

ア．中国　　イ．イタリア　　ウ．イギリス　　エ．アメリカ
オ．ソ連　　カ．オランダ

問6　次の**あ**～**う**のできごとを，年代の古い順に正しく並べたものを，下のア～カから1つ選び，記号で答えなさい。

あ．公害対策基本法が制定された。
い．日本でテレビ放送が始まった。
う．石油危機（オイルショック）がおこった。

ア．**あ** → **い** → **う**　　イ．**あ** → **う** → **い**　　ウ．**い** → **あ** → **う**
エ．**い** → **う** → **あ**　　オ．**う** → **あ** → **い**　　カ．**う** → **い** → **あ**

4　北海道の歴史について述べた次の文をよく読んで，あとの問いに答えなさい。

北海道は，昔，「蝦夷ヶ島」や「蝦夷地」とよばれていました。室町時代，本州から蝦夷地に進出した人々は，館（城）を築き，アイヌの人々との取り引きを行いました。志苔館という館の付近からは，大量の古いお金がつまった大きなかめが見つかっています。お金は93種類38万枚以上あり，ほとんどが中国のお金で，①漢の時代のものから，明の時代の初めにつくられたものまでありました。

江戸時代になると，幕府は松前藩に，②アイヌの人々と交易する権利を与えました。しかし，取り引きのやり方がアイヌの人々にとって不公平であったため，③17世紀中ごろ，アイヌの人々が立ち上がり，松前藩と戦いました。また，西洋の天文学や測量術を学んだ（　④　）は，19世紀の初めごろ，幕府の許可を得て蝦夷地を実際に歩いて測量し，正確な日本地図をつくりました。

明治の新政府は，蝦夷地を「北海道」と改め，⑤士族や農民たちが移住しました。集団で移住した人々は，もとの居住地に縁のある地名をつけました。

問１　下線部①に関連して，中国が漢や明の時代の日本について述べた文として正しいものを，次のア～エから１つ選び，記号で答えなさい。

ア．中国が漢の時代，日本では邪馬台国の女王卑弥呼が，占いで国を治めていた。
イ．中国が漢の時代，日本では聖徳太子が十七条の憲法を定めた。
ウ．中国が明の時代，日本では源平の合戦がおこり，源氏が勝利した。
エ．中国が明の時代，日本では京都を戦場にした応仁の乱がおこった。

問２　下線部②に関連して，江戸時代の蝦夷地の産物として適当なものを，次のア～カから**２つ**選び，記号で答えなさい。

ア．昆布　　イ．生糸　　ウ．綿糸　　エ．鉄　　オ．ニシン　　カ．米

問３　下線部③について，この戦いでアイヌの人々を率いた中心人物を答えなさい。

問４　（　④　）にあてはまる人物を答えなさい。

問５　下線部⑤について，次の文は，北海道に移住した士族や農民のことを説明したものです。（　❶　）・（　❷　）にあてはまる語を，それぞれ答えなさい。

「北海道に渡った士族や農民のなかには，屯田兵として（　❶　）や（　❷　）にあたった人たちがいた。」

2023(R5) ノートルダム清心中
K 教英出版

二〇二二年度

ノートルダム清心中学校　入学試験問題

国語

【五十分】

受験上の注意

〈試験問題・解答用紙について〉

1．試験を始める合図があるまで、試験問題を見てはいけません。

2．試験問題は1ページから26ページまであります。

3．解答用紙は一枚、試験問題にはさんであります。

4．解答は解答用紙に記入してください。

〈試験について〉

5．「始めてください」の指示で鉛筆(えんぴつ)をとり、「やめてください」の指示があったらすぐに鉛筆を置いてください。

6．試験が始まったら、最初に受験番号と名前を書いてください。

7．印刷のわからないところや、ページのぬけているところがあったら、手をあげて監督(かんとく)の先生に知らせてください。

8．解答用紙を集めるまで席を立たないでください。

〈その他〉

9．試験問題は監督の先生の指示にしたがって持って帰ってください。

K 教英出版

［一］　次の文章は、武田綾乃の『白線と一歩』の一部です。高校三年生で放送部の「私」（知咲）は、部長の有紗から、人見知りで部に馴染めない新入部員、森唯奈の面倒を見るように頼まれました。その翌日、知咲が放送室に行くと、唯奈が一人で＊Nコンに向けたトレーニングをしています。この文章を読んで、あとの問いに答えなさい。（本文は一部表記を変えたところがあります。）

「指定図書持ってるってことは、唯奈ちゃんは朗読部門に出るの？」

「あ、いえ、どっちにするか悩んでるところです」

「確かに悩むよね。まあ私は唯奈ちゃんの声はアナウンス部門向きだと思うけど」

「え、」

唯奈の唇がぴたりと止まった。

「先輩、私の声を聞いててくれたんですか」

「そりゃそうでしょ。可愛い後輩なんだから」

それは、反射的に出た台詞だった。唯奈が(1)はにかむように口元を緩める。

「わ、わたし、嬉しいです。先輩、優しいですね」

優しい。その言葉に、私は思わず苦笑した。

——じゃあ、優しくない私のことは嫌いなの？

浮かんでくる疑念をぶつけたら、目の前の後輩はきっと私のことを面倒に思うだろう。だから私は何も言わない。優しい人間を装うのは、ぶつかり合うよりずっと楽だ。相手に合わせて自分の意見を胸中で握り潰してしまえば、皆が私のことをいい人だと評価する。

「先輩は朗読とアナウンスのどっちに出るんですか？」

澄んだ＊双眸が、私の顔を正面から映している。密集した睫毛は端まで黒く、①そこに嵌まった瞳はビー玉みたいにキラキラしていた。

「え、いや……」

咄嗟に私は言葉を濁した。バッグには本屋で買った薄っぺらい文庫本が入ったままだった。そこにはいくつもの付箋が貼ってあるし、ペンで書き込んだ跡もある。捨てきれない a ミレンと執着が、ページの間に折り重なるようにして挟まっていた。

「私、先輩と一緒ならNコンも頑張れる気がします」

そう(2)屈託なく告げる唯奈に、私はただ曖昧な笑みを返すしかなかった。

トイレに駆け込み、思いっきり息を吐き出す。㋐置かれた芳香剤が周囲に甘ったるい香りを撒きちらしていた。鏡は水垢のせいで曇っていて、それがまたどうにも息苦しい。目を閉じると先ほどの唯奈の瞳が瞼の裏に浮かぶ。一年生の頃、きっと私は彼女と同じ目を持っていた。まだ何の挑戦もしておらず、無邪気に自分の才能を信じている目を。

高校一年生のNコンの本番で、私は緊張のあまり意識が飛んだ。ファイルに挟んだ原稿用紙は何度も見返していたはずなのに、その時には視界が真っ白になって一文字も見えやしなかった。手が震えて、吐き気がした。今すぐこの場から逃げ出したかった。震える指先に力を込める。真っ白な紙が手の中でくしゃりと音を立てた。声を出さなければ、そう思った。なのに、私は何もできなかった。気が付いたときには本番は終わっていて、＊顧問は労るように私の肩を優しく叩いた。そこに示された同情に、私は他者の目に己がひどく惨めに映っていることを悟った。

その後、有紗は完璧な発表を行った。決勝に進出し、そのまま全国大会行きを決めた。彼女は一位だった。県大会で一位。その輝かしい結果に、私は「おめでとう」と彼女に告げた。それは間違いなく本心だった。だけど同時に、本心とは程遠い感情でもあった。
私はそれまで、有紗より自分が劣っていると感じたことはなかった。もちろん、有紗が上手いことは分かっていた。だけど私だって彼女と肩を並べるくらいには上手い。そう心から信じていた。私は彼女をライバルだと認識していたし、彼女には負けたくないと思っていた。でも、現実はそうではなかった。なんのことはない、私と有紗は初めから対等ではなかったのだ。
あの本番以降、私が朗読の舞台に立つことはなかった。人前に出るのが恐ろしかった。有紗と比べられて、私の方が劣っているという現実を突きつけられるのが怖かったのだ。

【　中　略　】

半ば引きずられるようにして有紗に連れてこられた先は、無人の放送室だった。そこに入るなり、有紗は珍しく真面目な面持ちで私に＊ストップウォッチのｂタバを押し付けた。なに、と当惑の声が口を衝いて出る。それでも有紗の表情は変わらなかった。
「これ、㋑アンタに預ける」
「どういうこと？」
「私ね、休部しようと思うんだ」
「は？」
早く受け取れと言わんばかりに、有紗は手を突き出したままだ。その背後の壁には我が放送部がこれまで獲得してきた多くの賞状が吊るされている。その中にはもちろん、過去二年の有紗のものもまじっていた。
「意味がわかんない。説明してよ」

平静を繕ったはずの自身の声が、上擦ったのが気に食わない。有紗の手が震える。

「お父さんの病気が悪化しちゃったの。だから、しばらくは部活を休んでそばにいたいって思って。お母さんは働いて忙しいし、面倒見る人がいないから」

ずっと前から休部するか悩んでたの。そう捲し立てるように言葉を紡ぎ、彼女は私から眼を逸らした。

「なにそれ、聞いてないよ。大体、Nコンはどうすんの」

「……ごめん」

「ごめんって何。そもそも、なんで相談してくれなかったの」

「だって、迷惑かけたくなかったから」

「迷惑って、なにそれ」

胃の中がぐらぐらと沸き立つのを感じた。衝動的に距離を詰め、私はその胸倉を摑み上げる。そのまま壁に押し付けても、有紗は顔を逸らしたままだった。

「おかしいと思ったんだ。この部はあの子にかかってるなんて、いつもの有紗なら絶対言わない。私が部を引っ張ってくから(3)大船に乗ったつもりでいろ、みたいなこと言うはずだもん。有紗さ、最初からNコン出ないつもりだったんでしょ。だから唯奈ちゃんの面倒を見ろって私に言ったんだ。あの子は上手いからNコンでも上位を狙える、部に馴染めないって理由で途中で辞められるわけにはいかなかった。だから、アンタは私を利用して唯奈ちゃんをこの部に繋ぎとめようとしたんだ。……違う？」

「言い方に悪意があるよ。私はただ、安心して部活を抜けたかっただけ。結果を出せなきゃ、*ＯＧとかに悪いじゃん。森ちゃんだったら確実に結果を出せると私は踏んでる」

「なんでもっと早く言わなかったわけ。ちゃんと言ってくれたら私だって有紗のために結果出そうって頑張ったよ。それとも何、私じゃ頼りにならないって言うの」

「実際そうでしょ」

声を荒らげた私に、有紗はひどく冷静な声で告げた。鍛えられた声帯を震わせ、彼女は美しい声色で残酷な台詞を吐く。

「知咲ってば、一年生の頃に失敗してからずっと本番を避けてるし。今年だって出る気なかったんでしょ？　そんな子をどうやって頼るの？　いつ逃げ出すかわかんないのに」

核心を突かれ、私はぐっと息を呑む。短い前髪を指先で払い、有紗は真っ直ぐにこちらを見た。②凪いだ水面のような双眸に、醜い表情をした私の顔が映っている。

有紗は言った。

「アンタは意気地なしだよ。ずっとずっとそう。傷つくのが怖いから逃げてるだけ。自分に居心地のいい場所に引きこもって、そのくせ他人の c コウセキばっかり羨んでる。高いプライドを飼い慣らせなくて、なのに現状で満足してるってフリしてる」

㋒――アンタさ、本当は私に勝ちたいんでしょ。

彼女の唇から発せられた言葉が、私の頭をガツンと殴った。手から、だらりと力が抜ける。自身の心臓の音が、やけに鼓膜に響いていた。視界が滲む。しゃんと背筋を伸ばす有紗はいつだって凛々しくて、それが私をより d イッソウ惨めな気分にさせた。

「ずっと、そう思ってたんだ」

有紗は何も言わなかった。その手に握りしめられた、いくつものストップウォッチ。㋓止まったままの時間を握りしめ、彼女はこちらを見つめている。

「……もういいよ。もう、いい」

私の言葉に、③有紗の喉がひゅっと鳴った。切り捨てたのは向こうのくせに、その顔は今にも泣きそうに歪んでいた。

いつも笑っている彼女のそんな表情を、私はこの時初めて見た。罪悪感が心臓を握り潰し、そのまま私を殺そうとする。

その場にいられなくなって、私は放送室の扉を開いた。部屋を後にしても、有紗は声すら掛けてこなかった。制止の声を待ちわびる自分のミレンがましさが嫌になる。

「最悪」

呟いた声がぽつりと上履きの上に落ちる。白い生地に、水滴にも似た染みが広がった。

「……先輩？」

ふと声が聞こえ、私は顔だけをそちらに向けた。スタジオ側の扉から顔を出したのは、唯奈だった。彼女は私の異変に気が付いたのか、心配そうに近付いてくる。

「大丈夫ですか？」

問い掛けに、私は何も答えなかった。その反応を訝しく思ったのか、唯奈が困ったように眉尻を下げる。彼女の純粋な優しさが、今の私には煩わしかった。④<u>その柔らかな心を感情のままに傷付けてやりたい</u>。理性が働く前に、激しい衝動が私の舌を支配した。

「うるさいなあ」

口から飛び出した声は、自分のものとは思えないほど低かった。怯えたように、唯奈がビクリと身を震わす。その反応にますます苛立ち、私は*大仰に舌打ちをした。

「アンタには関係ないじゃん、ほっといて」

唯奈の瞳が大きく見開かれる。こちらとの距離を取るように、彼女は一歩後退りした。これが、私と唯奈の本当の距離。唯奈が私を慕ってくれていたのも、所詮は私が優しい先輩を演じていたからだ。

「先輩、私は――」

「私のことなんてどうでもいいでしょ。唯奈ちゃんにはもう、他にも友達がいるんだからさ」

悲鳴にも似た唯奈の台詞を遮り、私はそう吐き捨てた。振り返ることなく、e<u>イチモクサン</u>に廊下を走り抜ける。後ろから唯奈の声が聞こえてきたが、それもすべて無視した。逃げ出したかった。過去からも、現在からも。

上履きのまま、私は駆けた。校舎に充満する湿った空気を吸うことすら耐えられず、私は学校を抜け出した。雨足は強くなる一方だったが、それでもかまわなかった。雲から滴り落ちる涙が、私のシャツを一瞬で濡らす。カッターシャツがじっとりと貼り付き、白の布地からは肌の色が透けていた。びしょ濡れのまま制服姿で駆ける女子高生に、㋔<u>周囲から奇異の視線が突き刺さる。</u>

「――はぁっ、」

息が切れ、私は人気のない公園で立ち止まった。誰もいない噴水の前に蹲り、そのまま深く息を吸い込む。水分を含んだ空気はじっとりと重く、肺に鉛をながし込まれたような、そんな気分になった。熱に浮かされた脳が、冷静さを取り戻す。沈黙した脳内で、唯奈の傷付いた表情が蘇った。馬鹿だ、私は大馬鹿だ。心配してくれた後輩に、あんな八つ当たりをするなんて。

――アンタさ、本当は私に勝ちたいんでしょ。

有紗の声が、耳元で蘇る。私は唇を噛み締め、ぎゅっと目を瞑った。そうだ。私は有紗に負けたくなかった。だから有紗の前で無様な姿を晒したあの日以降、本番から逃げるようになったのだ。注目されるのが怖かった。恥をかくのが怖かった。また失敗して、有紗から見下されたらどうしようって、そればかりを考えていた。だって、私は有紗と対等でありたかったから。

今になって気付いた。私が怖かったのは、他人からの視線じゃない。有紗から自分がどう見られているのか、そればかりを気にしていた。先ほどの傷付いた有紗の顔を思い出す。有紗だって、本当はあんなことを言いたくなかったに違いない。放送部を、朗読を、彼女はこよなく愛していた。きっと休部だってしたくなかったはずだ。そんな彼女にあんな顔をさせたのは、他でもない私だった。

「＊『でも、伝えようとしなきゃ、なんにも始まらないんだよ』」

唇からこぼれたのは、お気に入りの台詞だった。そうだ。最初から分かっていた。伝えようとしたって、伝わらない時がある。だから、ちゃんと手を伸ばさなきゃいけなかったのに。私はいつだって逃げてばかりだ。自分の自尊心だけが大切で、傷つくことが怖くて、そのせいで大事なものを見失う。

「⑤ほんと、最低だ」

目頭が熱い。言葉が嗚咽となって、私の喉を震わせた。何を叫んだって、雨音で何も聞こえやしない。冷え切った指先を握りしめ、私は世界から身を守るように背中を丸めた。有紗のことが好きだから、だからカッコ悪い姿を見せるのが怖かったんだよ。そう、素直に言えばよかった。今さら後悔したって遅いけれど。私はゆるやかに瞼を閉じる。もう、何も考えたくなかった。

「先輩、」

ふと、世界から雨の音が消えた。女子にしては低い声が、私の耳元をくすぐった。温かな何かが私の手を優しく握る。冷えた皮膚越しに感じるじんわりとした熱に、私はゆっくりと顔を上げた。

「先輩、ここにいたんですね」

そこに立っていたのは、唯奈だった。随分と走り回ったのか、その肩は激しく上下していた。

【　中　　略　】

「有紗先輩が心配してました。他の部員たちに知咲先輩を探すように頼んでて、それでみんな、先輩のこと探してるんです」

「有紗が私の心配を？」

「言いすぎちゃったって言ってました。先輩、元気なかったです」

彼女は捲し立てるようにそう言って、それからそっと踵(かかと)を上げた。私より拳(こぶし)一つ分低い場所にある彼女の目が、⑥対等な視線を投げ掛けてくる。

「私、先輩のことをどうでもいいとか絶対に思わないです。先輩は自覚ないかもしれないですけど、初めて先輩が私に話し掛けてくれたとき、私、すっごく嬉しかったんです。だから、他に友達ができても知咲先輩は特別だし、私はどんな先輩でも好きでい続けると思います」

（武田綾乃「白線と一歩」）

＊ Nコン …… NHK杯(はい)全国高校放送コンテスト。アナウンスや朗読などの部門に分かれている。

＊ 双眸 …… 二つの瞳。両目。

＊ 顧問 …… 部活動を担当している先生。

＊ ストップウォッチ …… 放送部の活動で時間を計るために使用するもの。

＊ OG …… 卒業した先輩のこと。

＊ 大仰に …… 大げさに。

＊ 『でも、伝えようとしなきゃ、何にも始まらないんだよ』

…… 物語中のNコン朗読部門の指定図書にある一節。知咲は指定図書の文庫本を密(ひそ)かに読みこんでいた。

問一　━━線a〜eのカタカナを、それぞれ漢字に直して答えなさい。

問二　……線(1)「はにかむように」・(2)「屈託なく」・(3)「大船に乗ったつもりでいろ」とありますが、その意味として、最も適当なものを次の中からそれぞれ選び、記号で答えなさい。

(1)　はにかむように
ア　不思議そうに　イ　うれしそうに　ウ　驚いたように
エ　はずかしそうに　オ　困ったように

(2)　屈託なく
ア　くよくよせず　イ　機嫌よく　ウ　ためらいなく　エ　恥じらいもなく　オ　ぼんやりと

(3)　大船に乗ったつもりでいろ
ア　みんな私の言うことに従え　イ　みんなで協力して乗り越えろ
ウ　私に任せて全力で応援しろ　エ　それぞれがやりたいようにやれ
オ　私を信頼して安心していろ

問三　――線①「そこに嵌まった瞳はビー玉みたいにキラキラしていた」とありますが、知咲はなぜ唯奈がこのような瞳をしているのだととらえていますか。「〜から」に続く形で本文中から三十字以内でぬき出し、最初と最後の四字を答えなさい。ただし、句読点や符号も字数にふくみます。

問四　――線②「凪いだ水面のような双眸に、醜い表情をした私の顔が映っている」とありますが、ここから分かる知咲の様子として、最も適当なものを次の中から選び、記号で答えなさい。

ア　強気な有紗とは違って、短所を指摘されても、とっさに言い返すことのできない弱気な自分に、知咲が気付いたということ。

イ　冷静な有紗とは違って、隠していたはずの内面を言い当てられて、動揺している惨めな自分に、知咲が気付いたということ。

ウ　堂々としている有紗とは違って、過去の失敗をいつまでも引きずり、立ち直れないでいる情けない自分に、知咲が気付いたということ。

エ　真っ直ぐな有紗とは違って、部活動に真剣に取り組みもしないのに、有紗に嫉妬していたひねくれた自分に、知咲が気付いたということ。

オ　落ち着いている有紗とは違って、有紗と対等なふりをしていたことが見抜かれて、感情的になっている自分に、知咲が気付いたということ。

問五　――線③「有紗の喉がひゅっと鳴った」とありますが、このときの有紗の様子を説明したものとして、最も適当なものを次の中から選び、記号で答えなさい。

ア　部長である自分の方が立場も実力も上なので、知咲は言い返してこないだろうと思っていたのに、反撃されて驚いている。

イ　知咲に放送部をまとめてほしいという思いを上手く伝えられないまま言い合いになってしまい、いたたまれなくなっている。

ウ　後輩を熱心に指導するなど、努力を重ねてきた知咲を、頼りないと責めたてて傷つけてしまったことに気付き、後悔している。

エ　自分の発言によって追い詰められた知咲が発した言葉を聞いて、知咲から突き放されてしまったと感じ、衝撃を受けている。

オ　自分の都合でこじれてしまった知咲との関係が、もう一度と修復できないことを知咲の言葉から悟り、言葉を失い絶望している。

問六　――線④「その柔らかな心を感情のままに傷付けてやりたい」とありますが、知咲がこのように思ったのはなぜですか。最も適当なものを次の中から選び、記号で答えなさい。

ア　有紗との関係が壊（こわ）れた苦しみを分かるはずもないのに、唯奈が心配そうに声をかけてきたことに苛立ちを覚え、優しい唯奈を苦しませたいという荒々しい衝動に駆られたから。

イ　プライドを傷つけられ落ち込んでいるときに、有紗から才能を認められた唯奈が、同情するかのように慰めてきたことに対して、屈辱（くつじょく）感を抱（いだ）き、突発（とっぱつ）的に怒りを覚えたから。

ウ　唯奈は自分を慕ってくれる可愛い後輩だが、有紗と同じように、不甲斐（ふがい）ない自分にいずれ愛想（あいそ）をつかすのではないかと思い、そうなる前に距離を取ろうと思ったから。

エ　有紗に認められなかった悔（くや）しさから自暴自棄（じき）になっていたときに、後輩の唯奈に言葉で慰められる惨めな自分を受け入れられず、その優しさを拒絶（きょぜつ）したくなったから。

オ　自分が優しい人間を装っていたように、唯奈の純粋に見える優しさも偽（いつわ）りなのではないかと疑い、それを確認するためにあえて厳しいことを言って、本音を引き出そうとしたから。

問七　――線⑤「ほんと、最低だ」とありますが、知咲がこのように感じたのはなぜですか。七十字以内で説明しなさい。ただし、句読点や符号も字数にふくみます。

問八 ――線⑥「対等な視線を投げ掛けてくる」とありますが、この表現についての理解が最も適当な人を次の中から選び、符号で答えなさい。

Aさん これまで知咲は、唯奈に対して優しい先輩を演じていて、自分の思いを分かってもらおうとはしていなかったんだよね。でも、唯奈の働きかけによって、唯奈が知咲にとって自分を素直にさらけだせる存在になっていくことが、この表現からうかがえるね。

Bさん 唯奈の方が身長が低いから、いつも知咲を見上げるような視線になっていたはずだよね。逆に言うと、知咲は唯奈をいつも見下ろしていたんだよ。それが知らないうちに唯奈を見下す姿勢につながっていたことを、知咲はこのとき自覚したんじゃないかな。

Cさん 唯奈は、知咲のことをかわいそうに思ったんじゃないかな。知咲は本当は優しい先輩なんかじゃなくて、負けて逃げてばかりのあわれな存在だと気付いたけれど、対等なふりをすることで、これ以上知咲が傷付かないようにしてあげているんだよ。

Dさん 先輩と後輩で本来は対等ではないはずなのに、対等な視線を向けられるほど唯奈に自信がついてきたみたいだね。この表現は、知咲と唯奈が表面的に仲の良い先輩と後輩ではなく、すでに知咲と有紗のような対等な友人関係になっていることを示しているね。

Eさん 唯奈は、あこがれの先輩である知咲に八つ当たりされて傷ついたはずなのに、それでも知咲を追いかけてきてくれたんだよね。この表現は、精一杯(せいいっぱい)背伸びして知咲に追いつこうとする唯奈を、知咲が以前にも増して可愛い後輩だと感じていることを表しているね。

問九　━━線㋐〜㋔の表現について説明したものとして、最も適当なものを次の中から選び、記号で答えなさい。

ア　㋐〈置かれた芳香剤が周囲に甘ったるい香りを撒きちらしていた〉について、人工的な香りである「芳香剤」の「甘ったるい香り」は、唯奈の知咲に対する優しさが、作られたものであることを示している。

イ　㋑〈アンタに預ける〉について、知咲や有紗が感情的になっている場面で、相手への呼びかけが「アンタ」という荒っぽい口調になっているのは、お互いに相手には負けたくないという気持ちがあることを表している。

ウ　㋒〈━━アンタさ、本当は私に勝ちたいんでしょ〉について、この台詞にかぎかっこが付いていないのは、これが単に有紗の発言であるだけではなく、知咲自身の思いと重なって、知咲に強く印象づけられるものでもあるということを表している。

エ　㋓〈止まったままの時間を握りしめ〉について、コンテストでのミス以来「止まったまま」の知咲の放送部に対する情熱が、ストップウォッチを「握りしめ」ている有紗によって、再び取り戻されようとしていることを示している。

オ　㋔〈周囲から奇異の視線が突き刺さる〉について、これは、放送部員であるにも関わらずコンテストに出場しようとしない知咲の気持ちを、部員たちが理解してくれないことに、知咲が傷ついていることを表している。

〔二〕　次の文章を読んで、あとの問いに答えなさい。（本文は一部表記を変えたところがあります。）

そもそも哲学とはいったい何なのか、その深奥にせまりたいと思う。

といっても、〝テツガク〟と聞くと、多くの人は、実生活に大して役に立たない、何だかよく分からない難しそうなことを考えているもの、というイメージを持つんじゃないかと思う。

たしかに、「私ってなんだろう？」とか、「時間ってなんだろう？」「愛ってなんだろう？」「言葉ってなんだろう？」「生きる意味ってなんだろう？」とかいったいかにも哲学的な問いは、それだけ聞くとあんまり役に立つ感じはしない。

哲学者と呼ばれる人たちも、そうしたさまざまなことがらの「そもそも」を、どこまでも考えずにはいられない人間だ。だからまともに相手をしたら、①はっきりいって面倒くさくて仕方ない。

西洋哲学の父、ソクラテスは、古代ギリシアの＊アテナイで、道行く人びとに「ねえ君、君、恋とはいったい何だと思うかね？」などと問いかけて、多くの人をげんなりさせていた。

「それは胸のドキドキ」とか「食事もノドを通らなくなる気持ち」とかいおうものなら、ソクラテスは、「そんなものは恋の本質じゃない。単なる症状だ」みたいなことをいうものだから、人びとはついには、「はいはい、分かりましたよソクラテスさん。もういい加減にしてください」と、彼のもとを去っていくのだった。

そんなソクラテスに、ある時カリクレスという政治家がこんなことをいった。

「ねえソクラテス、正義とは何かとか、徳とは何かとか、いい年した大人がそんなことばかり考えているのは滑稽だよ。若い時に哲学に熱中するのはまあいいとしても、あなたもうおじさんなんだから、もっとａショセイ術とか、儲け術とか、そういう人生の役に立つことを考えたまえ」

ソクラテスの時代から、哲学は役に立たないとバカにする人はたくさんいたのだ。

でも、僕(ぼく)はあえていいたいと思う。哲学は、僕たちの人生に、ある独特の仕方でとても役に立ってくれるものなのだ、と。

たとえば、今あげた私、愛、恋、生きる意味……。これらの本質を知ることができたなら、それってちょっとすごいことじゃないだろうか?

ちょっとすごいだけじゃない。本質をとらえること、これは僕たちが物を考える時の、実は一番大事なことなのだ。

たとえば教育について考えてみよう。もしも僕たちが、その本質について十分な共通了解(りょうかい)を持っていなければ、教育論議は、それぞれがそれぞれの〝教育bカン〟をぶつけ合うだけの、ひどくcコンランしたものになるだろう。実際、ちまたの教育論議は、「叱(しか)るべきか、ほめるべきか」とか、「体罰(たいばつ)はありか、なしか」とかいった対立に満ちている。

その意味でも、哲学が「そもそも教育とは何か?」と問うことは、とても大事なことなのだ。

もちろん、哲学者じゃなくても「教育とは何か?」と考えることはある。でも、こうした「そもそも」を考えるための〝思考法〟を、二五〇〇年もの長きにわたってとことん磨(みが)き上げてきたものこそが、哲学なのだ。だから、僕たちがその思考法を身につけているといないとでは、思考の深さと強さにおいて圧倒的なへだたりがある。

そんなわけで、哲学とは何かという問いにひと言で答えるなら、それはさまざまな物事の②〝本質〟をとらえる営みだということができる。

そんなこと本当にできるの? そう思う人もいるかもしれない。特に現代は「相対主義」の時代。つまり、世界には絶対に正しいことなんてなく、人それぞれの見方があるだけだという考えが、広く行き渡(わた)っている時代だ。

たしかにもちろん、この世に絶対に正しいことなんてない。でもそれは、だからといって、僕たちが何につけても〝共通了解〟にたどり着けないことを意味するわけじゃない。

僕たちは、お互いに話をつづけていくうちに、「なるほど〜それってたしかに本質的だ」と納得し合えることがある。だから、恋っていったい何なのか、教育って何なのか、といったテーマについても、対話を通して、その〝本質〟を深く了解し合える可能性がある。

繰り返すけど、それは「[X]の真理」とは全然ちがう。あくまでも、できるだけだれもが納得できる本質的な考え方。そうした物事の〝本質〟を*洞察することこそが、哲学の最大の意義なのだ。

相対主義の現代、人びとは——哲学者たちでさえ——「絶対に正しいことなんて何もない」といって問題を済ませようとする傾向がある。「よい社会って何だろう?」「よい教育って何だろう?」みたいなむずかしい問いに直面すると、「ま、考え方は人それぞれだよね」で済ませようとする傾向がある。

でも、僕たちの人生にはそれでは済まない時がある。対立を解消したり、協力し合ったりするために、何らかの〝共通了解〟がどうしても必要になる時がある。

そんな時、哲学は、「ここまでならだれもが納得できるにちがいない」という地点まで考えを深めようとする。そしてすぐれた哲学者たちは、いつの時代も、もうこれ以上は考えられないというところまで思考を追いつめて、それを多くの人びとの納得へと投げかけてきたのだ。

たとえば、今僕たちが暮らしている民主主義社会。その<u>ゲンリュウ</u>(d)は、二百数十年も前の、ジャン＝ジャック・ルソーやG・W・F・ヘーゲルといった哲学者たちが見出した「よい社会」の〝本質〟にある。

それまでの時代、人びとはただひたすら戦争を繰り返してきた。戦争がとりあえず休止するのは、多くの場合、戦いに勝利した者がその地を支配した時だった。つまり人類は、一万年以上にわたって、激しい命の奪い合いか、そうでなければ権力者が支配する時代を生きてきたのだ。

この悲惨な戦争を、どうすればなくすことができるだろうか? これは哲学者たちが何千年も考えつづけた問いだった。

戦争はeテンサイのようなもの、だからなくすことなんてできない。そう考える思想家たちもいた。戦争は〝神の意志〟だと考える人たちもいた。

＊春秋時代末期の中国の思想家、孔子は、人びとが己の分を知り「礼」を重んじるならば、社会秩序は安定すると考えた。あるいは老子は、ただ宇宙の調和の原理である「道」に従えという、「＊無為自然」の思想を説いた。

でも、だれもが「礼」を重んじるとか、「無為自然」でいるとか、現実にはそう簡単なことじゃない。

一方、ヨーロッパでは、一七世紀にトマス・ホッブズという哲学者が現れて、戦争をなくしたければ、みんなの合意で最高権力者を作り出し、その人に統治してもらうほかないと訴えた。

ここで重要なのは、「みんなの合意で」という点だ。ホッブズは、ヨーロッパの＊絶対王政を理論的に支えた人、と非難まじりにいわれることもあるけど、それはちょっといいすぎだ。ホッブズはホッブズなりに、だれにとっても平和な「よい社会」の本質は何かと考えたのだ。

とはいえ、③ホッブズの思想にはやっぱり大きな問題があった。

たしかに、権力者が社会を統治すればひとまず戦争はなくなる。でも、そうすれば大多数の人民は、ただ支配されるだけの自由のない存在になる。

そこで現れたのがルソーだった。ホッブズは、人民は権力者に従えといった。でも、これをある意味ではひっくり返す必要がある。つまり、いったん作り上げられた権力もまた、人民の合意に従わせなければならない。強力な権力者が、ではなく、みんなの合意によって社会を作ろう。ルソーはそう訴えたのだ。そしてそれが、現代の民主主義社会の土台になった。

ヘーゲルは、ルソーの思想を受け継ぎ、この問題をさらに徹底して考えた。

なぜ人間だけが戦争をするのか？　ヘーゲルは、それは僕たち人間が「生きたいように生きたい」という欲望、つまり「自由」への欲望を持っているからだと考えた。だから人類は、互いに自分の「自由」を主張し合って、いつ果てるともしれない命の奪い合いをつづけてきたのだ。

一方が勝者になり、他方が奴隷になっても、そこで戦いが終わることはない。「自由」に生きたい人間は、「自由」を奪われることに我慢ができないからだ。だから、支配された者は、長期的に見れば必ず支配者に対して戦いを挑む。こうして人類は、一万年もの間戦争を繰り返しつづけてきたのだ。

富への欲望、権力への欲望、憎悪、プライド……戦争の理由はたくさんある。でもその一番底には、僕たち人間の「自由」への欲望がある。ヘーゲルはそう主張した。まさにヘーゲルは、人類がなぜ戦争をなくすことができずにきたのか、その〝本質〟を洞察したのだ。

哲学のすごさは、こうやって問題の〝本質〟を明らかにすることで、その問題を克服するための考え方を切り開く点にある。

ヘーゲルの出した答えはこうだ。僕たちが本当に「自由」になりたいのなら、それをただ主張して殺し合うのはやめにしなければならない。かといって、権力者に国を治めさせても、大多数の人の「自由」は満たされない。

じゃあどうすればいいのか？　考え方は一つしかない。お互いがお互いに、相手が対等に「自由」な存在であることを認め合うこと。そのようなルールによって、社会を作っていくこと。おそらくこれ以外に、僕たちが自由に平和に生きる道はない。

これを「自由の相互承認」の原理という。現代の民主主義の、一番底を支える原理だ。

④ルソーやヘーゲルの思想は、当時の人たちからすれば驚くべき考えだった。王がいて貴族がいて不平等があって、というのは、当時においては「当たり前」のことだったからだ。

でも、今では民主主義社会こそが僕たちの当たり前だ。

考えてみれば、それって本当にすごい話じゃないだろうか？　僕たち人類は、一万年もつづいた戦争や支配―被支配の歴史から多くを学び、ようやくわずか二〇〇年ちょっと前になって、ついにだれもができるだけ自由に生きられる社会のあり方をつかみ取ったのだ。

もちろん、日本でも世界でも、それはまだまだ成熟しているとはいいがたい。*テロリズムや格差の問題など、世界は今も大きな問題にあふれている。

でも、僕たちが自由に、そして平和に生きるためには、一国内においても世界的にも、まずは⑤民主主義をもっと成熟させるほかにない。多くの人は、きっとそう考えているはずだ。それはまさに、ルソーやヘーゲルをはじめとした哲学者たちが、リレーのように考え合い育んできた「よい社会」の本質なのだ。

よく、哲学は答えのない問題をただぐるぐる考えているだけだといわれることがある。でもそれはまったくの誤りだ。すぐれた哲学者たちは、前の時代の哲学者たちの思考を受け継ぎ、そしてそれを確実に推(お)し進め深めてきたのだ。

答えのない問題を考えることこそが哲学だ、ともよくいわれる。でもそれもやっぱり誤りだ。少なくとも、それは哲学の半分しかいい当てていない。

残り半分の、もっと大事な哲学の本質がある。

それは、その問題をとことん考え、そしてちゃんと〝答え抜(ぬ)く〟ことだ。

何度もいうように、それは決して絶対の正解なんかじゃない。でも、それでもなお、哲学は、できるだけだれもが納得できるような〝共通了解〟を見出そうと探究をつづけてきたのだ。

（苫野(とまの)一徳(いっとく)『はじめての哲学的思考』ちくまプリマー新書より）

＊　アテナイ……古代ギリシアの都市名。

＊　洞察……物事をよく見て、奥底にあるものを見抜くこと。

＊　春秋時代……中国で、紀元前七七〇年から約三百六十年にわたってつづいた時代。

＊　無為自然……自然のままで人の手が加わっていないこと。

＊　絶対王政……国王の権力が非常に強い国家のあり方。

＊　テロリズム……政治目的のために暴力的な手段を用いる考え方やその行為。テロ。

問一　――線a～eのカタカナを、それぞれ漢字に直して答えなさい。

問二　――線①「はっきりいって面倒くさくて仕方ない」とはどういうことですか。最も適当なものを次の中から選び、記号で答えなさい。

ア　哲学者は、生きる上で重宝するようなことを教えてくれないので、役に立たないということ。
イ　哲学者は、人々の気分を害するような難しいことばかりいうから、相手にしたくないということ。
ウ　哲学者は、物事の始まりと終わりをつきつめようとするので、相手にすると煩わしいということ。
エ　哲学者は、人生には無用な、よく分からないことを教えようとしてくるから、不愉快だということ。
オ　哲学者は、生活に役立つとはいえない、答えのない問題を問いつづけてくるので、厄介だということ。

問三　――線②「〝本質〟をとらえる営み」とありますが、どういうことですか。六十字以内で説明しなさい。ただし、句読点や符号も字数にふくみます。

問四 X に入る語句として、最も適当なものを本文中から探し、ぬき出して答えなさい。

問五 ――線③「ホッブズの思想にはやっぱり大きな問題があった」とありますが、どういう問題ですか。それを説明したものとして最も適当なものを次の中から選び、記号で答えなさい。

ア ただ支配されるだけで自由のない大多数の人民が、自ら望んでヨーロッパの絶対王政を支える存在になるという問題。

イ 支配され、自由を失った人民は、いずれ自由を求めて支配者に戦いを挑むため、結局戦争は繰り返されるという問題。

ウ みんなの合意で最高権力者を作り出すという考えは、全体の意見が一致するわけがないので、現実的ではないという問題。

エ 権力者の統治によって戦争が終わったとしても、支配される側となる大多数の人民は、貧しい生活を送ることになるという問題。

オ 人間は権力への欲望を持っているので、権力者の支配によって一時的に戦争が終わっても、人民はまたすぐに戦争を起こそうとするという問題。

問六　――線④「ルソーやヘーゲルの思想は、当時の人たちからすれば驚くべき考えだった」とありますが、なぜですか。百字以内で説明しなさい。ただし、句読点や符号も字数にふくみます。

問七　――線⑤「民主主義をもっと成熟させる」とありますが、「民主主義」を「成熟させる」とはどういうことですか。最も適当なものを次の中から選び、記号で答えなさい。

ア　民主主義の考え方をもとに、みんなが平等に暮らせる社会を支える原理とは何か、前の時代の哲学者たちの考えを発展させながら、世の中に伝えつづけること。

イ　哲学者から権力者、そして全人類へと引き継がれる中で深められてきた、平和な世界の根底にある理念を大切にしながら、自由に考え、発言できる社会を守っていくこと。

ウ　世界にあふれる数々の大きな問題の根底にある原因とその解決方法を、人類共通の問題として世代をこえて考えつづけ、少しずつ克服して理想の世界の実現を目指すこと。

エ　人類の一万年にわたる歴史の中で、戦争と支配の時代から権力による統治の時代を経て、ようやくたどり着いた民主主義を、対話を繰り返すことによって進化させていくこと。

オ　個人の権利が侵(おか)されないことを認め合いながら、平和に生きるために必要となる根本的な課題について、先人の思想を受け継ぎつつ発展させながら、だれもが納得できるまで追究しつづけること。

問八　ある小学校での休けい時間のことです。六年生がボール遊びをしていたときに、思わぬ方向に飛んでいったボールが当たって、けがをした一年生がいました。次の会話は、校庭で安全にボール遊びをするために、児童会でルールを作ろうとしているときのものです。本文の「民主主義」の考え方に最も近い決め方を提案している人を、次の中から選び、符号で答えなさい。

Aさん　この前、みんなで選挙をして児童会長を選んだよね。みんなの代表である児童会長に、どんなルールが良いか決めてもらおうよ。

Bさん　それよりも、一人一つずつルールの案を出してみようよ。全員が案を出した後で、どのルールにするか多数決で決定したら良いんじゃないかな。

Cさん　一年生もボール遊びを楽しみにしているはずだよ。力の弱い一年生の方がけがをしやすいから、一年生の意見をもとにルールを決めようよ。下級生のために上級生が我慢するのは仕方がないよね。

Dさん　そうかなあ。安全なボール遊びの方法はないか、まずはみんなで考えてみようよ。全員が満足できるルールにはならないかもしれないけれど、意見を出し合いながら、より納得できる方法を探そう。

Eさん　それは時間がかかるなあ。みんなが公平に校庭を使うことができるように、校庭の使い方を先生に見てもらおうよ。先生が危険だと感じた使い方は禁止にしてもらえば、誰も不満は言わないはずだよ。

２０２２年度

ノートルダム清心中学校　入学試験問題

算　数　その①

【１５分】

受験上の注意

（試験問題・解答用紙について）

１．試験を始める合図があるまで，試験問題を見てはいけません。

２．問題用紙は表紙を除いて１枚あります。

３．枚数が足りない時は，手をあげて監督（かんとく）の先生に知らせてください。

４．解答は解答らんに記入してください。

５．問題用紙を切り取ることは，しないでください。

（試験について）

６．「始めてください」の指示で鉛筆（えんぴつ）をとり，「やめてください」の指示があったらすぐに鉛筆を置いてください。

７．試験が始まったら，最初に受験番号と名前を書いてください。

８．印刷のわからないところなどがあったら，手をあげて監督の先生に知らせてください。

９．解答用紙を集めるまで席を立たないでください。

（その他）

１０．この表紙の裏を，「その①」の計算のために使ってもかまいません。
この表紙は監督の先生の指示にしたがって持って帰ってください。

※印のところには，何も記入しないでください。

1 次の計算をしなさい。

（1）$\left(1.52-0.76\div3.8\right)\div1.1\times0.74$

[答]

（2）$\frac{34}{35}-0.4\div\left(2\frac{4}{5}-2\frac{1}{3}\right)\div1.5$

[答]

2 1.5Lの３割４分は何dLですか。

[答] dL

3 $\frac{\square}{4}$は，$\frac{29}{7}$より大きく$\frac{30}{7}$より小さい数です。□にあてはまる整数を求めなさい。

[答]

4 一定の速さで走る長さ120ｍの列車が，ふみきりに立っている人の前を８秒で通過しました。このときの列車の速さは時速何kmですか。

[答] 時速 km

5 おじいさんとお父さんの年れいの比が，１年前は５：３でした。また，現在から６年後には11：７になります。現在，お父さんは何才ですか。

[答] 才

受験番号		名　前	

6　みかんが12個入る箱と８個入る箱が合わせて26箱あります。270個のみかんをこれらの箱に入れていくと，みかんが２個余りました。８個入る箱は何箱ありますか。

7　ある商品に，仕入れ値の30％の利益を見こんで定価をつけましたが，売れなかったので，定価の２割引きで売ると，利益が60円でした。この商品の仕入れ値はいくらですか。ただし，消費税は考えないものとします。

8　図のような，台形ＡＢＣＤがあります。三角形ＡＢＥと四角形ＡＥＣＤの面積が等しいとき，図の**ア**の長さは何cmですか。

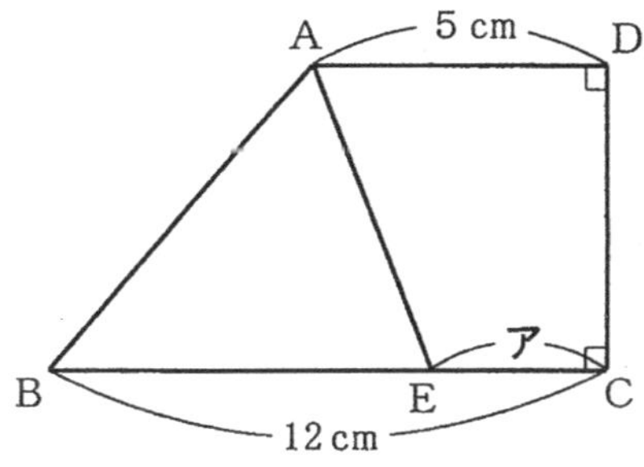

9　横が縦（たて）より３cm長い長方形の紙があります。図のように，紙の４すみから，１辺が４cmの正方形を切り取り，直方体の容器を作ると，底面の周の長さが72cmでした。この容器の容積は何cm³ですか。

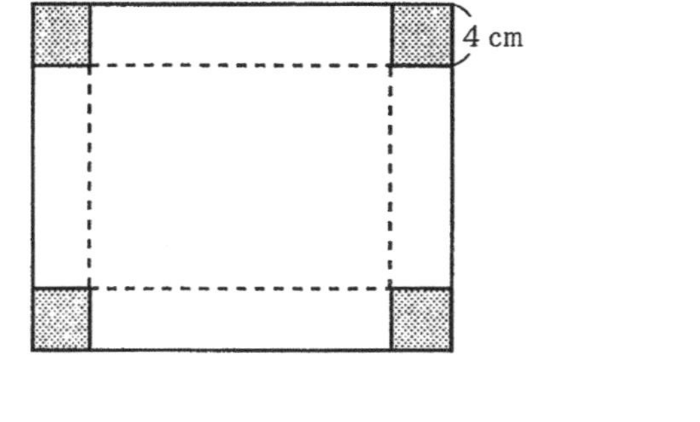

①＋②
※100点満点
（配点非公表）

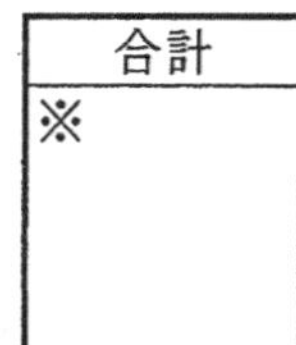

[答]
cm³

２０２２年度

ノートルダム清心中学校　入学試験問題

算　数　その②

【３５分】

受験上の注意

（試験問題・解答用紙について）

１．試験問題は，１ページから３ページまで３問あります。

２．解答用紙は，問題用紙とは別に１枚あります。

３．解答は解答用紙に記入してください。

４．問題用紙を切り取ることは，しないでください。

５．この表紙と問題用紙は，監督の先生の指示にしたがって持って帰ってください。

1　清子さんとヒロくんは，たくさんの玉を４つの箱Ａ，Ｂ，Ｃ，Ｄに入れようと話し合っています。下の問いに答えなさい。

ヒロ「たくさんの玉の中から，203個の玉を，箱Ａと箱Ｂに，玉の個数の比が３：４になるように入れてみよう。」

清子「箱Ａには［ア］個，箱Ｂには［イ］個の玉が入ったね。」

ヒロ「残りの玉を，箱Ｃと箱Ｄに，玉の個数の比が３：２となるように入れてみよう。」

清子「ヒロくんの言うように，箱Ｃと箱Ｄに玉を入れてみたけど，思っていたより，箱Ｄの玉の個数が箱Ｃの玉の個数に比べて少ないね。箱Ｃの玉のいくつかを箱Ｄに移してみましょう。」

ヒロ「箱Ｃの玉の個数の２割を箱Ｄに移してみよう。」

清子「箱Ｄの玉の個数は117個になったね。ということは，移した後の箱Ｃには［ウ］個玉が入っているわね。」

ヒロ「あっ，先生から箱Ｃと箱Ｄの玉の個数の比が８：７になるように入れてくださいと言われていたのを忘れていた。どうしよう，清子さん。」

清子「箱［①］から箱［②］へ［エ］個移すと，箱Ｃと箱Ｄの玉の個数の比が８：７になるね。」

（1）［ア］，［イ］にあてはまる数をそれぞれ求めなさい。

（2）［ウ］にあてはまる数を求めなさい。

（3）［①］，［②］について，ＣとＤのどちらがあてはまるかそれぞれ答えなさい。
また，［エ］にあてはまる数を求めなさい。

2 愛子さんとヒロくんは，池の周りの１周4000ｍの歩道を次のように歩きました。

愛子さんはＡ地点から一定の速さで歩き始めました。しばらくして，ヒロくんはＡ地点から愛子さんと反対方向に一定の速さで歩き始めました。

下のグラフは，愛子さんが歩き始めてからの時間と，愛子さんのいる地点からヒロくんのいる地点までの道のりのうち，短い方との関係を表したものです。下の問いに答えなさい。

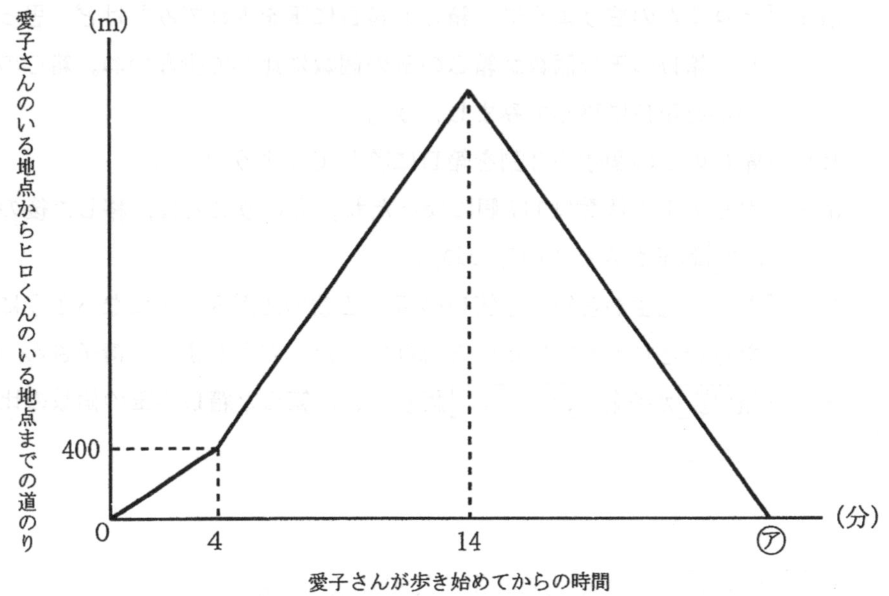

（１）愛子さんの歩く速さを求めなさい。

（２）ヒロくんの歩く速さを求めなさい。

（３）グラフの㋐の値を求めなさい。

（４）ヒロくんは，途中（とちゅう）のＢ地点から（２）の２倍の速さで走ると，グラフの㋐の時間より２分早く愛子さんと出会うことができます。ヒロくんがＢ地点を通過したのは，愛子さんが歩き始めてから何分何秒後ですか。

3　半径２cmの円柱の形をしたパイプがたくさんあります。となり合うパイプをすべてぴったりとくっつくようにしてまとめ，その後，１本のひもでたるまないようにしばります。ひもの太さや結び目は考えないものとして，次の問いに答えなさい。ただし，円周率は3.14とします。

図１

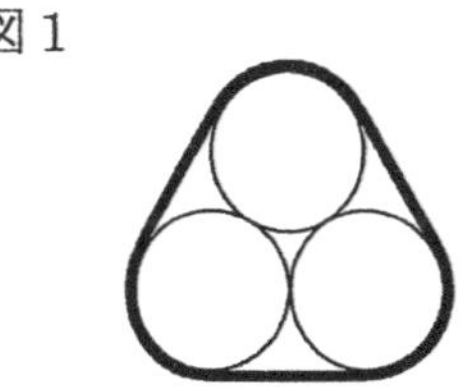

（１）図１は，パイプ３本をまとめ，ひもでしばったときの断面を表しています。このときのひもの長さ（太線部分の長さ）を求めなさい。

図２

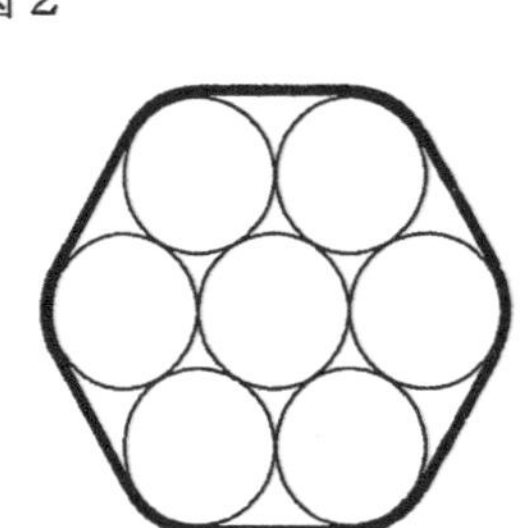

（２）図２は，パイプ７本をまとめ，ひもでしばったときの断面を表しています。このときのひもの長さを求めなさい。

（３）図３のように，１本のパイプの周りにパイプを１周，２周，……とまとめていきます。５周までまとめ，ひもでしばったとき，パイプは全部で何本ありますか。また，このときのひもの長さを求めなさい。

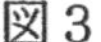

図３

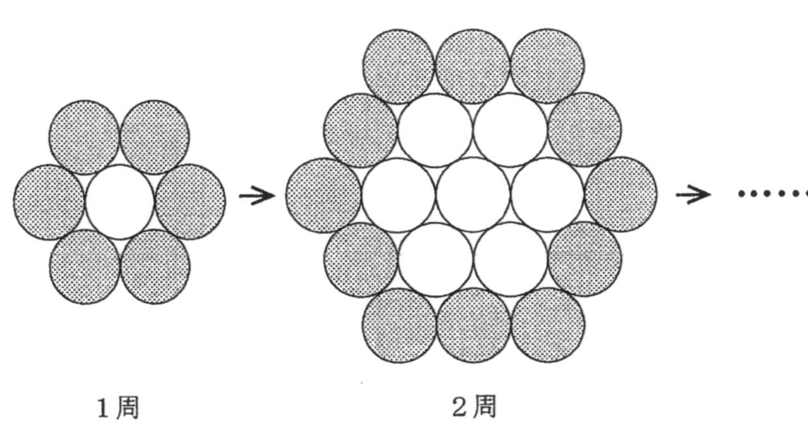

2022(R4) ノートルダム清心中
K 教英出版

２０２２年度

ノートルダム清心中学校　入学試験問題

理　科

【３０分】

受験上の注意

（試験問題・解答用紙について）

１．試験を始める合図があるまで，試験問題を見てはいけません。

２．試験問題は１ページから 16 ページまであります。

３．解答用紙は１枚，試験問題にはさんであります。

４．解答は解答用紙に記入してください。

（試験について）

５．「始めてください」の指示で鉛筆(えんぴつ)をとり，「やめてください」の指示があったらすぐに鉛筆を置いてください。

６．試験が始まったら，最初に受験番号と名前を書いてください。

７．印刷のわからないところやページのぬけているところがあったら，手をあげて監督(かんとく)の先生に知らせてください。

８．解答用紙を集めるまで席を立たないでください。

（その他）

９．試験問題は監督の先生の指示にしたがって持って帰ってください。

２０２２年度

ノートルダム清心中学校　入学試験問題

理科

（50分）

1　次のⅠとⅡの文を読み，それぞれ下の問いに答えなさい。

Ⅰ．清子さんの家の近所には崖（がけ）があり，地層が見られます。

問１　清子さんが，この地層を観察すると，岩石の層と火山灰の層でできていることがわかりました。次の(1)と(2)の問いに答えなさい。

(1) 清子さんは岩石を採取し，虫めがねで観察しました。このとき，岩石がはっきりと見える位置を探す方法として，最も適当なものを，下のア～エから選び，記号で答えなさい。なお，図１に清子さんと虫めがねと岩石の位置関係を示しています。

図１

ア．虫めがねを岩石に近づけ，顔を前後に動かす。
イ．虫めがねを目に近づけ，岩石を前後に動かす。
ウ．岩石の位置を固定して，虫めがねと顔を同時に前後に動かす。
エ．顔の位置を固定して，虫めがねと岩石を同時に前後に動かす。

(2) 清子さんは，火山灰を採取し水でよく洗い，双眼実体顕微鏡（そうがんじったいけんびきょう）で観察しました。その結果について述べた文として，最も適当なものを，次のア～エから選び，記号で答えなさい。

ア．角ばっている粒（つぶ）が多く，透明（とうめい）なガラスのような粒も見られた。
イ．丸みを帯びた粒が多く，粒の大きさはそろっていた。
ウ．二枚貝やサンゴの化石が見られた。
エ．双眼実体顕微鏡では形がわからないほど細かい粒からなっていた。

問2　図2は，清子さんが暮らす街の地形図です。地形図には標高の等しい位置を結んだ等高線がかかれています。図3は，図2のA～Dの各地点における，地表から地下30ｍまでの地層の様子を模式的に示したものです。また，図2のX地点では，標高85ｍの地点から5ｍ上方まで崖になっており，地層が見られます。次の(1)と(2)の問いに答えなさい。なお，この地域の地層は水平にたい積しており，地層が曲がったり，ずれたりはしていないものとします。

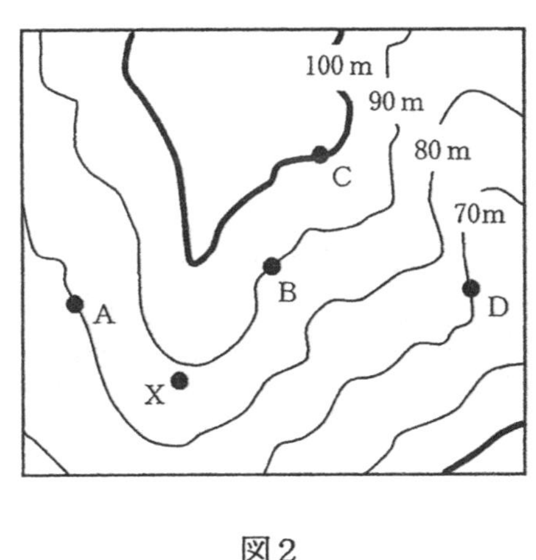

図2

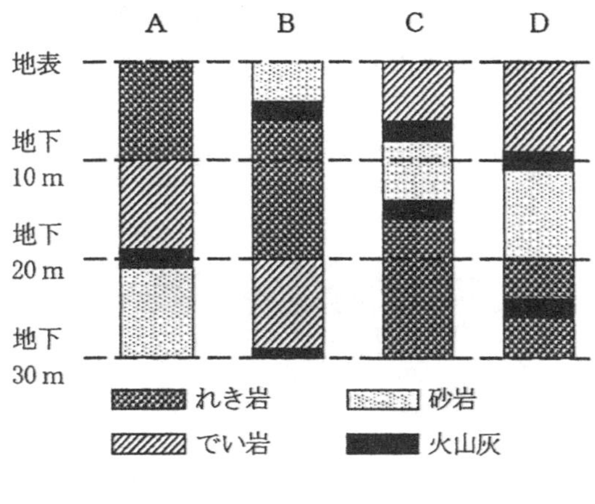

図3

(1)　X地点の地層に見られる岩石として，最も適当なものを，次のア～キから選び，記号で答えなさい。

ア．れき岩　　イ．砂岩　　ウ．でい岩
エ．れき岩と砂岩　　オ．砂岩とでい岩　　カ．でい岩とれき岩
キ．れき岩と砂岩とでい岩

(2)　清子さんが暮らす街の近くには火山があり，これまでに何回か噴火（ふんか）しています。図3のA～Dの地層がたい積した期間では，何回噴火したことがわかりますか。なお，1回の噴火で火山灰の層が1層できるものとします。

Ⅱ．地球内部の熱などにより，地下の岩石がとけるとマグマができます。マグマが地表付近へ上昇（じょうしょう）し，マグマに含（ふく）まれている水などの物質が気体となり，勢いよく出ていくことで噴火が起こります。

火山が噴火すると，マグマが地上に出て（　①　）となって流れ出たり，火山灰が降ったりして，地形が変化することがあります。また，火山ガスとよばれる水蒸気を主成分とする気体が噴（ふ）き出すこともあります。

図４は富士山（ふじさん）の，図５は雲仙普賢岳（うんぜんふげんだけ）の写真です。富士山は円すい形，雲仙普賢岳はドーム状の火山です。

図４

図５

問３　文中の（　①　）にあてはまることばを答えなさい。

問４　次の文は，富士山と雲仙普賢岳について述べたものです。文中の（　a　）と（　b　）にあてはまるものとして，最も適当なものを，それぞれ下のア～クから選び，記号で答えなさい。なお，（　①　）には問３で答えたことばと同じものが入ります。

> 図４と図５のように，富士山と雲仙普賢岳の形が異なるのは，雲仙普賢岳から流れ出た（　①　）が富士山に比べて（　a　）していたからである。
>
> 雲仙普賢岳では，今から30年前ごろ，数年にわたり噴火が起こった。このときには（　①　）でできたドームが粉々にくだけて火山ガスとともに山の斜面（しゃめん）を一気にかけ下りる「火砕流（かさいりゅう）」が何度も発生した。火砕流は山頂から5.6㎞先のふもとまで到達（とうたつ）しており，ふもとまでの火砕流の平均の速さが時速100㎞であるとすると，火砕流は山頂からふもとまでおよそ（　b　）で到達したと考えられる。

（　a　）にあてはまるもの

ア．ねばねば　　イ．さらさら

（　b　）にあてはまるもの

ウ．４秒　　エ．40秒　　オ．２分　　カ．４分　　キ．10分　　ク．20分

問５　鹿児島県の桜島付近には海底火山があります。この火山は，今から約7300年前に噴火し，100 km^{3}もの体積の火山灰を噴き出したと考えられています。

ある地点では，この火山灰が10 cmの厚みで降り積もっていました。火山灰が降った地域の火山灰の厚みはどこでも10 cmであり，円形に降り積もったと仮定したとき，火山灰が降り積もった範囲（はんい）として，最も適当なものを，次のア～エから選び，記号で答えなさい。なお，円周率は3.14とします。

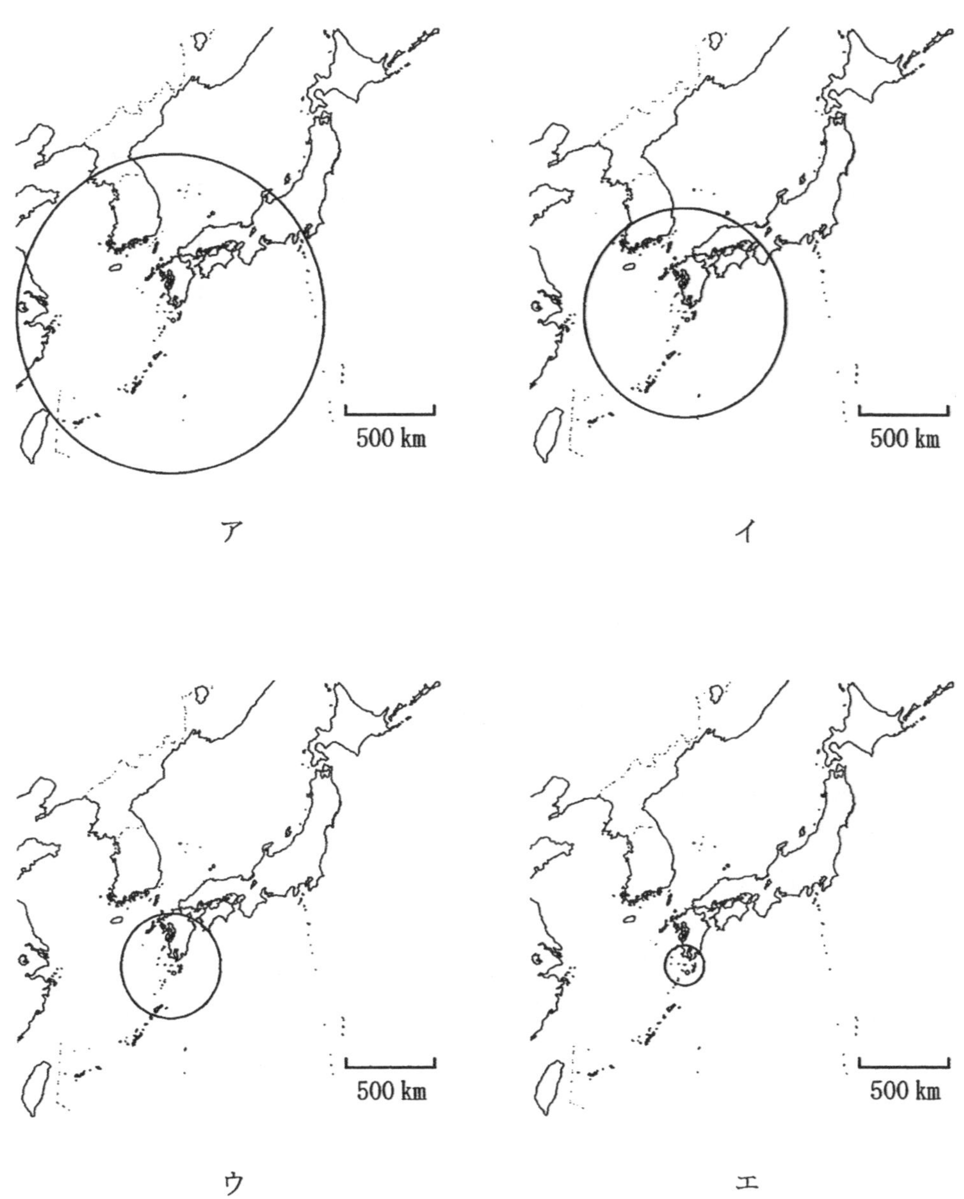

2　次のⅠとⅡの文を読み，それぞれ下の問いに答えなさい。

Ⅰ．湿気（空気中の水蒸気）を吸い取るために使われるものとして，除湿剤（図１）があります。除湿剤は，湿気のたまりやすい押入れの中などでよく使われています。除湿剤の中には，塩化カルシウムという物質が入っています。塩化カルシウムは湿気を吸収し，Ⓐ水溶液になる性質があります。この水溶液は，除湿剤の底にたまっていきます。図２は，除湿剤を横から見たときの模式図です。

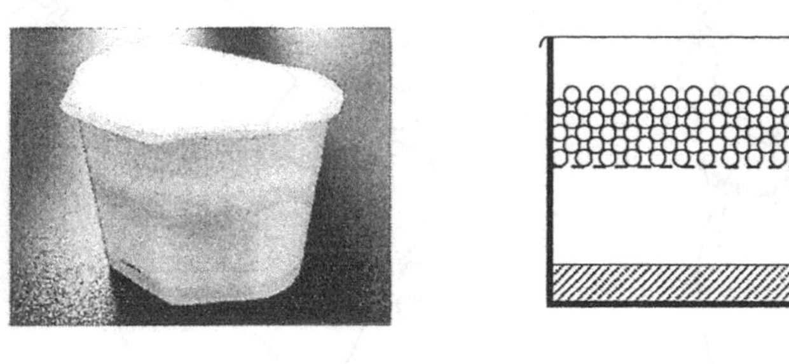

図１

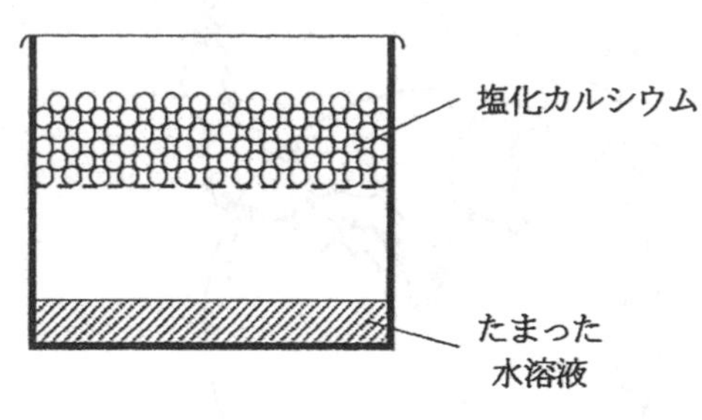

図２

問１　下線部Ⓐに関連して，次の(1)と(2)の問いに答えなさい。

(1) 次のア～オの水溶液のうち，ＢＴＢ溶液を加えると青色に変わるものはどれですか。適当なものをすべて選び，記号で答えなさい。

ア．塩酸　　イ．食塩水　　ウ．石灰水
エ．アンモニア水　　オ．重そう水

(2) 水溶液について述べた次のア～エの文のうち，正しいものはどれですか。すべて選び，記号で答えなさい。

ア．水溶液には透明でないものがある。
イ．水溶液には色がついているものがある。
ウ．水溶液から水を蒸発させると，溶けていたものが粒として残らないものがある。
エ．水溶液をろ過すると，溶けているものと水を分けることができる。

問２　使用後の除湿剤の底にたまった水溶液の重さをはかると500ｇでした。除湿剤には，200ｇの塩化カルシウムが入っており，これがすべて溶けていました。たまった水溶液の塩化カルシウムの濃さを，水溶液全体の重さ〔ｇ〕に対する，溶けている塩化カルシウムの重さ〔ｇ〕の割合〔%〕で答えなさい。

Ⅱ．水溶液が凍り始める温度は，何も溶かしていない水が凍り始める温度よりも低くなります。清子さんは，水に溶かした物質の重さと，水溶液が凍り始める温度の関係を調べるために，次の実験を行いました。

【実験】100gの水を入れた容器を4つ用意し，塩化カルシウム1g，2g，3g，4gをそれぞれ入れてよく混ぜ，溶かしました。その後，これらの水溶液を混ぜながら冷やし，水溶液が凍り始めた温度をデジタル式のⒷ温度計ではかりました。

食塩と砂とうについても同様の実験を行いました。このときの結果をまとめたものが表1です。

表1　水溶液が凍り始めた温度〔℃〕

溶かした物質の重さ〔g〕	1	2	3	4
塩化カルシウム	−0.50	−1.00	−1.50	−2.00
食塩	−0.63	−1.26	−1.89	−2.52
砂とう	−0.05	−0.10	−0.15	−0.20

問3　下線部Ⓑに関連して，次の図のような温度計を読み取るときの目線の位置として正しいものを，図のア〜ウから選び，記号で答えなさい。また，図の温度計が表す温度は何℃ですか。ただし，図の温度計は−20〜105℃の範囲をはかることができ，図中の色のついた部分は温度計の中の液体を表しています。

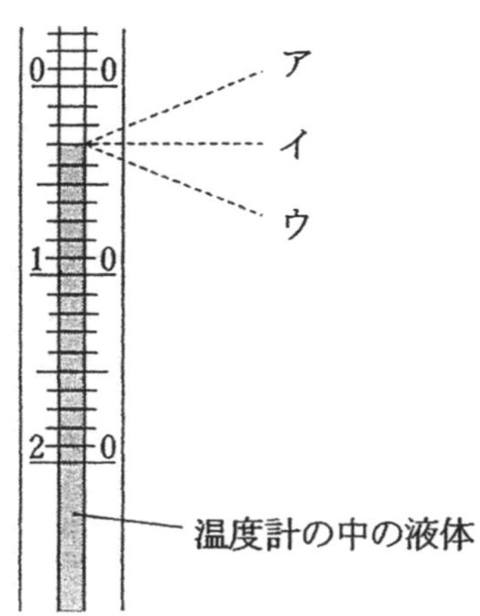

問4　清子さんは，−5℃でも凍り始めない水溶液をつくろうと思いました。水100gに，できるだけ少ない量（重さ）の物質を溶かして，この水溶液をつくるには，塩化カルシウム，食塩，砂とうのうち，どの物質を溶かせばよいですか。また，そのときの物質の量（重さ）は何gですか。小数第1位を切り上げて，整数で答えなさい。

水に溶ける物質の量には限りがあります。水に物質を溶かしていき，物質がそれ以上溶けることのできなくなった水溶液を，その物質の飽和(ほうわ)水溶液といいます。次の資料（表２）は，０℃において塩化カルシウム，食塩，砂とうのそれぞれの飽和水溶液100ｇあたりに溶けている物質の重さ〔ｇ〕を表したものです。

表２　０℃の飽和水溶液100ｇあたりに溶けている物質の重さ〔ｇ〕

塩化カルシウム	食塩	砂とう
37	26	64

問５　次の文は，表１と表２から考えられることについて述べたものです。文中の（　Ａ　）と（　Ｂ　）にあてはまる物質の組み合わせと，（　①　）にあてはまる数値として最も適当なものを，それぞれ下のア～セから選び，記号で答えなさい。ただし，水に溶けている物質の重さが増えても表１の関係が成り立ち，水の温度が０℃より下がっても表２の関係は変わらないものとします。

> 100ｇの水がたまった３か所の水たまりに，塩化カルシウム50ｇ，食塩50ｇ，砂とう50ｇをそれぞれまいてよく混ぜると，（　Ａ　）をまいた水たまりだけ物質が溶け残る。溶け残った（　Ａ　）は（　①　）ｇである。３か所の水たまりのうち，凍り始める温度が最も低くなるのは（　Ｂ　）をまいた水たまりである。（　Ｂ　）を十分にまくと，かなり低い温度でも水溶液が凍りにくくなるので（　Ｂ　）は冬に非常に気温が下がる地域で，道路の凍結防止剤(とうけつぼうしざい)としてよく利用されている。

（　Ａ　）・（　Ｂ　）に入る物質の組み合わせ

ア．Ａ：塩化カルシウム　　Ｂ：塩化カルシウム
イ．Ａ：塩化カルシウム　　Ｂ：食塩
ウ．Ａ：塩化カルシウム　　Ｂ：砂とう
エ．Ａ：食塩　　Ｂ：塩化カルシウム
オ．Ａ：食塩　　Ｂ：食塩
カ．Ａ：食塩　　Ｂ：砂とう
キ．Ａ：砂とう　　Ｂ：塩化カルシウム
ク．Ａ：砂とう　　Ｂ：食塩
ケ．Ａ：砂とう　　Ｂ：砂とう

（　①　）にあてはまる数値

コ．9　　サ．13　　シ．15　　ス．24　　セ．32

3 次の文を読み，あとの問いに答えなさい。

清子さんは，ふりこの性質を確かめるために，次の実験１と実験２を行いました。

【実験１】清子さんは，おもりＡ（５ｇ）とおもりＢ（10ｇ），10㎝のひもと40㎝のひもをそれぞれ組み合わせて，４種類のふりこをつくりました。また，木でできた板の中心に棒を立て，ふりこを固定する装置をつくりました（図１）。板の上に５ｇの木材を置き，ふりこのおもりが最も下の位置（最下点）にきたとき，ちょうどおもりが木材に衝突（しょうとつ）するように，ふりこを固定する位置を調整しました（図２）。

つくったふりこを用いて，手をはなす高さを変えながら，おもりが木材に衝突したときに木材が移動した距離（きょり）を調べました（図３）。また，手をはなしておもりが最下点にくるまでの時間を調べました。それらの結果をまとめたものが表１です。

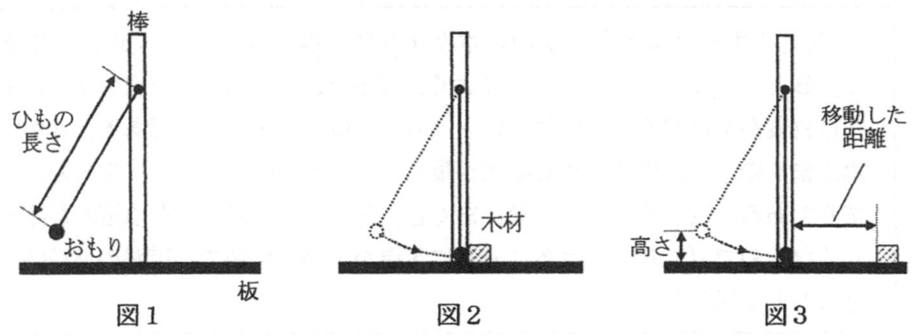

図１　図２　図３

表１

おもりの重さ〔ｇ〕	5	5	5	10	10	10	10
ひもの長さ〔㎝〕	10	40	40	10	10	40	40
高さ〔㎝〕	1	1	4	1	4	9	16
最下点にくるまでの時間〔秒〕	0.05	0.1	0.1	0.05	0.05	0.1	0.1
移動した距離〔㎝〕	2	2	4	4	8	12	16

【実験２】図４のように，おもりＡとおもりＢを10㎝のひもでつなぎ，ひもの中心を棒に固定しました。この装置を用いて，手をはなす高さを変えながら，２つのおもりを衝突させました。

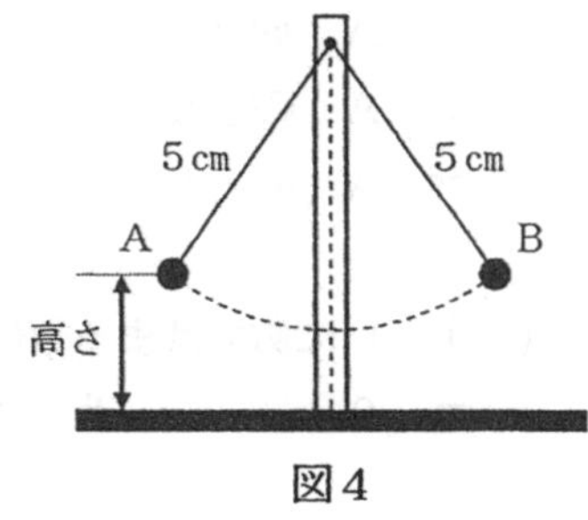

図４

問１　実験１について，次の(1)と(2)の問いに答えなさい。

(1) 次の文は，実験１の結果からわかることについて述べたものです。文中の（　①　）～（　③　）にあてはまることばとして，最も適当なものを，それぞれ下のア～ケから選び，記号で答えなさい。

木材をより遠くに移動させるためには，おもりの重さは（　①　），ひもの長さは（　②　）。また，手をはなす高さは（　③　）。

（　①　）にあてはまることば

ア．重たい方がよく　　イ．軽い方がよく　　ウ．関係なく

（　②　）にあてはまることば

エ．長い方がよい　　オ．短い方がよい　　カ．関係ない

（　③　）にあてはまることば

キ．高い方がよい　　ク．低い方がよい　　ケ．関係ない

(2) おもりＡと20㎝のひもでふりこをつくり，装置に固定しました。この装置を使って同様の実験を行い，木材を６㎝移動させるためには，何㎝の高さから手をはなせばよいですか。

問２　実験２の結果について述べた次のａ～ｃの文のうち，正しいものはどれですか。正しいものの組み合わせとして，最も適当なものを，下のア～キから選び，記号で答えなさい。

ａ　２つのおもりの手をはなす高さが同じであれば，おもりは図４の最下点よりも左側で衝突する。

ｂ　２つのおもりの手をはなす高さが同じであれば，より高い位置で手をはなした方が，おもりが衝突するまでの時間は長くなる。

ｃ　おもりＡの手をはなす高さを，おもりＢの手をはなす高さの２倍としたとき，おもりは最下点で衝突する。

ア．ａのみ　　イ．ｂのみ　　ウ．ｃのみ　　エ．ａとｂ

オ．ａとｃ　　カ．ｂとｃ　　キ．ａとｂとｃ

清子さんは，実験１と２について，姉のリカさんと話しています。

清子：実験の結果から，ふりこの性質がわかってきたね。

リカ：ふりこに関する法則を見つけたのはガリレオという人で，ピサの斜塔（しゃとう）から，ものを落とす実験をしたことでも知られる科学者なんだ。空気がないところで２つのものを同じ高さから同時に落とすと，重さや大きさに関係なく，どんなものでも地面につくまでの時間は同じになるんだって。

清子：そうなんだ。じゃあ，空気があるところではどうなるんだろう。例えばさっきの実験で使ったおもりＡと，おもりＡと同じ重さにした大きな綿を同じ高さから同時に落としたら，綿の方が遅（おそ）く地面につきそうだけど。

リカ：空気があるところで実際に実験してみると，綿の方が遅く地面につくよ。

清子：なんでそうなるんだろう。

リカ：絵を描（か）きながら説明するね（図５）。ものは落ちるとき，落ちる向きと反対向きに空気から押（お）されるんだ。その結果，落ちはじめはだんだん速くなりながら落ちるけど，時間が経（た）つと落ちる速さが変わらなくなってしまうんだ。ちなみに，空気から押される面が広いものほど，空気から押されやすくなり，すぐに速さが変わらなくなるよ。

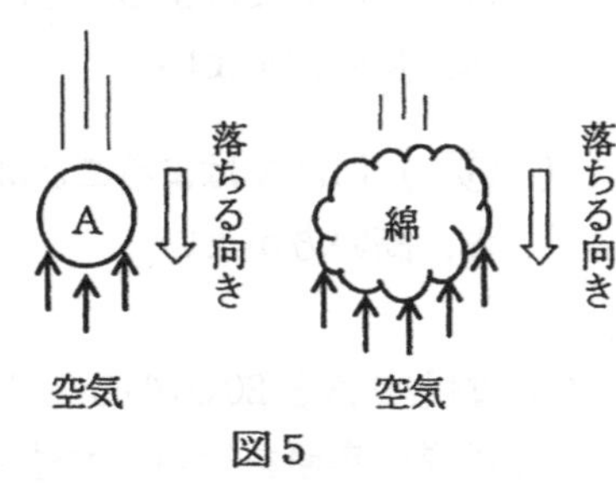

図５

清子：なるほど。だから，実際は綿の方が遅く地面につくんだね。じゃあ，同じ大きさで重さが違うものだったら，どうなるんだろう。

リカ：それについては，こんな資料があるよ。

資料

下の表は，おもり（20ｇ）と，おもりと同じ大きさの綿（１ｇと10ｇ）をある高さで静かに手をはなしたとき，その高さから何ｍ落ちたかを0.1秒ごとに記録したものです。ただし，おもりや綿はまっすぐ下に落ちるものとします。

時間〔秒〕	0.1	0.2	0.3	0.4	0.5	0.6	0.7	0.8
おもり〔ｍ〕	0.05	0.2	0.45	0.8	1.25	①	2.45	3.2
綿１ｇ〔ｍ〕	0.05	0.2	0.45	0.7	0.95	1.2	1.45	1.7
綿10ｇ〔ｍ〕	0.05	0.2	0.45	0.8	1.25	1.8	2.35	2.9

問3　2人の会話について，次の(1)～(3)の問いに答えなさい。

(1) 資料中の①にあてはまる数値を答えなさい。

(2) 1ｇの綿を5ｍの高さから静かに落としたとき，地面から1ｍの高さを通過するときの速さは，秒速何ｍですか。

(3) 20ｇのおもりと，このおもりと同じ大きさにした1ｇの綿を，同じ高さから同時に静かに手をはなして落としたとき，綿が地面につく時間を，おもりが地面につく時間にできるだけ近づけるためには，どうすればよいですか。次のａ～ｄの文のうち，正しいものの組み合わせとして，最も適当なものを，下のア～エから選び，記号で答えなさい。

ａ　綿の重さは変えずに小さく丸めたものを落とす。
ｂ　綿の重さは変えずに大きく広げたものを落とす。
ｃ　綿の大きさは変えずに軽くしたものを落とす。
ｄ　綿の大きさは変えずに重たくしたものを落とす。

ア．ａとｃ　　イ．ａとｄ　　ウ．ｂとｃ　　エ．ｂとｄ

問4　雨滴（うてき）（雨のしずく）は，非常に高いところから落ちてくるにもかかわらず体に当たっても痛くありません。次の文は，この理由を説明したものです。文中の（　　　）に15字以内のことばを入れて，文を完成させなさい。

雨滴は，落ちる前は図6のような形をしている。空気がなければ，雨滴はこの形のまま落ちていき，地上に近づいたときには落ちる速さが非常に速くなる。このため，この雨滴が当たると痛いと考えられる。

しかし，実際には空気があるので，雨滴が空気から押され，落ちる速さが速くなりにくい。さらに，空気中を雨滴が落ちるときは図7のように変形して落ちていく。これにより，図6の雨滴に比べて（　　　　　　　　　　）ため，落ちる速さがよりおさえられ，雨滴に当たっても痛くないと考えられる。

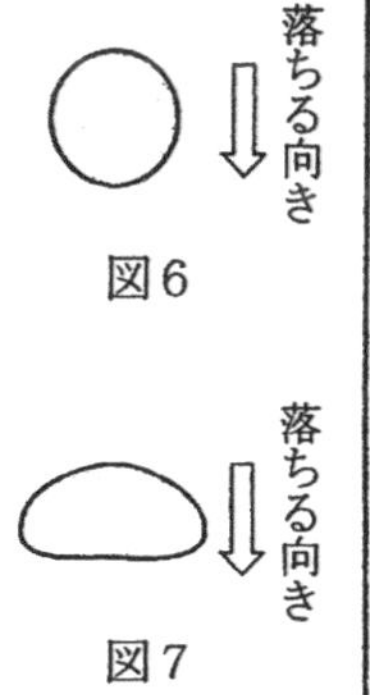

図6
図7

4 次の文を読み，あとの問いに答えなさい。

夏になると蚊の活動が活発になり，蚊にさされることが多くなります。しかし，蚊にさされてもあまり痛くないため，あとからかゆくなることで蚊にさされたことに気づきます。蚊にさされても痛く感じにくいのは，痛みを和らげる物質が，蚊のだ液に含まれていることが理由の１つと考えられています。また，蚊が飛んでいるときのブーンという音は，蚊が羽ばたくことで発生します。

問１　ヒトスジシマカという蚊は，次のａ，ｂ，ｃの特徴をもっています。ａ，ｂ，ｃそれぞれに対して，同じ特徴をもつ昆虫を，下のア〜ウからすべて選び，記号で答えなさい。ただし，同じ記号を何回選んでもよいものとし，あてはまる昆虫がない場合には「×」と答えなさい。

ａ　足が６本ある。
ｂ　成虫になる前に，さなぎになる。
ｃ　羽が２枚しかない。

ア．モンシロチョウ　　イ．アキアカネ（トンボの一種）　　ウ．エンマコオロギ

問２　清子さんは，蚊にさされたときの痛みを和らげる物質についての実験の結果と，その結論に関する資料を見つけました。この実験では，ネズミが痛みに対して特徴的な行動（痛み関連行動）をくり返し行うことを利用して，痛みを引き起こす物質（痛み物質）と蚊のだ液をネズミにぬったときの行動を観察しています。ただし，清子さんが見つけた資料は，一部が汚れていて，特に２か所（資料中のＡとＢ）に書いてあることが見えなくなっていました。この資料に関する次の(1)と(2)の問いに答えなさい。なお，蚊のだ液には，痛み物質は含まれておらず，ネズミは痛みを感じていないときは，痛み関連行動を行わないものとします。

資料

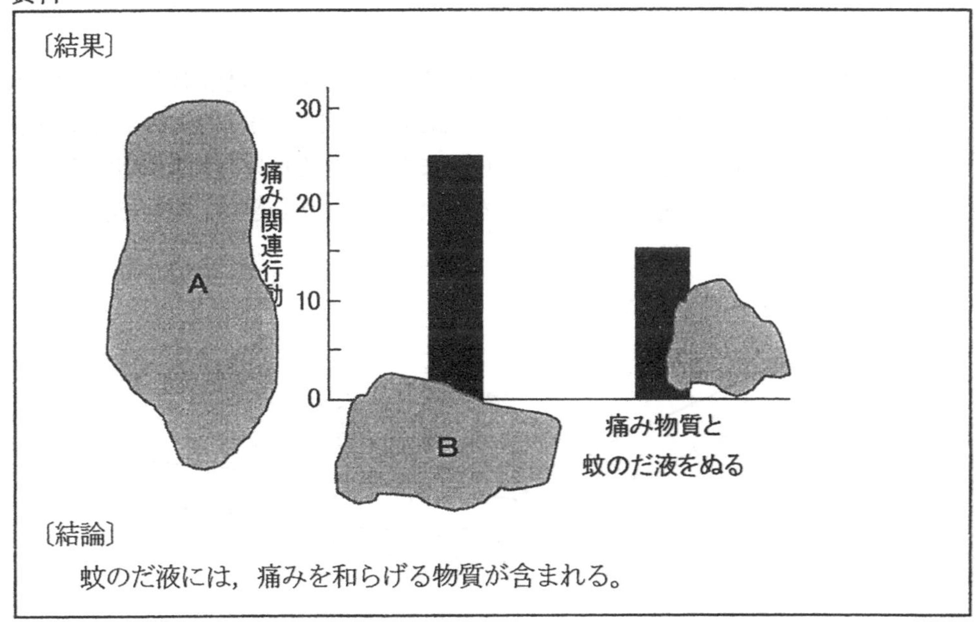

(1) 資料中の汚れた部分（AとB）には，それぞれどのようなことが書いてあったと考えられますか。その組み合わせとして最も適当なものを，次のア～カから選び，記号で答えなさい。

	A	B
ア	次の行動が起こるまでの時間〔秒〕	何もぬらない
イ	次の行動が起こるまでの時間〔秒〕	蚊のだ液をぬる
ウ	次の行動が起こるまでの時間〔秒〕	痛み物質をぬる
エ	5分間あたりの回数〔回〕	何もぬらない
オ	5分間あたりの回数〔回〕	蚊のだ液をぬる
カ	5分間あたりの回数〔回〕	痛み物質をぬる

(2) 清子さんは姉のリカさんから，『蚊のだ液に含まれる物質は熱に弱いため，1回でも加熱すると痛みを和らげるはたらきがなくなる』と教えてもらいました。清子さんは，このことを実験で確かめたいと考えました。

どのような実験をして，どのような結果が出た場合に，リカさんから教えてもらったことが正しいと確認（かくにん）できますか。「痛み関連行動を行っているネズミに」ということばに続けて説明しなさい。

問３　蚊の羽ばたきは筋肉の運動により行われています。人の体も，筋肉の運動により動かすことができます。次の(1)と(2)の問いに答えなさい。

(1) 次の図１は，人のうでの骨とそのつながり方，さらにひじを曲げるときに使う２種類の筋肉（筋肉ａと筋肉ｂ）の位置を模式的に示しています。ひじの部分にある骨と骨のつなぎ目の名前を漢字で答えなさい。また，ひじを曲げるときに縮む筋肉について説明した文として，最も適当なものを，次のア～エから選び，記号で答えなさい。

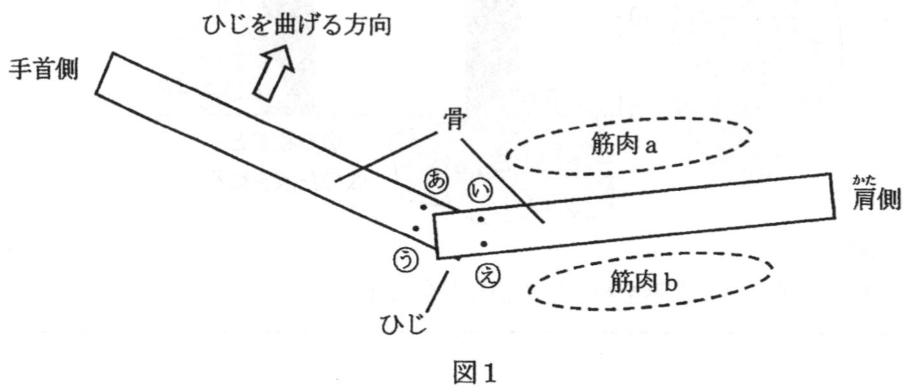

図１

ア．㋐の部分につながっている筋肉ａが縮む。
イ．㋑の部分につながっている筋肉ａが縮む。
ウ．㋒の部分につながっている筋肉ｂが縮む。
エ．㋓の部分につながっている筋肉ｂが縮む。

(2) 次の図2は，蚊の羽と，それにつながっている筋肉を模式的に示したものです。人のうでの曲げ伸ばしでは，２種類の筋肉のそれぞれに，「縮め」，「伸びろ」という命令が交互に送られていますが，蚊の羽ばたきでは，２種類の筋肉（筋肉ｃと筋肉ｄ）に同時に「縮め」という命令だけが送られており，それだけで羽を上下に動かし続けていることがわかっています。そしてこのしくみにより，蚊は１秒間に数百回も羽ばたくことができ，ブーンという音が発生します。このことを参考にすると，飛んでいる蚊の筋肉の縮む力には，どのような特徴があると考えられますか。最も適当なものを，下のア～エから選び，記号で答えなさい。ただし，筋肉ｃと筋肉ｄはどちらも同じ性質をもっているとします。

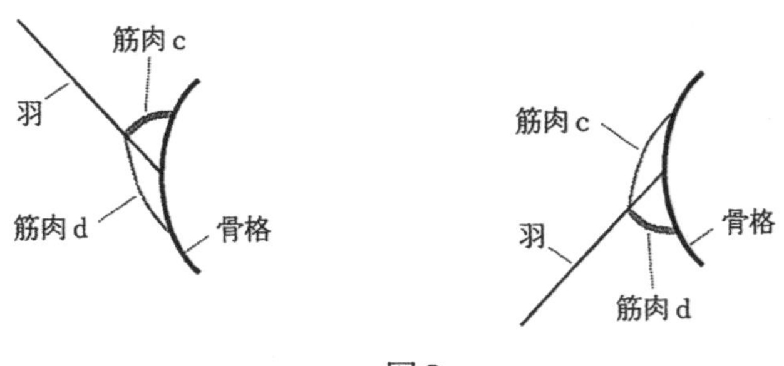

図２

ア．筋肉が伸びると大きくなり，縮むと小さくなる。
イ．筋肉が伸びると小さくなり，縮むと大きくなる。
ウ．筋肉が伸びても縮んでも大きくなる。
エ．筋肉が伸びても縮んでも小さくなる。

２０２２年度

ノートルダム清心中学校　入学試験問題

社　会

【３０分】

受験上の注意

（試験問題・解答用紙について）

１．試験を始める合図があるまで，試験問題を見てはいけません。

２．試験問題は１ページから 15 ページまであります。

３．解答用紙は１枚，試験問題にはさんであります。

４．解答は解答用紙に記入してください。

（試験について）

５．「始めてください」の指示で鉛筆(えんぴつ)をとり，「やめてください」の指示があったらすぐに鉛筆を置いてください。

６．試験が始まったら，最初に受験番号と名前を書いてください。

７．印刷のわからないところやページのぬけているところがあったら，手をあげて監督(かんとく)の先生に知らせてください。

８．解答用紙を集めるまで席を立たないでください。

（その他）

９．試験問題は監督の先生の指示にしたがって持って帰ってください。

1　次のA・Bの文を読んで，あとの問いに答えなさい。

A　播磨（はりま）平野を流れる揖保（いぼ）川流域の龍野（たつ）では，昔から①大豆，小麦，米を栽培（さいばい）し，近くでとれる塩を使ってしょう油がつくられてきました。江戸（え）時代，②龍野のしょう油は，舟（ふね）を使って大阪や京都へ運ばれていました。今でも，揖保川流域では③食料品の生産がさかんです。

　また，播磨平野は重化学工業に適した地域で，特に④姫路（ひめ）市は，⑤鉄鋼業が発達し，⑥阪神（はん）工業地帯の主要な工業都市の１つとなっています。

問１　下線部①に関連して，次の図は，日本の大豆，小麦，米の輸入量の変化を表したものです。**【資料】**を参考にしながら，大豆にあてはまるものを，図中の**ア**～**ウ**から１つ選び，記号で答えなさい。

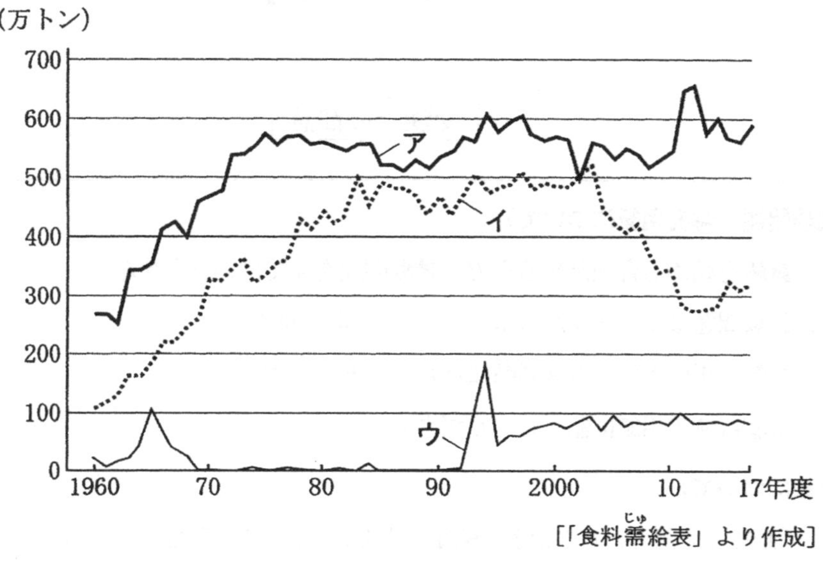

［「食料需給（じゅ）表」より作成］

【資料】

大豆は，家畜（ちく）のえさやバイオ燃料などの原料として，世界各地でさかんに使われるようになり，2000年代から価格が大きく上がりました。

問２　下線部②について，次のア～エを，龍野から京都まで舟を使ってしょう油を運ぶ順路となるように並べ，記号で答えなさい。

ア．宇治川　　イ．播磨灘（なだ）　　ウ．淀（よど）川　　エ．大阪湾（わん）

問３　下線部③に関連して，食料品は災害に備えて備蓄(ちく)をしておくことが重要です。近年すすめられている，次のような備蓄方法を何といいますか。

「日常的に，非常食となる食料品を買っておき，食べたら買い足すことをくり返し，常に家庭に新しい非常食を備蓄しておく。」

問４　下線部④に関連して，次のア～エは，姫路市，静岡市，那覇(なは)市，新潟市のいずれかの月別降水量と平均気温を表しています。姫路市にあてはまるグラフを１つ選び，記号で答えなさい。

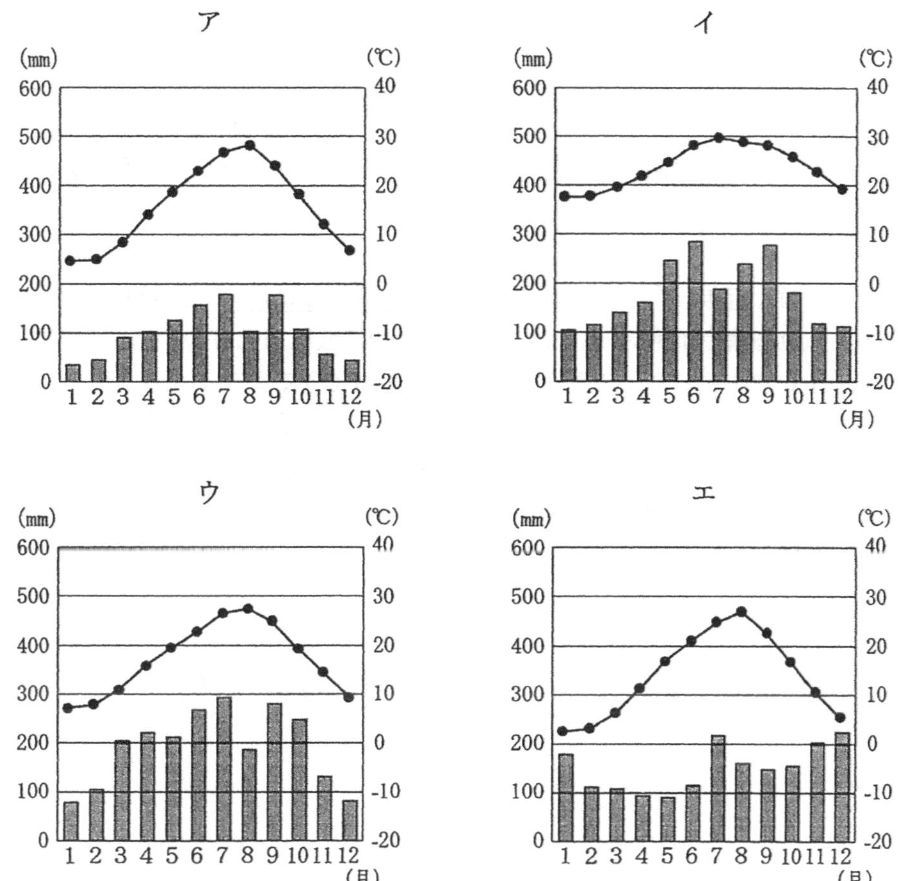

問５　下線部⑤について，鉄鋼業のことを述べた文として**適当でないもの**を，次のア～エから１つ選び，記号で答えなさい。

ア．高炉(ろ)は，鉄鉱石などを高温で熱して，とけた鉄をつくる設備である。

イ．転炉は，とけた鉄から余分な成分を取りのぞく設備である。

ウ．日本でつくられる鉄鋼は品質が高く，生産量は世界第１位である。

エ．日本では，鉄鉱石がとれないため，海外から輸入している。

問６　下線部⑥に関連して，次の表は，異なる年の３つの工業地帯の全国工業製品出荷額に占める割合を表したものです。表中のＸ，Ｙは1957年か2017年のいずれかです。また，あ～うは阪神工業地帯，京浜工業地帯，中京工業地帯のいずれかです。表について，下の(1)・(2)の問いにそれぞれ答えなさい。

	Ｘ	1980年	Ｙ
あ	17.9%	11.8%	11.0%
い	8.1%	17.3%	23.1%
う	10.3%	13.9%	21.0%

［「工業統計表」などより作成］

(1)　Ｘ，Ｙのうち，2017年はどちらですか。記号で答えなさい。

(2)　阪神工業地帯にあてはまるものを，**あ**～**う**から１つ選び，記号で答えなさい。

B　日本では，近年，⑦ＡＩやロボットなどを活用した農業や，新しい生産のしくみを取り入れる農家が増えています。例えば，⑧宮城県山元町のいちご栽培農家では，最新のＩＣＴを使って，以前より効率よく生産できるようになりました。⑨愛媛県西条市では，ＡＩ技術で自動運転するトラクターを使う実験が進められています。一方，広島県世羅町では，⑩生産した果物を加工，販売したり，農園を観光客に開放したりするなど，地元の農家や観光農園などが協力し合い，地域の産業をもり上げています。

問７　下線部⑦について，このような先端技術を活用した農業のことを何といいますか。

問８　下線部⑧に関連して，次の(1)・(2)の問いにそれぞれ答えなさい。

(1)　次の地図ⓐ～ⓓについて，宮城県を通る山脈と新幹線を表したものの組み合わせとして正しいものを，下のア～エから１つ選び，記号で答えなさい。

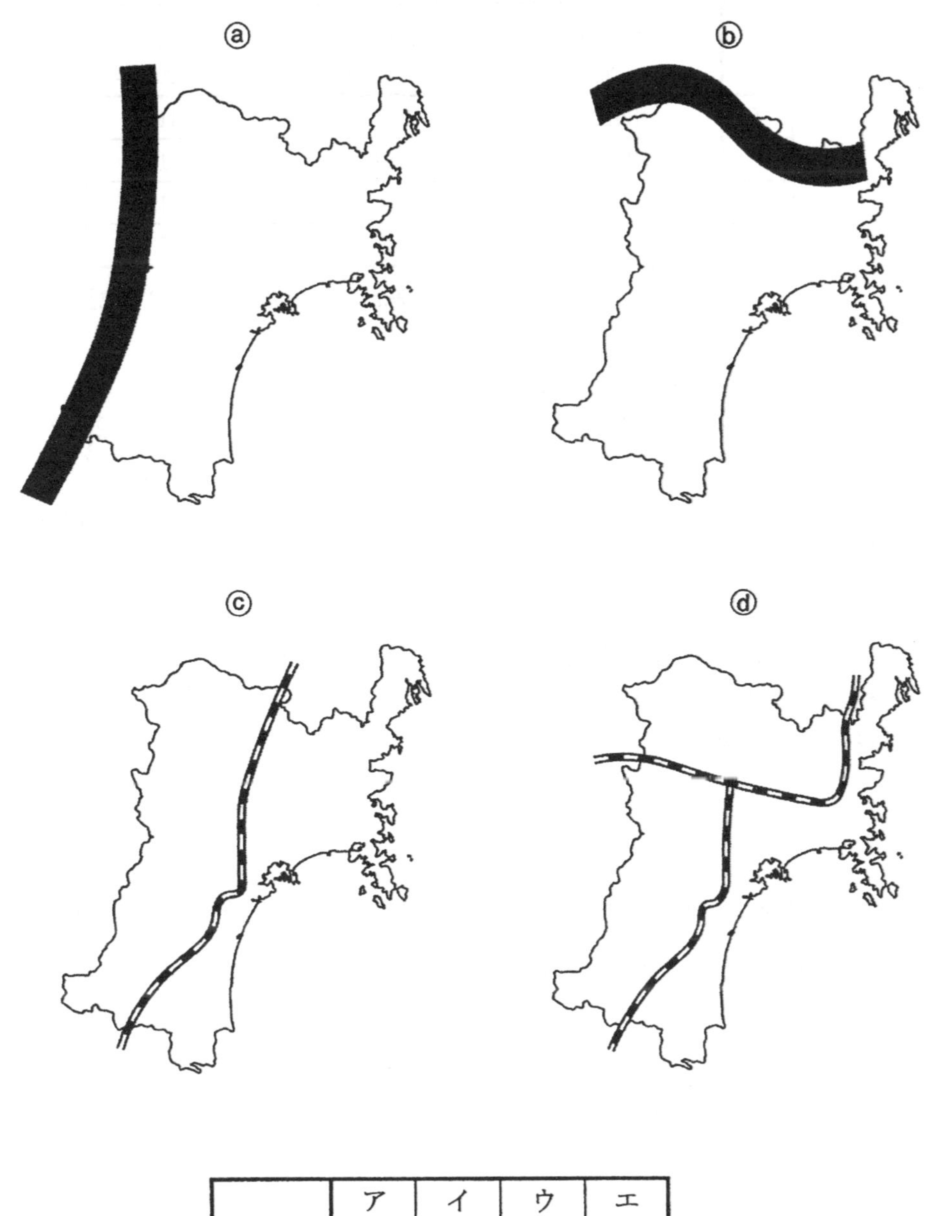

	ア	イ	ウ	エ
山　脈	ⓐ	ⓐ	ⓑ	ⓑ
新幹線	ⓒ	ⓓ	ⓒ	ⓓ

(2)　次の表は，宮城県，秋田県，福島県，山形県の農林水産業に関する統計をまとめたものです。宮城県にあてはまるものを，表中のア～エから１つ選び，記号で答えなさい。

	ももの生産量（トン，2020年）	木材の生産量（千㎥，2018年）	漁獲量（百トン，2018年）
ア	8510	355	41
イ	22800	859	501
ウ	230	614	1851
エ	1310	1285	65

［帝国書院『地理統計 2020年版』などより作成］

問９　下線部⑨に関連して，次の(1)・(2)の問いにそれぞれ答えなさい。

(1)　愛媛県の県庁所在地名を答えなさい。また，その位置を，右の地図中のア～エから１つ選び，記号で答えなさい。

(2)　本州と四国を結ぶ連絡道路のうち，愛媛県と広島県を結ぶルートは何とよばれていますか。

問10　下線部⑩について，次の文中の（　　）にあてはまる語を，４字で答えなさい。

「農林水産業の生産者が，生産から加工，販売まで手がける取り組みのことを（　　）化といいます。」

試験問題は次に続きます。

2　次の各問いに答えなさい。

問１　次の説明にあてはまる人物はだれですか。

「源氏の軍を指揮し，平氏との戦いで大きなはたらきをした。壇ノ浦(だんのうら)の戦いで平氏を滅(ほろ)ぼしたが，兄と対立して東北へ追われ，平泉で亡(な)くなった。」

問２　次の**あ**～**う**のできごとを，年代の古い順に正しく並べたものを，下のア～カから１つ選び，記号で答えなさい。

あ．国会の開設や，憲法の制定などを政府に求める運動が始まる。
い．藩(はん)をなくし，全国を府と県に分ける。
う．徴(ちょう)兵令を発し，20才になった男子に軍隊に入ることを義務づける。

ア．**あ** → **い** → **う**　　イ．**あ** → **う** → **い**　　ウ．**い** → **あ** → **う**
エ．**い** → **う** → **あ**　　オ．**う** → **あ** → **い**　　カ．**う** → **い** → **あ**

問３　次のA・Bの絵と**【絵の説明】**について，あとの(1)・(2)の問いにそれぞれ答えなさい。

A

B

【絵の説明】

A：日清(しん)戦争後，日本が**あ**に連れられて，欧(おう)米諸国にあいさつをしている。

B：**あ**は，ロシアと戦えと，日本をけしかけている。それを見ている**い**と**う**は，日清戦争後，ロシアと一緒(しょ)に日本にせまって［　　　］を清に返還(かん)させた。

二〇二二年度入学試験問題　国語　解答用紙

※印のところには、何も記入しないでください。

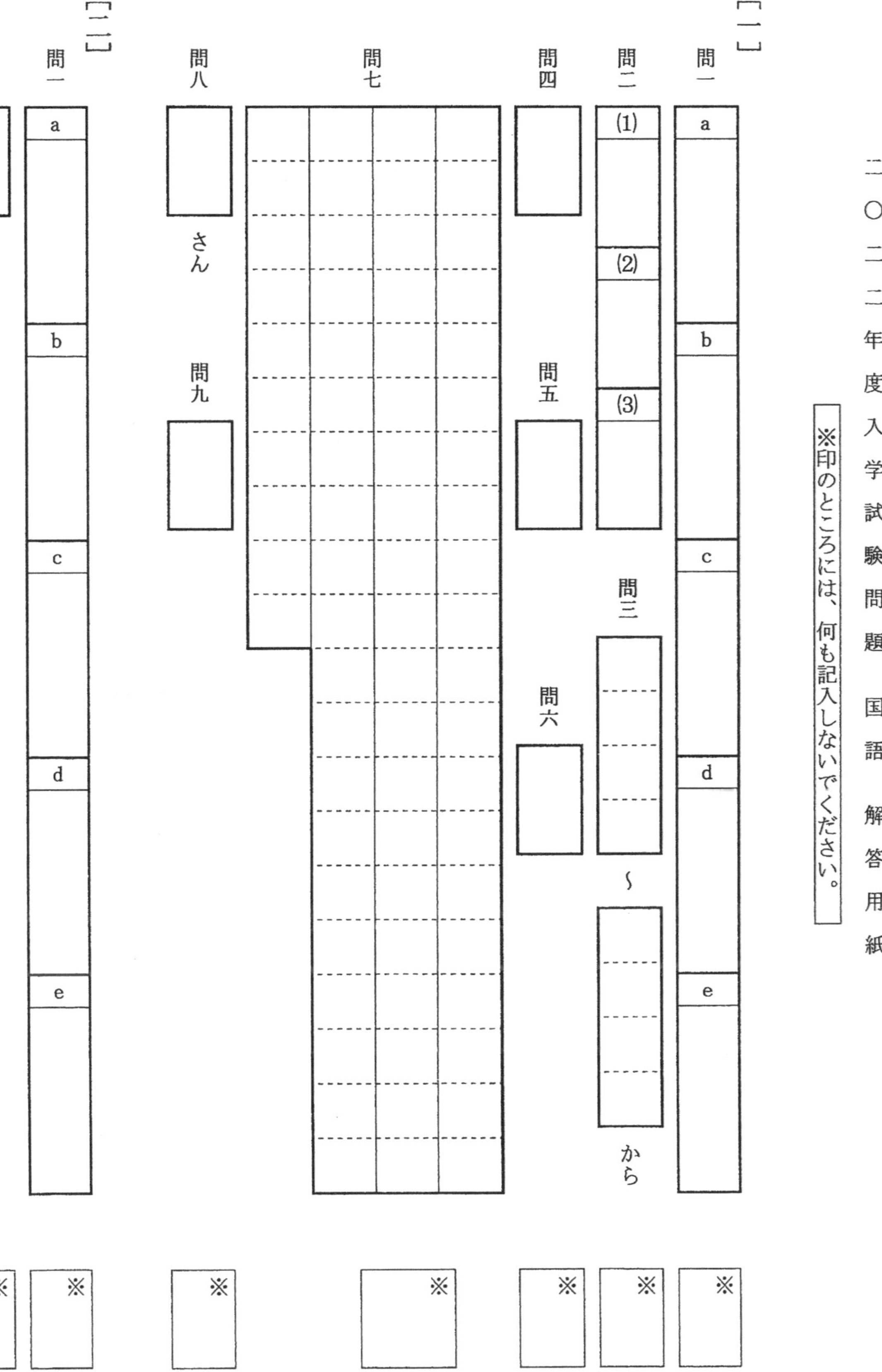

【解答用

受験番号		名　前	

2

（4）［式］

答

2
※

3

（1）［式］

答

（2）［式］

答

（3）［式］

答　パイプの本数　　　　ひもの長さ

3
※

合計
※

①＋②
※100点満点
（配点非公表）

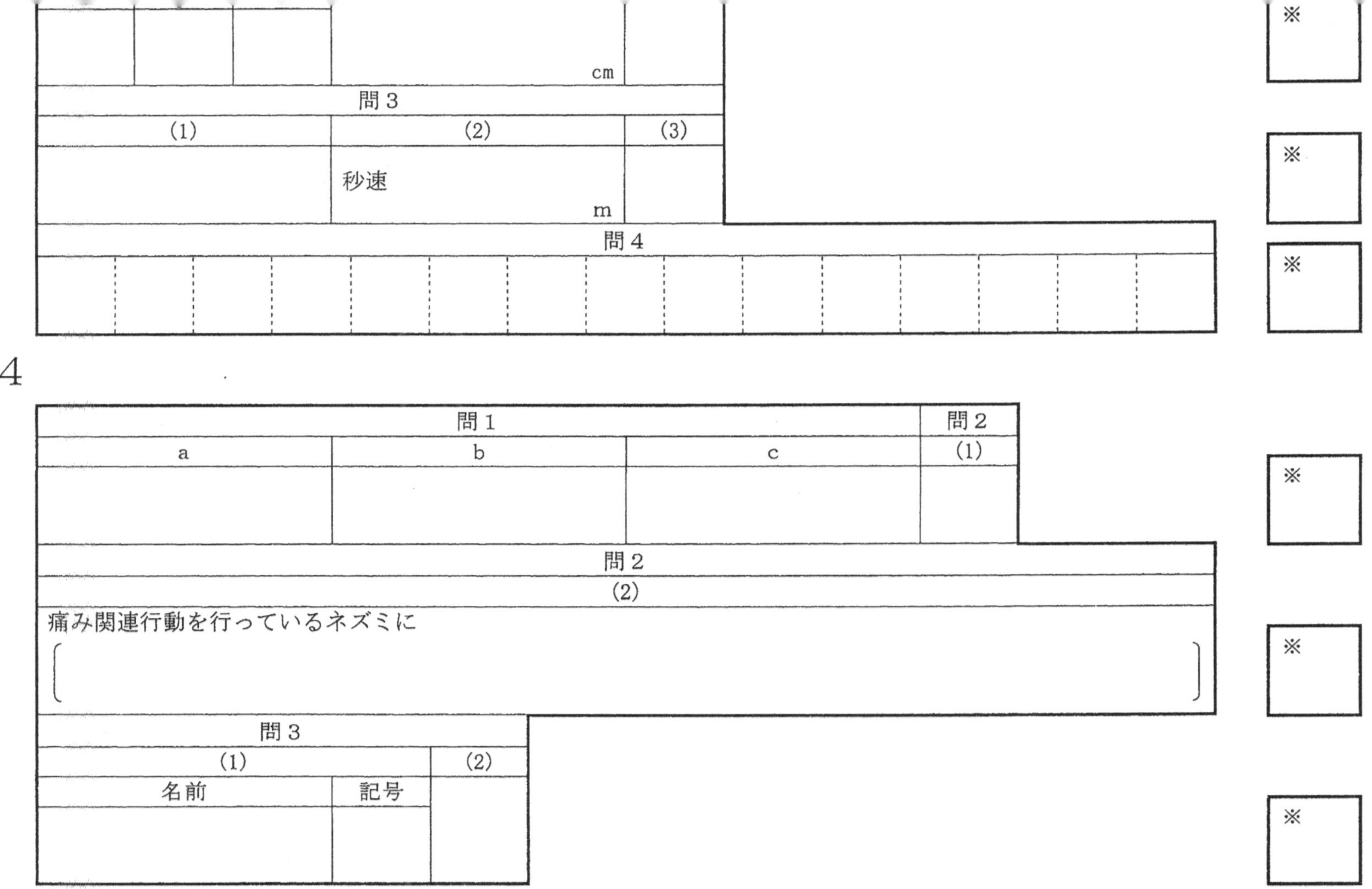

			cm	

問3		
(1)	(2)	(3)
	秒速 m	

問4

※

※

※

4

問1			問2
a	b	c	(1)

※

問2
(2)
痛み関連行動を行っているネズミに〔　　　　〕

※

問3		
(1)		(2)
名前	記号	

※

【解答用

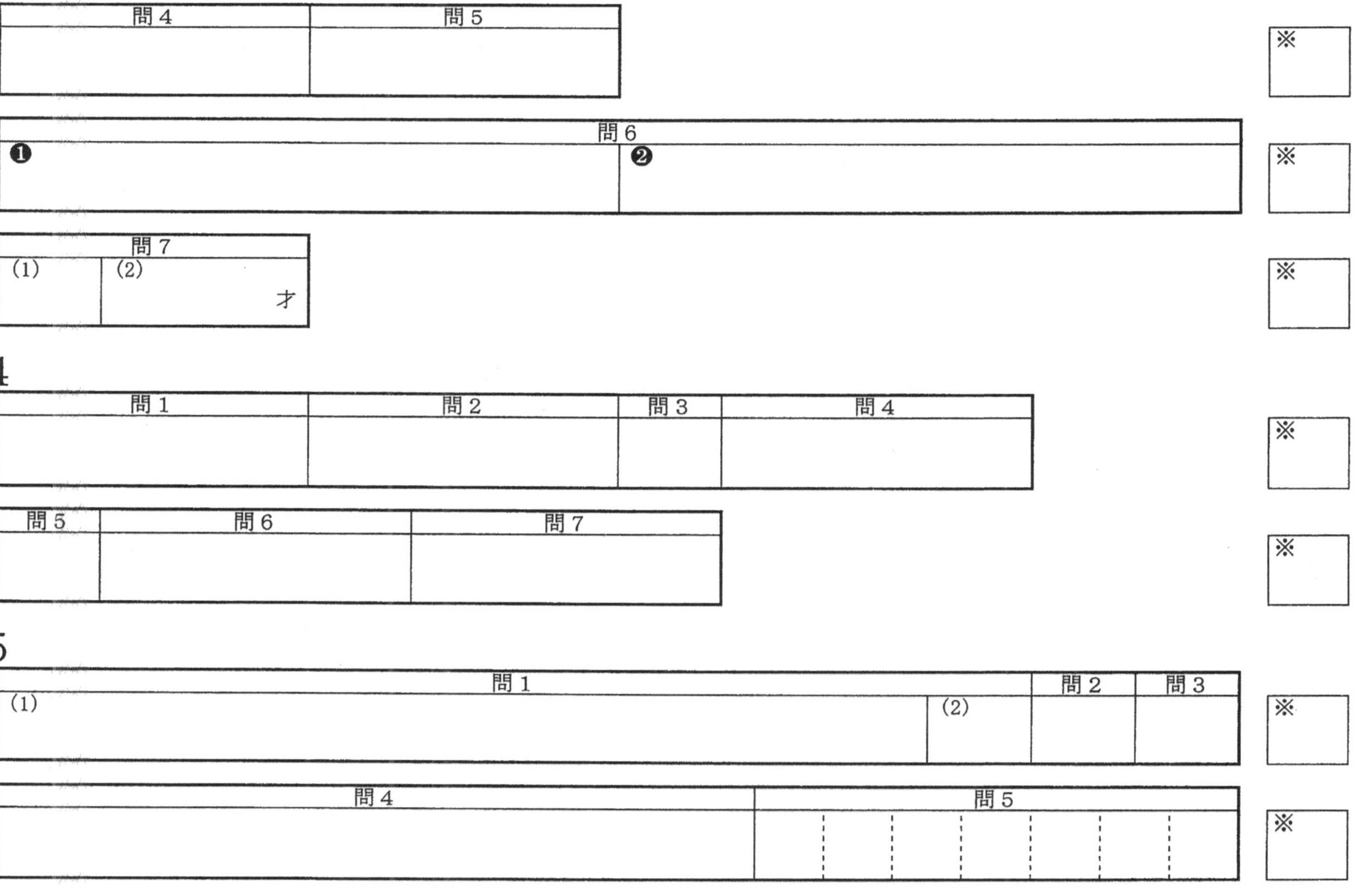

問4	問5	※

問6		※
❶	❷	

問7		※
(1)	(2) オ	

4

問1	問2	問3	問4	※

問5	問6	問7	※

5

問1		問2	問3	※
(1)	(2)			

問4	問5	※

教英出版

受験番号		名　前	

２０２２年度　入学試験問題　社　会　解答用紙

※印のところには，何も記入しないでください。

※60点満点
（配点非公表）

※

1

問1	問2	問3	問4	問5	
	（　）→（　）→（　）→（　）				※

問6		問7	問8		
(1)	(2)		(1)	(2)	※

問9			問10	
(1)県庁所在地名　市	位置	(2)	化	※

2

問1	問2	問3		
		(1)	(2)	※

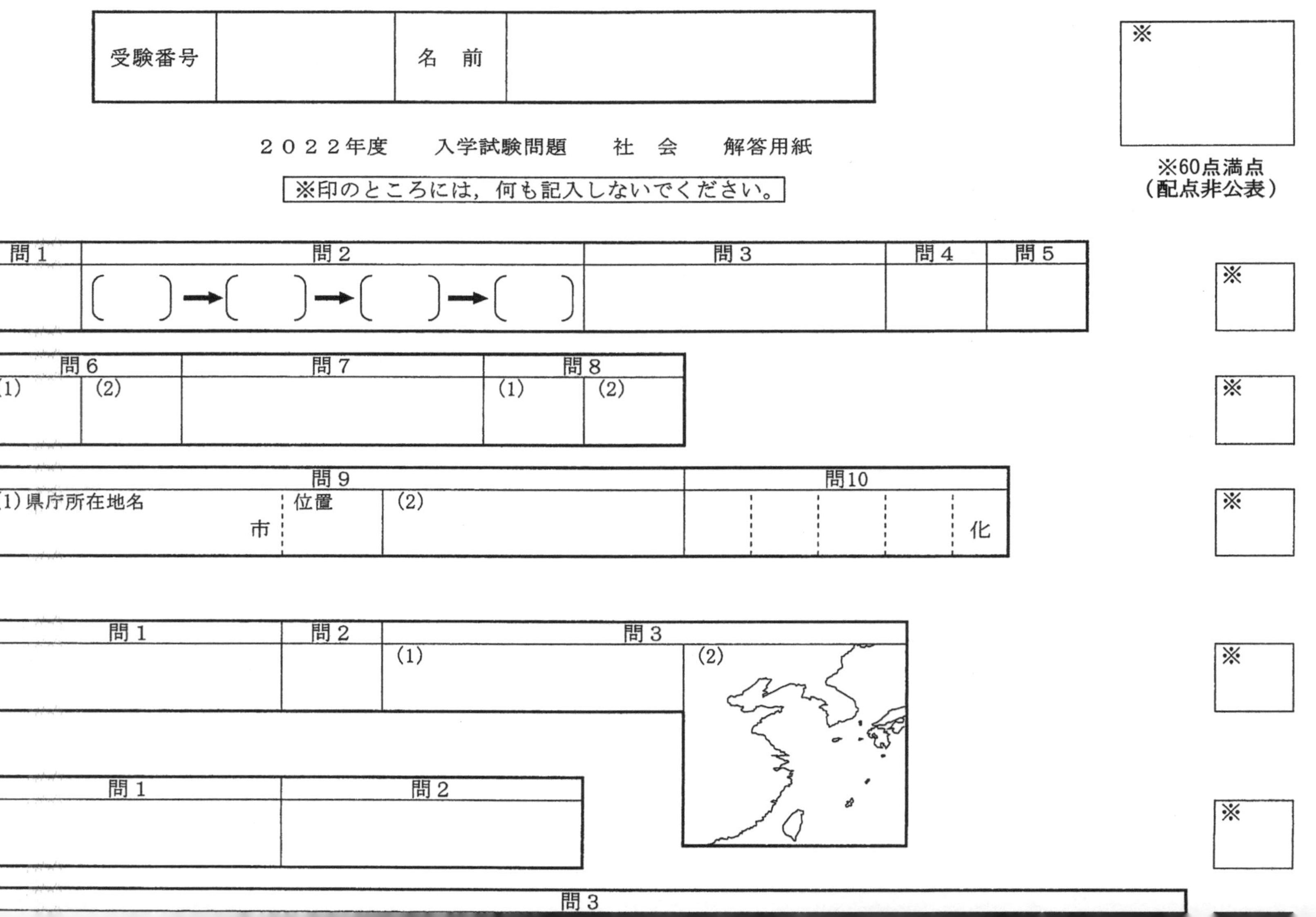

3

問1	問2	
		※

問3

【解答用

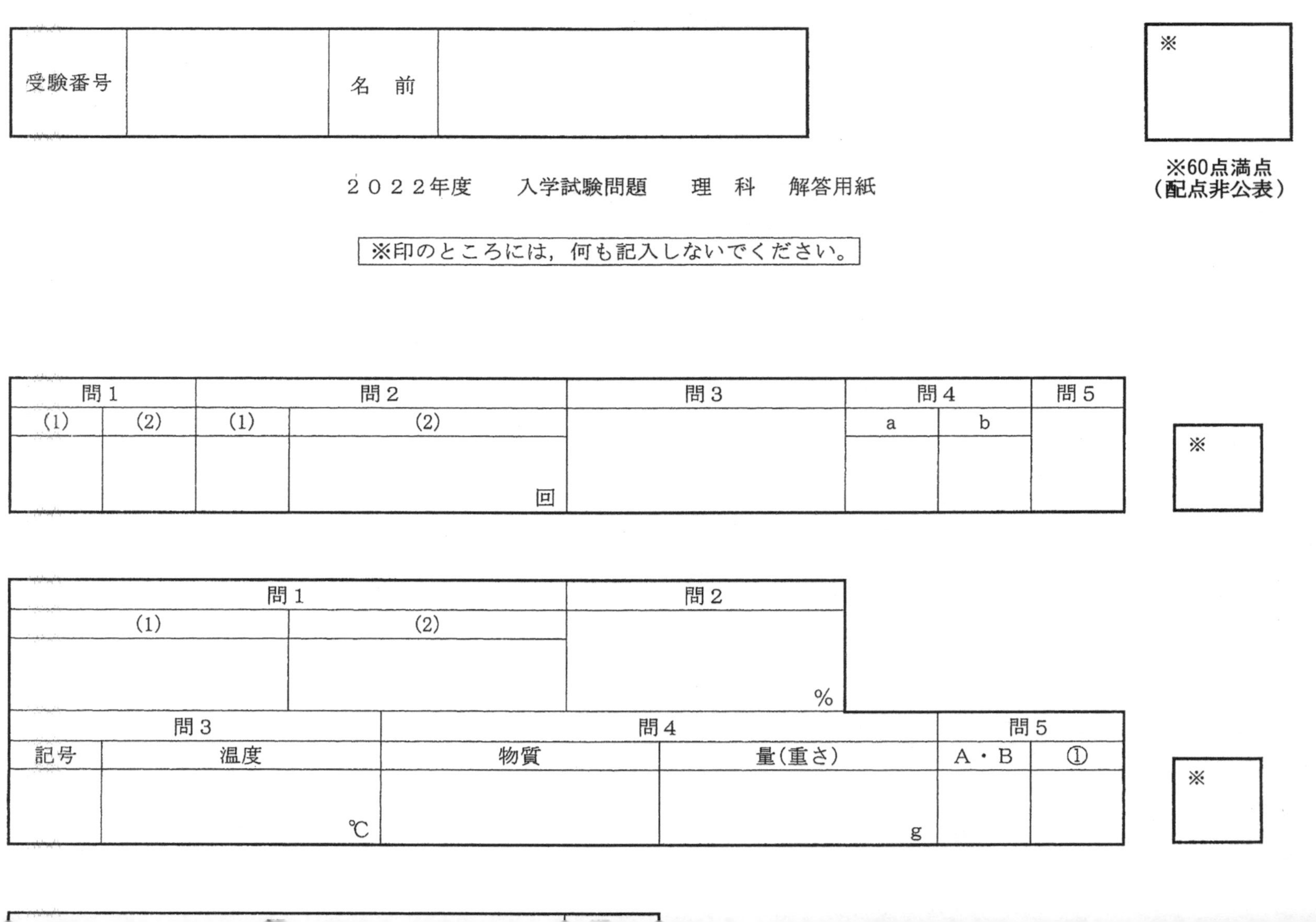

受験番号		名　前	

※

※60点満点
（配点非公表）

２０２２年度　入学試験問題　理　科　解答用紙

※印のところには，何も記入しないでください。

1

問1		問2		問3	問4		問5
(1)	(2)	(1)	(2)		a	b	
			回				

※

2

問1		問2
(1)	(2)	
		%

問3		問4		問5	
記号	温度	物質	量（重さ）	A・B	①
	℃		g		

※

3

【解答用

２０２２年度　入学試験問題　算　数　その②　解答用紙

※印のところには，何も記入しないでください。

1

（１）ア［答］	イ［答］

（２）［式］

答

（３）①［答］	②［答］	エ［答］

1
※

2

（１）［答］

（２）［式］

答

（３）［式］

答

問三

問四

問五

問六

問七

問八

さん

※

※

※

※

受験番号

名前

※100点満点
（配点非公表）

※

【解答用

2022(R4) ノートルダム清心中

教英出版

(1)　あにあてはまる国を答えなさい。

(2)　**【絵の説明】**の　　　　にあてはまる場所はどこですか。解答用紙にある地図に◯で囲んで示しなさい。

3

次のA・Bは，社会の時間にグループ学習を行ったときに調べた内容です。よく読んで，あとの問いに答えなさい。

A　江戸時代の大きな災害について調べたグループ

群馬県にある嬬恋村の名前は，①ヤマトタケルノミコトという武勇にすぐれた皇子が，死んだ妻をしのび嘆いたという言い伝えにちなんでつけられたといわれています。有名な観光地となっていますが，この村には浅間山と向き合った自然との闘いの歴史があります。②江戸時代，10代将軍のときに浅間山が噴火しましたが，発生した火砕流は当時の「鎌原村」*注 を直撃し，大変な被害が出ました。嬬恋村にある鎌原観音堂の石段は15段ですが，その下にさらに多くの石段が埋まっているとの言い伝えがあり，20世紀末の発掘により，事実であることが確認されました。

＊注：現在の群馬県嬬恋村鎌原

【資料1】幕府が支配していた鎌原村の被害と復興への取り組み

・浅間山の噴火により，人口の83.7%がぎせいになり，村の役人も亡くなった。家はすべて壊れ，耕地の95%以上が荒れ果てた。
・被災直後，周りの３つの村の役人たちが被災地に小屋を建て，食料や道具類を配った。
・幕府は，村人に食料代としてお金を渡し，復旧工事を開始した。工事は，周りの村の役人をリーダーとし，働き手は，周りの村から募集した。荒れた土地全体の約３分の１を再開発し，生き残った人々に均等に土地を配分した。
・周りの村の役人たちは，生き残った人全員に一族となる約束をさせた。妻を亡くした男性と，夫を亡くした女性を再婚させたり，子を亡くした者と親を亡くした者を親子にさせたりして，実際に一族としてまとめ直した。

問１　下線部①について，ヤマトタケルノミコトの説話は，奈良時代に成立した２つの歴史書に記録されています。この歴史書を１つあげ，漢字で答えなさい。

問２　下線部②に関連して，江戸時代に整備された通信や輸送のしくみで，手紙や小さな荷物などを運んだ人を何といいますか。

問３　鎌原村で行われた復興への取り組みの特徴として，幕府が必要な費用を出したことや，周りの村々が協力したことがわかります。このこと以外に，【資料１】から読み取れる復興への取り組みの特徴を１つあげなさい。

B　日本の銅の生産について調べたグループ

昨年開かれた東京オリンピック・パラリンピック競技大会では，約5000個の金・銀・銅メダルを，全国各地から集めたリサイクル金属で作るプロジェクトが実施されました。このことから，日本の銅生産について調べました。

【資料２】日本の銅の生産について

- ③日本で初めて銅が使われたのは，今から2400年ほど前だが，原材料は大陸からの輸入品だったと考えられている。日本で初めて銅がとれたのは，７世紀末だといわれている。
- 17世紀末，日本の銅の生産量は世界一で，その半分が長崎から中国へ輸出された。また，対馬藩から朝鮮へも輸出された。
- 現在の愛媛県にあった別子銅山から掘り出した不純物を含む銅を大阪に運び，純度の高い銅にした。その技術は優れていて，出島にいた外国人も見学した。
- 20世紀初めに（　④　）が，⑤足尾銅山の鉱毒被害を明治天皇に直訴した。政府は，鉱毒被害の大きかった谷中村の住民を強制的に立ち退かせ，鉱毒を沈殿させる遊水池をつくった。
- 日本の銅山は，現在ではすべて閉山している。

【図１】近代日本の銅の生産と輸出

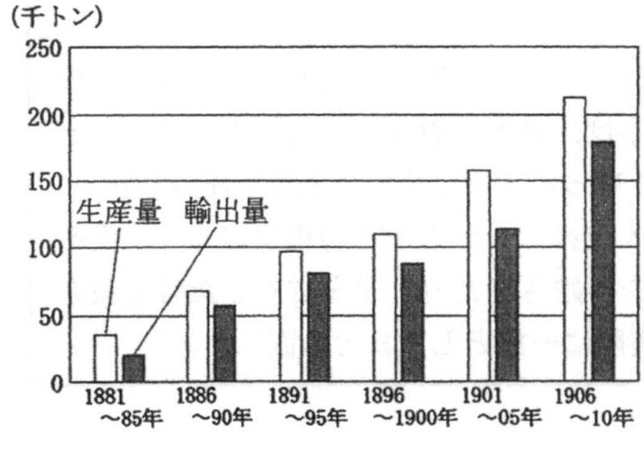

（千トン）

生産量　輸出量

1881～85年　1886～90年　1891～95年　1896～1900年　1901～05年　1906～10年

［武田晴人『日本産銅業史』東京大学出版会］

【図２】主要３銅山の生産量の移り変わり

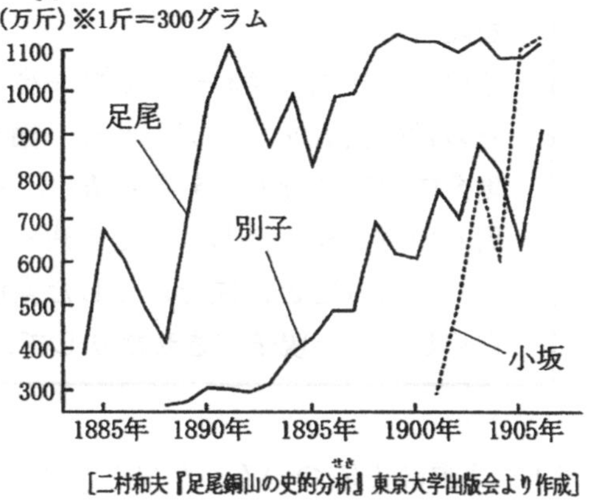

［二村和夫『足尾銅山の史的分析』東京大学出版会より作成］

問４　下線部③に関連して，次の説明にあてはまる道具の名前を漢字で答えなさい。

「銅に他の金属をまぜて剣や鏡などいろいろな形に加工し，おもに祭りで使われた。」

問５　（　④　）にあてはまる人名を，漢字で答えなさい。

問６　下線部⑤について，次の文は，足尾銅山で鉱毒被害が大きくなった理由を，**図１・図２**から考えて説明したものです。文中の［　❶　］と［　❷　］にあてはまる内容を，それぞれ答えなさい。

「**図１**を見ると，明治時代には，［　❶　］ことがわかる。また，**図２**からは，足尾銅山は［　❷　］ことがわかる。このため，どんどん生産がすすめられ，鉱毒被害が大きくなったと考えられる。」

問７　次の地図は，初めて東京で開かれたオリンピック競技大会の聖火が通過したルートを表しています。平和国家をアピールするため，日本が侵略した国々や戦いのあった場所も，聖火のルートとしました。これに関して，下の(1)・(2)の問いにそれぞれ答えなさい。

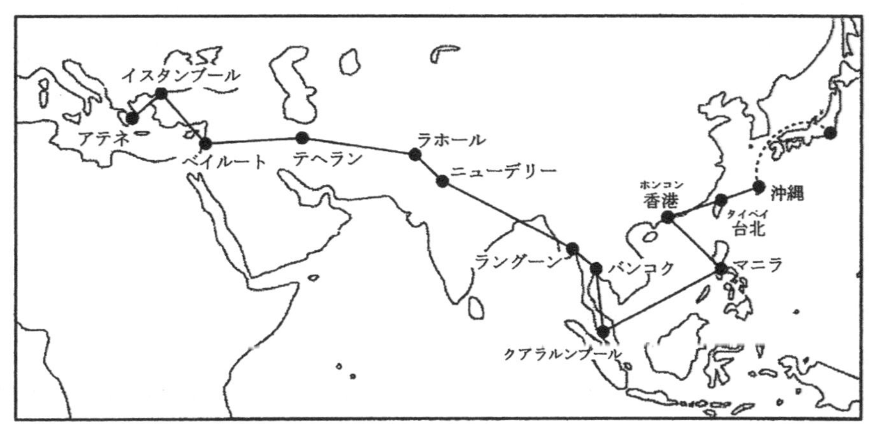

(1)　地図中のルートに関して，当時のようすを説明した次のア～エのうち，**適当でないもの**を１つ選び，記号で答えなさい。

ア．中華人民共和国は，日本とは国交がなかったが，イギリスの領土だった香港を聖火が通過した。

イ．沖縄は，アメリカに占領されており，日本に復帰していなかったが，聖火が通過した。

ウ．聖火が通過しなかったベトナムは，南と北に分かれて対立，戦争をしていた。

エ．聖火が通過しなかった朝鮮半島では，南と北に分かれて戦争が始まったばかりだった。

(2)　10月10日の開会式当日，最終聖火ランナーとなったのは，広島原爆投下の日に広島県三次市で生まれた青年でした。彼は，当時何才でしたか。

4　次の会話文を読んで，あとの問いに答えなさい。

先　　生：2022年は，日本国憲法が（　①　）されてから75年目になります。憲法には３つの原則があります。

清子さん：３つの原則は，憲法のどこに記されているのですか。

先　　生：そうですね。まずは②憲法の前文を読んでみるといいでしょう。前文には，憲法の基本的な考えが記されていますからね。

愛子さん：前文の次には，どのようなことが記されているのですか。

先　　生：第１条では，③天皇は国や国民のまとまりの（　④　）であり，政治に関する権限はもたない，と定められています。

清子さん：日本国憲法は，いろいろな⑤国民の権利について定めているのですよね。

先　　生：その通りです。例えば，教育を受ける権利や，働く権利などがあります。

愛子さん：授業で，⑥人権の中には，社会の変化にともなってより広くとらえられ，認められるようになってきた権利もあると聞きました。

先　　生：そうですね。社会が変化すると新しい問題が生まれるので，人権の保障もそれに合わせていく必要があるのですよ。

清子さん：私たちのくらしと憲法とのつながりについて，⑦新聞や本をしっかり読んで，もっと考えるようにしたいと思います。

問１　（　①　）にあてはまる語を答えなさい。

問２　下線部②について，次の文は，日本国憲法の前文の一部をわかりやすい表現に変えたものです。文中の波線部は，憲法の３つの原則のうち，どれにあてはまるか答えなさい。

> 私たち日本国民は，私たちと子孫のために，世界の国々と協力し合い，わが国全体に自由の恵(めぐ)みがいきわたるようにし，政府の行いによって再び戦争の災(わざわ)いがおこることのないようにすると決意した。そして，政治のあり方を決める力は，私たち国民にあることを宣言して，この憲法を定めた。

問３　下線部③について，天皇の仕事のことを述べた次の文**あ**，**い**に関して，その正誤の組み合わせとして正しいものを，下のア～エから１つ選び，記号で答えなさい。

あ．天皇は，憲法改正の発議や内閣総理大臣の任命など，憲法で定められた仕事を，内閣の助言と承認（しょう）にもとづいて行う。

い．天皇は，国民体育大会などの国民的行事への出席や，被災地の訪問など，憲法に定められていない仕事もしている。

ア．**あ**，**い**は，どちらも正しい。
イ．**あ**は正しいが，**い**は誤っている。
ウ．**あ**は誤っているが，**い**は正しい。
エ．**あ**，**い**は，どちらも誤っている。

問４　（　④　）にあてはまる語を答えなさい。

問５　下線部⑤について，憲法に定められている国民の権利として**適当でないもの**を，次のア～エから１つ選び，記号で答えなさい。

ア．法律の改正や国会議員の辞職を請（せい）求する権利
イ．裁判所による裁判を受ける権利
ウ．人種や性別などによって差別されない権利
エ．健康で文化的な生活を送る権利

問６　下線部⑥について，私生活をみだりに公開されない権利のことを何といいますか。

問７　下線部⑦について，大きな事件やできごとがおこった時に，臨時に発行される新聞のことを何といいますか。漢字で答えなさい。

5 次の各問いに答えなさい。

問１　日本の選挙に関して，次の(1)・(2)の問いにそれぞれ答えなさい。

(1)　次のグラフは，衆議院議員選挙や参議院議員選挙が行われた年の，日本の総人口と，総人口に占める有権者の割合を示したものです。2016年は，2014年より人口は減少していますが，有権者の割合が高くなっているのはなぜですか。その理由を説明しなさい。

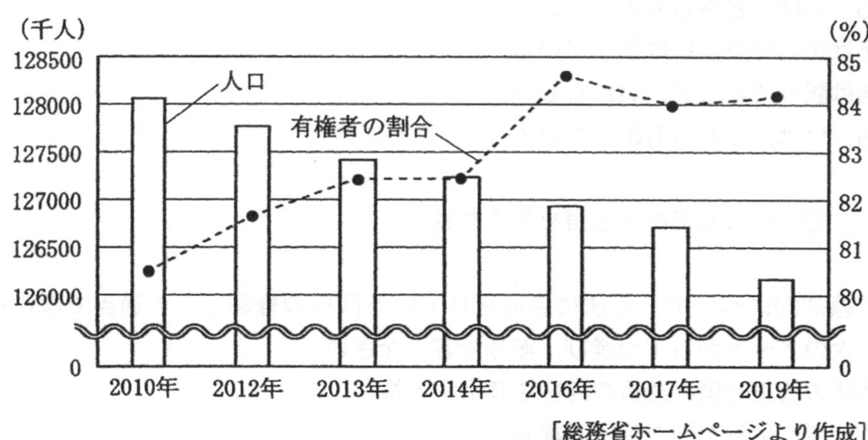

［総務省ホームページより作成］

(2)　選挙制度の１つに，１つの選挙区から１人の当選者を選ぶ小選挙区選挙があります。４つの選挙区がある地域での小選挙区選挙で，A党，B党，C党が１人ずつ候補者を立てたとします。次の表は，この選挙で各政党が得た票数を示しています。この選挙の結果を述べた文として正しいものを，下のア～エから１つ選び，記号で答えなさい。

選挙区	選挙で得た票数			各選挙区の票数の合計
	A党	B党	C党	
１区	50000	20000	30000	100000
２区	25000	25000	50000	100000
３区	45000	20000	35000	100000
４区	10000	60000	30000	100000
合計	130000	125000	145000	400000

（注）A党，B党，C党以外からの立候補はないものとします。

ア．選挙で得た票の合計が最も多い政党は，当選者の人数が最も多い。
イ．A党は，いずれの選挙区でも20%以上の票を得ている。
ウ．B党は，落選した候補者に投じられた票の合計が最も多い。
エ．C党の候補者は，いずれの選挙区でも最下位にはなっていない。

問２　次のグラフは，2021年度の日本の国家予算を表しています。グラフ中のＸ，Ｙにあてはまる語の組み合わせとして正しいものを，下のア～エから１つ選び，記号で答えなさい。

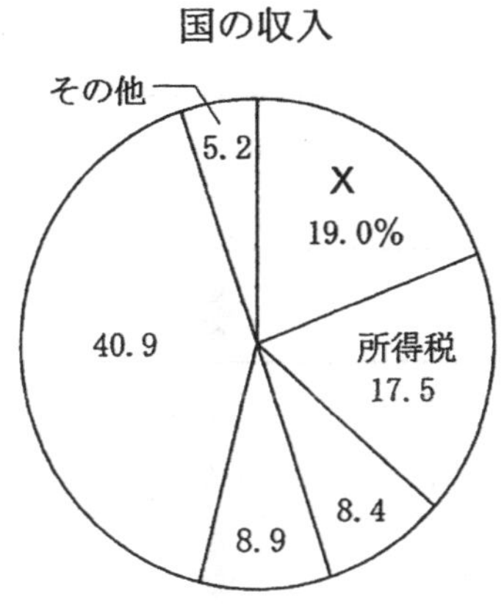

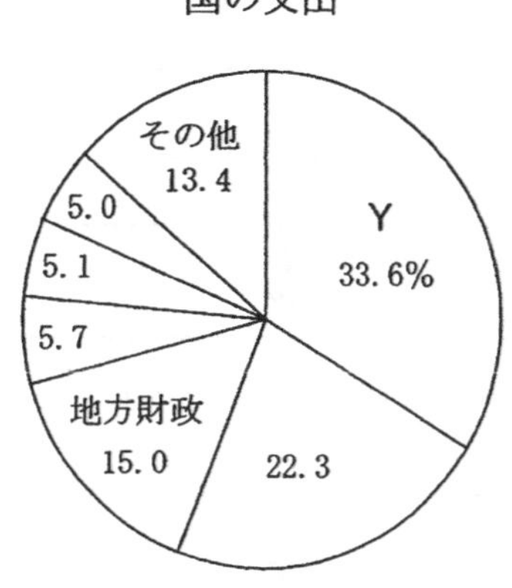

[財務省ホームページより作成]

ア．Ｘ－消費税　　Ｙ－社会保障　　　イ．Ｘ－消費税　　Ｙ－防衛
ウ．Ｘ－法人税　　Ｙ－社会保障　　　エ．Ｘ－法人税　　Ｙ－防衛

問３　次の文**あ**，**い**は，大韓(かん)民国，中華人民共和国，ブラジルのいずれかの国に関するものです。**あ**，**い**にあてはまる国名の組み合わせとして正しいものを，下のア～カから１つ選び，記号で答えなさい。

あ．この国にあるインチョン国際空港は，ハブ空港として，世界各地の都市を結んでいる。
い．20世紀初めごろから，多くの日本人が仕事を求めてこの国に移り住んで，コーヒー農園などで働き，現在もその子孫が多くくらしている。

ア．**あ**－大韓民国　　　　**い**－中華人民共和国
イ．**あ**－大韓民国　　　　**い**－ブラジル
ウ．**あ**－中華人民共和国　**い**－大韓民国
エ．**あ**－中華人民共和国　**い**－ブラジル
オ．**あ**－ブラジル　　　　**い**－大韓民国
カ．**あ**－ブラジル　　　　**い**－中華人民共和国

問４　人工林で間伐が行われないと，山崩れなどの土砂災害がおこりやすくなります。次の【図１】は，このことを説明したものです。【図１】中の［　a　］に入る文を，下の【図２】を参考にして答えなさい。

【図１】

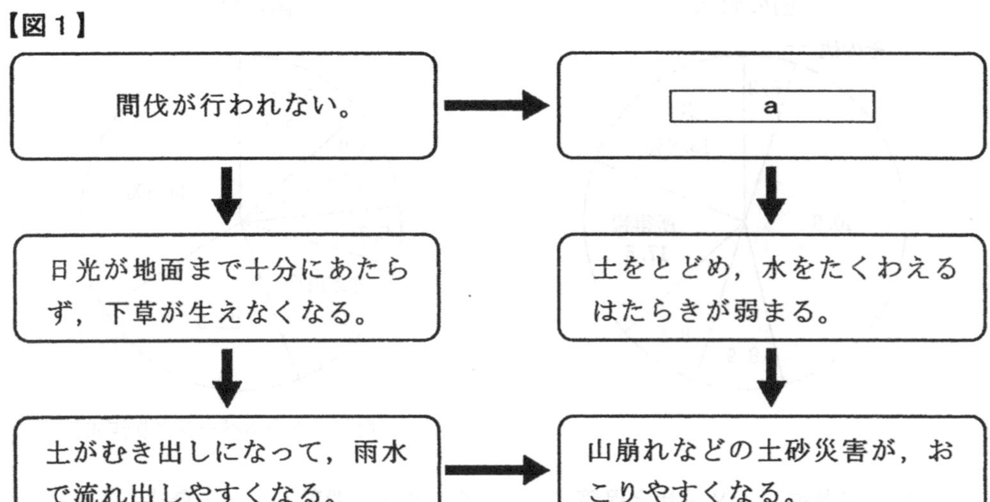
間伐が行われない。
a
日光が地面まで十分にあたらず，下草が生えなくなる。
土をとどめ，水をたくわえるはたらきが弱まる。
土がむき出しになって，雨水で流れ出しやすくなる。
山崩れなどの土砂災害が，おこりやすくなる。

【図２】

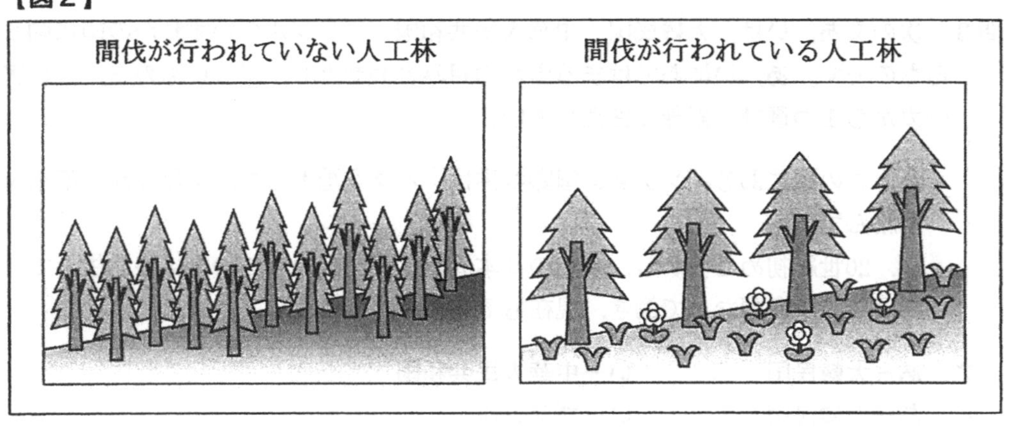
間伐が行われていない人工林
間伐が行われている人工林

問５　次の文中の［　　　］に入る語を，カタカナ７字で答えなさい。

「大人にかわって，家族の介護や家事などを日常的に行っている子どものことを［　　　］といいます。勉強時間や友達との時間が十分にとれないことなどが問題になっています。」

二〇二一年度

ノートルダム清心中学校　入学試験問題

国　語

【五十分】

受験上の注意

（試験問題・解答用紙について）

1．試験を始める合図があるまで、試験問題を見てはいけません。

2．試験問題は1ページから25ページまであります。

3．解答用紙は一枚、試験問題にはさんであります。

4．解答は解答用紙に記入してください。

（試験について）

5．「始めてください」の指示で鉛筆(えんぴつ)をとり、「やめてください」の指示があったらすぐに鉛筆を置いてください。

6．試験が始まったら、最初に受験番号と名前を書いてください。

7．印刷のわからないところや、ページのぬけているところがあったら、手をあげて監督(かんとく)の先生に知らせてください。

8．解答用紙を集めるまで席を立たないでください。

（その他）

9．試験問題は監督の先生の指示にしたがって持って帰ってください。

［一］次の文章を読んで、あとの問いに答えなさい。（本文は一部表記を変えたところがあります。）

＊十二月も半ばになっていた。外は凍えるようなのに、練炭を節約してわずかしか火鉢を焚かない畳の間は寒々しかった。

＊農閑期に入っているので、昼も野良仕事の合間ではなく家で取った。ちゃぶ台に載った食べ物は麦飯と菜っ葉の煮たの、たくあんの炊いたの、それと魚の干物。魚は二尾だけ出ている。すなわち父と、弟の陸太、ふたりの男のぶんだけだ。母親と絵子、妹のミアケは穀物と野菜ばかりだった。こんなものでは体も温まらない。絵子はぼんやりと、まい子の家の食卓のことを考えた。あの家のご膳には、＊三国港からの行商が置いていく生きのよい魚がのぼる。杉浦には土地があるから、＊機屋みたいに急に没落することもないのだ。ましてうちみたいに、干物一匹をめぐって諍うことなどない。

かつて絵子は、なぜ陸太ばかりが魚を与えられ、自分は喰わせてもらえないのかと文句を言った。すると母は、男は力仕事するさけ、と言い、また、男の子はようけ食べなあかんで、と言った。——体のつくりが女とは違うんやで、と。はじめはそれで納得したが、(1)どうやらそれだけではないらしいことが、このごろには絵子にもわかってきた。

＊尋常小学校から帰ってきた陸太は、鰯の頭を無表情に噛み砕いている。特別扱いされていることに、気づいているのか、いないのか。弟はこの家の＊嫡男だった。うちごときで嫡男と言ってもたいした意味はない。だが父の芳造が生まれた本家、長男が継いだその家にはわずかだが土地もあり、そしてその家にはいまのところ男の子がいなかった。あわよくば陸太を本家の跡取りにしたいと、芳造がはかない望みを持っていることを絵子は知っていた。

陸太が魚を尻尾まで食べ尽くし、味噌汁も飲んで「ごちそうさま」と言うと、母はその頭を撫でた。愛おしそうな仕草には、自分やミアケ、末っ子のヨリには見せない何かがある。我が子に対する愛情という以上のもの。その表情を前にすると、見てはいけないものを見てしまったようで、目を背けたい気持ちになる。嫉妬や羨ましさだけではない、何か苛立たしく、不気味な気さえする。

「よし、ほんなら勉強せえ」

父の言葉に弟は＊憮然として、「遊びに行きたい」と言った。

「あかん。宿題があるやろ」

「ほやけど」

「お前は勉強せんならん。偉うならなあかんで」陸太はしばらく黙っていたが、やがて「わかった」と、梯子を伝って二階へ行った。

「うちも」と絵子が箸を置き、あとを追って上へ行こうとすると、

「絵子はこっちやよ」

母が裾を引いた。土間に積んであった藁束の山を示している。稲刈りで出た大量の藁で、縄を＊綯ってそれを草履にする作業の下拵えをしろと言うのだった。

ミアケはもう椀を片づけて、そちらへ向かっていた。(2)妹の細い背中を絵子は凝視した。ミアケは視線を感じたのか、藁束を幾つか抱えて振り返り、困ったように首をかしげた。どことなく、申し訳なさそうでもあった。

絵子は言葉を探した。「ほやけど……」(3)指先がつめたくなっていく。それは寒さのゆえではなかった。

「なんやの」

と返す母親もまた、藁束に手を伸ばしている。

「本、読んでいいって言ったが」

収穫がすみ、脱穀から籾干しまで、その始末もすべて終わったら。しばらくは好きなことをしてもいい。冬のあいだは束の間ゆっくりできる。そのはずではなかったか。

すると母は縄を綯う手を止めて、「今年はあんまり米が売れんのや」と言った。「*内職もしっかりやらんと、あんたら食べさすだけの蓄えができんのじゃ」

「でも陸太は」

絵子の言葉に父が脇から、「陸太は男や」と言った。「あれは*中学校に入れるで。勉強させなあかん」

「ほうや」母も続けた。「絵子は女の子なんやで、ほんな勉強なんかせんでもいい。和佐が嫁に行って、あんたはいちばんお姉ちゃんなんやで、しっかりせんとあかんざ。家の手伝いせんと」

母は絵子を見ていなかった。横顔は日に焼けているうえ、かまどの煤に黒ずんでいた。不機嫌に眉根を寄せている。険のある口調からも、娘としての和佐と絵子を較べているのがわかった。和佐は聞きわけのよい娘、出来のよい娘で、絵子はそうではない。また陸太は男であるゆえ優れているが、絵子は女なのでそうではない、手伝いだけしていればいい、と言うのだ。母もまた女なのに。

絵子は藁束を取りに行こうとしたが、その場に立ち尽くしてしまった。生活のため、生きるため。生きるために食べる、食べるために働く。つまり労働は生きるためだ。けれど生きるということは、絵子の日々には感じられない。(4)すべては労働で埋め尽くされている。生きるための労働なのに、働いても働いても、生きることには追いつかない。ほんとうに生きることはできない(A)。ただ果てしない徒労があるだけ。

小学校を出て以来、この半年以上ずっと考えていたことだ。頭を使い、考えて、それを言葉にするということ。勉強がその道のりならば、それは男にしか許されていない。陸太はあきらかに勉強が嫌いだし、賢いとも思われなかった。でも男だから、それを許される。女は、男の子を産んで育てて、その子の将来に託すようにしか夢を描くことを許されない。そのようにしてしか生きることができない。

「……毎日、毎日」と絵子は言った。その声は低く震えて、自分のものとも思われなかった。(5)ずっと考えてきたことだ。何かがおかしい。間違っている。けれど言葉にしようとすると、この訛りの強い地方の、方言で声に出して言おうとすると、まるでうまく行きそうになかった。考えることは絵子にとって、本を読むことと繋がっていた。文字から成る書物の冷静な思考と地続きのものだった。いっぽう声は、ここの方言は、ここの生活そのものだった。訛りに乗せて話そうとすると、言葉は詰まり、思考は崩れて、まるで煮すぎた餅のように、ぐずぐずとかたちをなくしていった。

それでも絵子は言った。

「毎日、食べるための仕事ばっかり。ほんなにせな生きていかれんのか」

いま言わなければ、ずっと言うことはできない。ずるずると不満を抱えたまま、日々を恨み、父母を恨んで、恨みを溜めていくことになる。「生きていくために働いてるのに、ぜんぜん生きてるって思われんわ。とうちゃんもかあちゃんも、なんのために生きてるんや。かあちゃんなんて、陸太の将来しか楽しみがないんやが。かあちゃんみたいになるんやったら、生きてても仕方ない……」

その台詞が終わるか終わらないかのうちに、分厚いものが飛んできた。絵子のちいさな体は壁へ吹き飛ばされた。頑丈な手のひらで、父が頬を打ったのだ。打たれたところが熱く脈打っている。頬っぺたが心臓になったかのようだ。

「(B)屁理屈ばっかり捏ねてからに。おかあちゃんに謝らんか」

片隅から見あげると、軒先から入るひかりの陰になった父は真っ黒な顔をしていた。逆光のせいだけではない、感情の読み取れなさゆえに、得体の知れない淵のようだった。幼いころ*折檻を受けたことはあっても、娘と呼ばれる年齢になってから打たれたのははじめてだった。絵子は痛みや反抗心より先に、驚きのためにその場にへたり込んでいた。

母の表情は見えなかった。ミアケはますます困惑し、どうしていいかわからずに泣きそうな顔をしている。陸太が降りてくる気配はない。騒ぎのおおもとが自分であると、聞こえないはずはなかろうに。

「早よ、謝れ」

「だって、かあちゃんは……」

「まだ言うか」

ふたたび張り倒されそうになり、咄嗟に体を躱したのがさらに怒りを買ったらしい。芳造は今度は足を振りあげた。絵子は短く悲鳴をあげ、這うようにして土間へ逃げた。藁の山を突っ切ったので、あたりに黄色いものが飛び散った。叫び声が聞こえるのは、ミアケがとうとう泣き出したのだろう。木戸を開け放ったところで振り向くと、芳造が拳を握ってそこへ迫っていた。――誰か止めて、と祈るように念じた。けれども誰も止めなかった。絵子は戸外へ転がり出ると、思い切り木戸を閉め、柿の木のところまで一気に走った。もう一度振り返ったが、追いかけてくるのは声だけだった。

――出ていけ。

とそれは言った。

――謝らんのやったら、出ていけ！

【※中略】

※　絵子は家を飛び出したまま、福井の中心街で働き始めました。ほんの数度帰宅し、陸太と言葉を交わすことはありましたが、その際両親に会うことはありませんでした。しかし、働いていた百貨店が焼失したため、絵子は十七年ぶりに家に帰ることになりました。

足羽川のほとりを抜けて、村へ入るときには背筋が震えた。これまでも、何度も戻ってきていた。けれどもそれは両親のいない隙を見計らってのことだった。今度という今度は正面切って、西野の家へ戻してくれと頼まなければならない。

柿の木のところまで来た絵子は、立ち止まらずに坂を登っていった。立ち止まったら、進めなくなりそうだった。戸口に蹲る人影が見えた。母だ、と思ったら足がすくんだ。引き返そうかとしたとき、顔をあげた。目を細めてこちら

を見定めると、

「絵子け」

とひとこと言った。

絵子は頷いた。

「帰ってきたんけ」

また頷く。

「ほうか」

母は応えると、手許の作業へ戻っていった。軒先に吊っていた大根の縄をほどいているらしい。ふと母が、*石田のおばちゃんのように見えた。いっぺんに二十も三十も老け込んでしまったかのように。やがて立ちあがると、

「入らんのけ」

と言った。絵子はそれでようやく敷居を跨ぐことができた。頬くらい張られると思っていた。母は驚いた顔もせず、怒りをあらわにもしないかわりに嬉しそうでもなかった。絵子が時折戻っていたことに、あるいは気づいていたのかもしれない。かつて陸太がしてくれたように、お茶を出すこともなかったし、ちゃぶ台へ一緒について話を聞くこともなかった。絵子は放っておかれた。またはそもそもこの無関心こそが、この村の心性だったのだろうか。

二階を使っていいかと問おうとしたところで、

「陸太に令状がきた」

居間を横切っていく母親が、顔を伏せたままで言った。

令状。それは召集令状のことにほかならなかった。

「昨日のことや。ほんであんたを呼びにやらなあかんと思ってたとこやった」

「ほれで、いま陸太は」

2021(R3) ノートルダム清心中
K 教英出版

「工場のほう。いろいろ片づけて、入隊は五日後やと」
忙しねえの、と言ったきり、奥へ引っ込んでしまった。
陸太はだいぶ以前から勤労動員へ取られていた。その働き先は何度か変わっていて、遠くの現場へ飛行場の建設のためにやられたこともあれば、このごろでは通えるほどの距離なのに寮生活をさせられて、早朝から夜遅くまで働いているということだった。
日暮れどきに帰ってきた陸太は、風呂敷ひとつぶんの荷物を手にしていた。絵子の顔を見ると、「ねえちゃん」と言ったが、こうして家族に交じっていても、さして驚きはないようだった。
ひさかたぶりの、全員で囲む食卓だった。ミアケはむろんいなかったし、和佐も嫁に行ったままだった。ヨリは今度はその和佐の若かったころによく似て見えた。やはり工場へ勤労動員されていて、疲れて帰ってきたというのに母親を手伝って夕餉を支度した。嫁に行ってもおかしくない歳だったが、若い者はみな兵役に取られていた。
食卓では芳造ばかりが喋っていた。それもかつてと変わらなかった。ほかの家族は訊かれたら答えるくらいで、相槌を打ちながら黙って食べる。お膳にあがったものの味を、絵子は静かに噛みしめていた。代用食、代用米ばかりの都市部での食事をしてきたあとでは、ここの食べ物*は信じられないくらい美味しく感じられた。申し訳程度の魚と煮物というお菜は、絵子が飛び出していったときと同様につましいものだった。けれど少なくとも、ここにあるのは本物の米だった。
「よう帰ってきたの、絵子も」
唐突に呼びかけられて、絵子は思わず「はい」と声が出た。信じられないことだったが、(6)芳造は上機嫌だった。「こうやってみんな揃って。陸太にもとうとう召集が来て。なあ、めでたいことやの」
そう弟の背中を叩いた。配給でもらったわずかばかりの酒を、水で薄めて飲んでいるらしい。
「ほうや、ほうや、頑張って来んと」

母は陸太にも酌をしてから、徳利を置いたあとの右手で目尻を拭った。

「ほや、こんな名誉なことはねえ」

言ってからぐい呑みを干した目が真っ赤だったので、父が破れかぶれになっていることを絵子は知った。母はそのまま啜り泣いた。あんなに将来を楽しみにしていた、ひとり息子の出征だった。当の陸太はそのあいだ、宙の一点を見つめ続けていた。

（谷崎由依『遠の眠りの』より）

＊十二月……大正十五（一九二六）年の十二月。

＊農閑期……農作業のひまな時期。

＊行商……店を持たず、品物を持って売り歩くこと。

＊機屋……はたを織るのを家業とする家。

＊尋常小学校……旧制小学校のひとつ。昭和十六（一九四一）年まで続いた義務教育の学校。

＊嫡男……家の跡を継ぐ長男。

＊憮然……失望や不満でむなしくやりきれない思いでいるさま。

＊綯って……ねじりからみ合わせて一本にして。

＊内職……本職のほかに、家計の補助などのためにする仕事。

＊中学校……旧制中学校。義務教育を終えた男子のみが通うことのできる学校。

＊折檻……体に苦痛をあたえてこらしめること。

＊石田のおばちゃん……絵子が幼いころ世話になっていた近所に住む老婆。

＊つましい……質素な様子。

問一 ――(A)「徒労」・(B)「屁理屈」とありますが、その意味として、最も適当なものを次の中からそれぞれ選び、記号で答えなさい。

(A) ア 肉体労働　イ 重労働
ウ むだな労働　エ つらい労働
オ 単純な労働

(B) ア 無礼な態度　イ わがままな主張
ウ 誤った論理　エ 筋の通らない言い分
オ 一方的な不平不満

問二 ――線（1）「どうやらそれだけではないらしい」とありますが、その説明として、最も適当なものを次の中から選び、記号で答えなさい。

ア 絵子たちに比べて陸太が大切に育てられているのは、陸太が本家の養子になるために、文句も言わず努力しているからだろうと、絵子が感じているということ。

イ 陸太と父だけが魚を食べることができるのは、男であるために力仕事をする必要があるだけでなく、女性とは体の仕組みが違うからだろうと、絵子が感じているということ。

ウ 陸太だけが尋常小学校に通って勉強できるのは、女性よりも男性を重んじる当時の社会的な価値観が大きく影響しているのだろうと、絵子が感じているということ。

エ 母が陸太だけに愛おしそうな仕草を見せるのは、陸太を長男として尊重している一方で、絵子たち姉妹のことは労働力としてしか見ていないからだろうと、絵子が感じているということ。

オ 陸太の特別扱いは、男女の身体のつくりの差以上に、父の望みや母の夢が男である陸太に託されていることのあらわれだろうと、絵子が感じているということ。

問三 ━━線(2)「妹の細い背中を絵子は凝視(ぎょうし)した」とありますが、その理由として、最も適当なものを次の中から選び、記号で答えなさい。

ア 絵子は家の手伝いをさせられることを不満に思っていたが、同じ立場にあるはずの妹のミアケが、素直(すなお)に言いつけに従おうとしている姿に、疑問を感じたから。

イ ミアケとは、自由に行動したいという思いを打ち明け合っていたにも関わらず、ミアケだけが親の前でいい子にふるまう様子が、絵子は気にくわなかったから。

ウ いつも我慢(がまん)を強(し)いられている姉のために、ミアケが姉の分の作業も請(う)け負い、本を読めるようにしてくれるのではないかと、絵子はひそかに期待したから。

エ ミアケとは、これまで苦しい生活の中で互(たが)いに助け合ってきたのに、自分だけが家の手伝いから逃(のが)れようとしていることを、絵子は申し訳なく思ったから。

オ したいことがあるはずなのに、そのまま母にその気持ちをきちんと伝えることができないミアケの姿を、絵子は情けなく思い、妹を叱(しか)りたい気持ちになったから。

問四　━━線（３）「指先がつめたくなっていく。それは寒さのゆえではなかった」とありますが、このときの絵子の心情の説明として、最も適当なものを次の中から選び、記号で答えなさい。

ア　陸太は家を継ぎ、女の自分は嫁に行くというように、自分たちの人生は親によって決められていることを知り、息苦しさを感じると同時に将来への希望を失っている。

イ　きょうだいなのに、ミアケも陸太も、家の手伝いをせず本を読みたいという自分の気持ちを理解してくれないことから、家族の中にいながら孤独感（こどくかん）をつのらせている。

ウ　自分が読みたい本を読めないだけでなく、弟や妹までもがやりたいことをやらせてもらえず、ただひたすら働かないといけない状況（じょうきょう）を、なんとか変えようと決意を固めつつある。

エ　陸太は勉強させてもらえるのに、自分は読書の約束をかんたんに破られてしまったことにいらだち、今まで積もってきた不満を母にぶつけようとして、緊張（きんちょう）している。

オ　これからの世の中は女であっても勉強をしなければならないのに、父も母もそのことに気がつかず、ただ男である弟の出世ばかりを願っている姿に、憐（あわ）れみと情けなさを感じている。

問五　━━線（４）「ほんとうに生きることはできない」とありますが、絵子にとって「ほんとうに生きること」とはどういうことですか。百字以内で説明しなさい。ただし、句読点や符号（ふごう）も字数にふくみます。

問六　――線（5）「方言で声に出して言おうとすると、まるでうまく行きそうになかった」とありますが、その理由として、最も適当なものを次の中から選び、記号で答えなさい。

ア　日常に用いる方言で自分の意見を伝えたとしても、緊張感のある雰囲気にはならず、本当に伝えたいことが伝わらないかもしれないから。

イ　生活感にあふれた言葉である方言では、冷静に思考しようとしても、考えるよりも前に日々の生活への不満があふれてしまいそうになるから。

ウ　方言は、現実の生活と、そこで感じる生の感情と強く結びついており、生活とかけ離れた絵子の思考を言葉で表現するための手段として用いるのは難しいから。

エ　絵子は、本に書かれた文字を通してならば冷静に考えることができるが、声に出して伝えることには慣れていないため、どうしても緊張してしまうから。

オ　生活に密着した言葉である方言では、母に反発する絵子の感情を生々しく伝えることになり、母を深く傷つけてしまうかもしれないから。

問七 ――線（6）「芳造は上機嫌だった」とありますが、その説明として、最も適当なものを次の中から選び、記号で答えなさい。

ア 貴重な労働力である息子を戦争に行かせることは残念だが、出征は名誉なことなので、前向きにとらえようと自らを励まし（はげ）ている。

イ 大切な長男が出征していくことに、本当は悔（くや）しさを感じているが、どうしようもないことなので、やけになって明るく振る舞（ま）っている。

ウ ひとり息子が出征することになり、先行きに不安を感じる一方で、家出した娘が戻ってきて、久しぶりの団らんに心が浮（う）き立っている。

エ 何を考えているか分からない息子であったが、名誉とされる出征が決まり、息子もようやく一人前になったと感じて安心している。

オ 将来を期待していた息子が出征することになり、戦争を憎（にく）む気持ちがわき起こってきたが、口には出せないので、必死に我慢している。

問八　それぞれの～～～線部の表現と内容についての説明として、最も適当なものを次の中から選び、記号で答えなさい。

ア「尋常小学校から帰ってきた陸太は、鰯の頭を無表情に噛み砕いている」からは、両親の期待が重荷となって、陸太が家族の前でさえ感情を表に出せなくなってしまっていることが読み取れる。

イ「軒先から入るひかりの陰になった父は真っ黒な顔をしていた」からは、これまでになく本気で反抗してくる絵子に対して、父が急に顔色を変えるほど激しい怒りを覚えていることが読み取れる。

ウ「ミアケはますます困惑し、どうしていいかわからずに泣きそうな顔をしている」からは、あこがれていた姉が叱られているのを見て、ミアケがいたたまれない気持ちになっていることが読み取れる。

エ「母は驚いた顔もせず、怒りをあらわにもしないかわりに嬉しそうでもなかった」からは、働くことに追われて絵子を長い間放っておいた母が、後ろめたさをごまかすために無関心を装っていることが読み取れる。

オ「少なくとも、ここにあるのは本物の米だった」からは、都市部での食事と比較することで、以前は不満ばかりだった村での生活にも良さがあったと、絵子が認められるようになったことが読み取れる。

［二］ 次の文章は、生物学者の福岡伸一さんが書いたものです。少年の頃に出合った「ルリボシカミキリ」の青色の美しさに魅せられた「私」（筆者）は、昆虫に興味を持ちます。サナギがチョウに変化する過程を知るためにサナギを開いてみたところ、入っていたのはドロッとした茶色い液体でした。昆虫の不思議にますますひかれた「私」は、いつしか「新種の虫を見つけて名前をつけ、図鑑に載せること」と『生命とは何か？』という謎を解くこと」という二つの夢を抱きます。まずはひとつ目の夢を叶えようと新種の虫を探し、ついに見たことのない虫を発見しますが、実はそれは成長途中のカメムシでした。本文を読んで、あとの問いに答えなさい。

（本文は一部表記を変えたところがあります。）

ひとつ目の夢に挫折した私は、ひとまず虫のことだけを考えていられるような研究者になりたいと考え、大学で生物学を専攻しました。

私が大学生活を過ごしている間に、生物学の世界には大きな転換期が訪れます。

その頃の生物学の研究では、生命というのは精密機械のようなもので、「生命とは何か？」という謎を解くためには、生命が何からできているのか、生命という機械の〝パーツ〟をすべて明らかにしなければいけないと考えられていました。しかし、生命のパーツは無限にあります。すべてを調べて明らかにするなんてことは、とうてい無理——これが当時の常識でした。

ところが、どうやら体のすべての細胞に存在しているＤＮＡというものに、生命の設計図が書かれているとわかってきました。約30億の文字からなるその設計図を解読すれば、私たちを含む生命の体や細胞をつくっている＊ミクロなパーツ——遺伝子がいくつあって、どんな種類があるのか、すべて明らかにできるかもしれない。遺伝子が明らかになれば、それを組み立ててできている生命の謎はきっと解けるはずだ。そんな考えが主流になり始めていたのです。

（1）私は心が躍るようでした。新種の虫を見つけられなかった代わりに、新しい遺伝子を見つけよう——大学卒業後も研究を続けて、私は新しい遺伝子をいくつか見つけることができました。世界中の生物学者が取り組んだ結果、２００３年にはヒトを構成する遺伝子は、ほぼすべて発見されました。絶対に無理だといわれていた難題がクリアされたのです。ようやく見つけた「生命」をつくるパーツのすべて。約２万２０００個の遺伝子が一覧になり、できあがった遺伝子の図鑑……。しかし、完成して初めてわかったのは、生命を構成するパーツのことがすべてわかっても、「生命とは何か？」の答えはまったくわからないということでした。

遺伝子そのものは試験管の中で再現することができるのに、その遺伝子をいくら混ぜても生命は誕生しない――じゃあ、結局生命って何なのだろう？

私は、何だか映画のエンドロール[a]を眺(なが)めているような気分になりました。映画をつくり上げたスタッフ、キャストの名前が順々に並び、流れていく。主役のＡさん、脇役(わきやく)のＢさん、音声のＣさん、監督(かんとく)のＤさん……。この映画に関わるすべての人の名前はわかる。でも、エンドロールだけを見ていても、肝心(かんじん)の映画の中身はまったくわからない……。

(2)これが私の２番目の挫折です。

そこで私は、まったく別の角度から「生命とは何か？」を考えてみることにしました。

映画のエンドロールで名前の一覧を見るだけでは、映画のストーリーはわかりません。でも、映画の本編(ほんぺん)で「Ａさんは何をしていて、Ｂさんはそこにどう関わっているのか」を調べていけば、映画のストーリーがおのずとわかるはず……。

つまり、パーツを調べるのではなく、「流れる時間の中でパーツ同士がどのように関わり合い生命が成り立っているのか？」という視点で生命を眺めてみることにしたのです。

時間の経過に注目すると、人間の体には、あるおもしろい現象が起きていることに気づきました。人間は毎日、時間の経過と共に、自分を形づくっている細胞をどんどん入れ替(か)えているのです。

気づかないうちに、あなたは体の外から入ってきた新しいものと、今のあなたを構成している細胞の中身とを交換(こうかん)しています。例えば、胃や小腸、大腸などの細胞は、たった２、３日で入れ替わります。筋肉の細胞は、２週間くらいで約半数が入れ替わっています。あなた自身の細胞はウンチなどでどんどん捨てられていく一方で、食事や外の環境からやってくる新しいものが取り入れられているのです。だから1年もすれば、あなたを形づくっていた細胞は、あなたの中からほとんどなくなってしまいます。いわば、今のあなたは、1年前のあなたとは物質的に「別人」なのです。

それでも見かけ上は、あなたはあなたであるように見えます。b ジグソーパズルでたとえるなら、全部のピースが一度に入れ替わるのではなく、他のピースとの関係性を保ちながらピースが一つひとつ入れ替わっているのです。ピースをひとつ抜いても、全体の絵柄はそう変わりません。

おもしろいのは、新しいものを入れる前に、体は自分で自分のことを分解し、古いピースを捨てていることです。自分の一部を壊し、捨てては入れて、また捨てては入れてと、体は絶えず動きながら「あなたであること」のバランスを取っています。

私はそのことに「動的平衡」という名前をつけました。「動的」は動いていること、「平衡」はバランスのこと。絶えず変化し、動きながらバランスを取る姿そのものを表現する言葉をつくったのです。

生命とは、遺伝子のことでもなければ細胞のことでもない。自分で細胞をどんどん壊す。壊し続けることで安定する。そう、生命は動的平衡である――これが私の見つけた、「生命とは何か?」への私なりの答えでした。

ところで、なぜ私たち生命は、わざわざ壊してまで、自分の一部を入れ替え続けているのでしょうか。その背景には、(3)すべての生き物が抱えている運命がありました。

宇宙には、あらゆるものは「整った状態」から「散らかった状態」の方向へと動く、という大原則があります。ちょっと難しいので、身近な例で説明しましょう。

例えば、あなたが部屋の片づけを終えたばかりだとします。きれいに整理整頓した部屋は、もう二度と散らかることがないように見えるでしょう。ところが、何もしなければ、1か月もすると散らかってしまいます。また、あなたが恋をしたとします。どんなに「あなたを愛し続けます」と誓っても、「恋をしたばかりの気持ちのままずっと変わらない」

なんてことはないのです。
どちらも、あなたのせいではありません。形あるものは崩れ、光っているものは錆びる。宇宙にあるものはすべて、何もせずにそのままでいたら、ただ悪いほうへと転がり落ちていく運命にあるのです。
植物や生き物も同じです。リンゴを切って置いておくと茶色に変色するように、人間の体も時間が経つと酸化して、肌にシミができたり、血液がドロドロになったりします。
生き物は常に、劣化する脅威にさらされています。だから、できるだけ長く生き続けるために、自分自身をどんどん壊し、入れ替えて、変化していくことが必要なのです。古くなったものや悪いもの、ごみのようなものを捨て続けながら、変わることで生きていく。だから、生命は「動的平衡」なのです。
この「動的平衡」の考え方は、生き物だけではなく、世界のあらゆるものの見方までをも変えていきます。

【中略】

私たちの体が自分を壊し、部品を交換し続けられるのは、生命がそもそも壊しやすいしくみになっているからです。いろいろなところが柔軟に動き、一部分を抜いても崩れないような構造になっていたから、法隆寺が部材を交換し続けられたように、生命や、生命っぽいものは、自分自身をあえてゆるく、やわらかくつくることによって、部分的に壊して入れ替えることを可能にしています。
私たちは、この生命の姿から何を学べるでしょうか。
今、世界では「持続可能な社会をつくろう」という言葉が共通の標語として唱えられています。持続可能とは、簡単にいえば長続きすることです。
もし生命から学ぶべきことがあるとするなら、長続きするために大事なのは、頑丈にすることでも、完璧な設計図を引くことでもありません。大事なのは、【　X　】ながら、変化し続けられるようにしておくことです。あらかじめ壊すことを念頭に置いて、始めからゆるく、やわらかくつくっておく。生命の姿からは、私たちが抱える社会課題へのヒントももらえるはずです。

「青色のカミキリムシ」や、「サナギの中で溶けるチョウ」から始まって、組織や建築、文学、都市づくりや環境問題などの社会課題まで、気づけば「生命とは何か？」という問いが、私をこんなに遠いところまで連れてきていました。

「動的平衡」にたどり着くまで、私は2度の挫折を経験しました。新種の昆虫を発見したと思ったら「普通のカメムシ」と言われたとき。すべての遺伝子を見つけたのに、「生命とは何か？」はまったくわからないと気づいたとき——。

何かを目指して探究していくことは、山登りをするようなものです。山登りをしていると、ときどき予想外のことが起こります。頂上を目指して、一歩一歩、地道に山を登り、ようやくたどり着いたら、想像もしない景色が広がっていることがあります。目指していたところにたどり着いてから、「ここは山の頂上ではない」とわかることもあります。それでも、一度登って頂上までたどり着いてみなければ、そこがゴールではないことすらもわかりません。研究をする、学問に取り組むとは、「次の景色が見える」ということです。だから、最初に狙った通りにならないことを、怖がる必要はありません。

たとえ挫折したとしても、挫折した先に見える景色が必ずあるはずです。

（福岡伸一「生命とは何か？」より）

＊ ミクロ ……… 肉眼では見えないほど非常に小さな様子。

＊ 劣化 ……… 時間の経過に従って、品質や性能などが悪くなること。

問一 ——線（1）「私は心が躍るようでした」とありますが、その理由として、最も適当なものを次の中から選び、記号で答えなさい。

ア それまで生命の謎を解くために必要とされてきた、生命を機械のパーツのようにすべて調べるという方法が、遺伝子の発見によってDNAの解読という方法に変わったことに、驚いたから。

イ 新種の虫を見つけることはできなかったが、その代わりにいくつか新しい遺伝子を見つけることに成功し、絶対に無理だと言われていた生命の謎が解き明かされたと思ったから。

ウ 遺伝子の情報を解明すれば、それまで不可能とされていた生命を形づくるパーツをすべて明らかにするという営みが可能になり、生命に関する難題が解けるかもしれないという期待感を抱いたから。

エ 新種の虫を見つけて名前をつけるというひとつ目の夢は叶わなかったが、その代わりに新しい遺伝子を見つけて名前をつけることはできるかもしれないという新たな希望を持ったから。

オ 生物学の世界に大きな転換期が訪れたことで、それまで不可能と思われていた、生命のパーツをすべて調べるという作業が完了する瞬間に、自分が立ち会えるかもしれないと思ったから。

問二 ——線（2）「これが私の2番目の挫折です」とありますが、「これ」の内容を説明している部分を本文中から五十字で探し、最初と最後の五字を答えなさい。ただし、句読点や符号も字数にふくみます。

問三 ――線（3）「すべての生き物が抱えている運命」とありますが、この説明として、最も適当なものを次の中から選び、記号で答えなさい。

ア 宇宙の原則に従って、生き物は「整った状態」よりも、「散らかった状態」を好むという傾向を持っている。

イ 宇宙の原則に従って、生き物は長く生き続けるために、体の中の悪いものを自ら取り除く能力を持っている。

ウ 宇宙の原則に従って、生き物は自分の一部を壊しても、時間が経つと回復するという特質を持っている。

エ 宇宙の原則に従って、生き物はそのままでいたら、どんどん状態が悪くなっていくという性質を持っている。

オ 宇宙の原則に従って、生き物は自分が生き残るために、邪魔なものを排除するという特徴を持っている。

問四 【 X 】に入る言葉を、本文中から十一字でぬき出して答えなさい。

問五　次の発言は、本文の内容について述べたものです。本文の理解が適切な生徒を一人選び、記号で答えなさい。

生徒A　……線a「エンドロール」って、遺伝子の一覧をたとえているんだよね。たしかに、実際に映画を見ないと、「エンドロール」だけでは映画の内容はわからないよね。筆者たち生物学者は、生命を構成するパーツを遺伝子から解明したけれど、それがどのように関係して生命をつくっているかはわからなかったのね。

生徒B　……線b「ジグソーパズル」にたとえて体のしくみを説明しているのはわかりやすいね。人の体には様々な細かいパーツがあり、それらが関わり合いながらきちんと機能しているから、ピースが多少なくなっても全体的には問題ないってことだよね。でも、なくしすぎないようにしなくちゃいけないね。

生徒C　……線c「リンゴを切って置いておく」と、茶色に変色してしまうのは私も見たことがあるわ。あれは、塩水につけたり、レモンをかけたりすると防ぐことができるのよね。だから、生き物にも、塩水やレモンのような、劣化を防ぐためのものが必要だってことじゃないかしら。

生徒D　……線d「法隆寺（ほうりゅうじ）」って、部材を交換し続けながら千年以上保たれてきたんだね。そのためには基礎（きそ）は頑丈にしておいて、部分的には壊しやすくつくっておく必要があったのね。このようなバランスのとれた構造は、持続可能な社会をつくるときにも応用できるんじゃないかな。

生徒E　……線e「山登り」なら、私もしたことがあるわ。途中で気分が悪くなったり道に迷ったりしたけど、頂上の景色を見たら達成感でいっぱいになったわ。筆者も、どんなに困難な状況でもあきらめずに目標に向かって進んだら、必ず達成できると考えているのよね。

問六　〰〰線「生命とは何か？」について、筆者が見つけた答えを、本文全体をふまえて七十字以内で説明しなさい。ただし、句読点や符号も字数にふくみます。

〔三〕 言葉についての次の問いに、それぞれ答えなさい。

問一 次の——線部は慣用句です。意味を参考にして、［ ］に入る適切な語をそれぞれ漢字一字で答えなさい。

① 旅行先で［ ］をのばす。
意味…解放されて、のびのびと振るまう。

② 地道な練習が［ ］を結ぶ。
意味…良い結果があらわれる。

③ あまりに厳しい練習に［ ］をあげる。
意味…弱気なことを言う。

④ 今までのことを［ ］に流す。
意味…過去のいざこざをなかったことにする。

⑤ 友人の上手な演奏に［ ］を巻く。
意味…非常に感心する。

問二　次の①～⑮の――線のカタカナは漢字に、漢字はひらがなにそれぞれ直して答えなさい。なお⑩・⑪は、**送りがなもひらがなで答えなさい。**

① 私は将来、親コウコウをしたい。

② 「初志貫徹（かんてつ）」が私のザユウの銘（めい）だ。

③ 植民地が独立をセンゲンする。

④ リットウの日にかぼちゃを食べた。

⑤ 身のケッパクを証明する。

⑥ 会場の興奮はサイコウチョウに達した。

⑦ 口うるさいと友人からケイエンされる。

⑧ イタリア語はラテン語からハセイした。

⑨ 兄は非常にマジメな性格だ。

⑩ 頰（ほお）を赤くソメル。

⑪ お地蔵様に花をソナエル。

⑫ 神は至高の存在である。

⑬ 友だちとは考えを異にする。

⑭ 明日は七夕だ。

⑮ 私の父は上背がある。

2021(R3) ノートルダム清心中
K 教英出版

２０２１年度

ノートルダム清心中学校　入学試験問題

算　数　その①

【１５分】

受験上の注意

（試験問題・解答用紙について）

１．試験を始める合図があるまで，試験問題を見てはいけません。

２．問題用紙は表紙を除いて１枚あります。

３．枚数が足りない時は，手をあげて監督（かんとく）の先生に知らせてください。

４．解答は解答らんに記入してください。

５．問題用紙を切り取ることは，しないでください。

（試験について）

６．「始めてください」の指示で鉛筆（えんぴつ）をとり，「やめてください」の指示があったらすぐに鉛筆を置いてください。

７．試験が始まったら，最初に受験番号と名前を書いてください。

８．印刷のわからないところなどがあったら，手をあげて監督の先生に知らせてください。

９．解答用紙を集めるまで席を立たないでください。

（その他）

１０．この表紙の裏を，「その①」の計算のために使ってもかまいません。この表紙は監督の先生の指示にしたがって持って帰ってください。

※印のところには，何も記入しないでください。

1 次の □ にあてはまる数を求めなさい。

（１） $(8.47+\square)\times 3.8=61.18$

[答]

（２） $2.1\div 0.8-\frac{7}{8}\div\left(\frac{4}{3}-\frac{3}{4}\right)=\square$

[答]

2 10円玉と50円玉が合わせて54枚あり，その合計金額は1300円です。50円玉は何枚ありますか。

[答] 枚

3 定価480円の商品を２割引きで売ると30円の利益になります。この商品の仕入れ値はいくらですか。ただし，消費税は考えないものとします。

[答] 円

4 ある水そうに，毎分６Ｌの割合で水を入れると，毎分４Ｌの割合で水を入れるときより３分早くいっぱいになります。この水そうの容積は何Ｌですか。

[答] L

5 ６人で働くと，ちょうど16日間で終わる仕事があります。まず９人で７日間，この仕事をしました。残りの仕事をちょうど３日間で終えるには，何人で働けばよいですか。

[答] 人

受験番号		名　前	

6　現在，母親の年れいは子どもの年れいの５倍で，９年後には３倍になります。現在，母親は何才ですか。

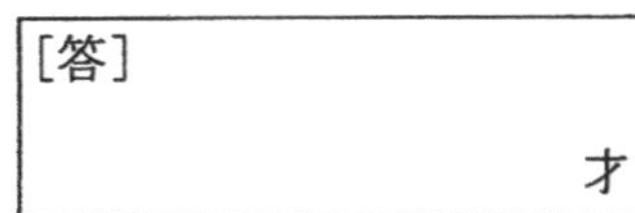

7　図のように，同じ長さの棒をたくさんつないで，正方形を30個作りました。使った棒は全部で何本ですか。

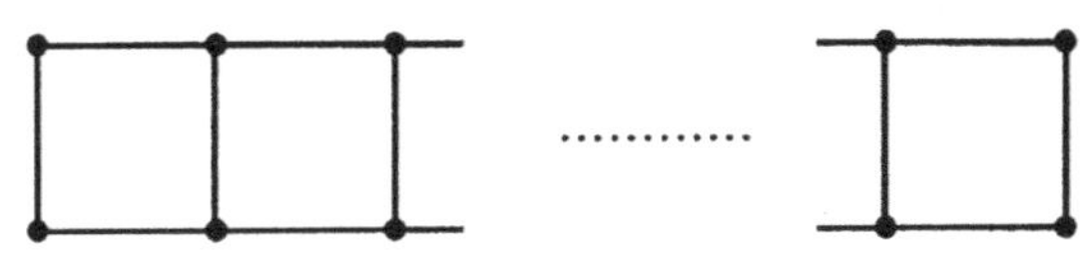

[答]

本

8　図のように，直角二等辺三角形ＡＢＣの中に正方形ＰＱＲＳがあります。三角形ＡＰＳの面積は何cm²ですか。

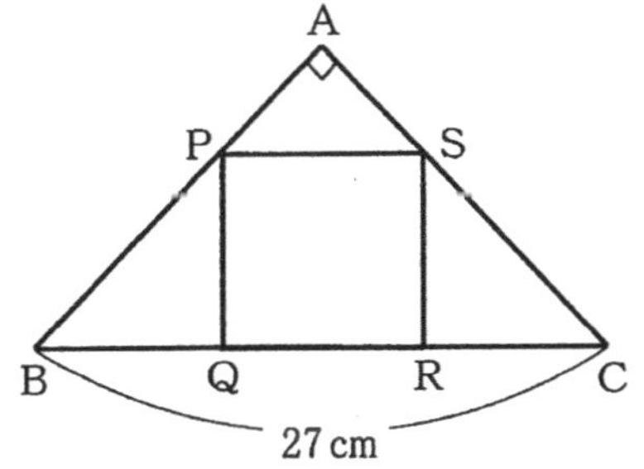

[答]

cm²

9　図のような展開図を組み立ててできる立体の体積は何cm³ですか。

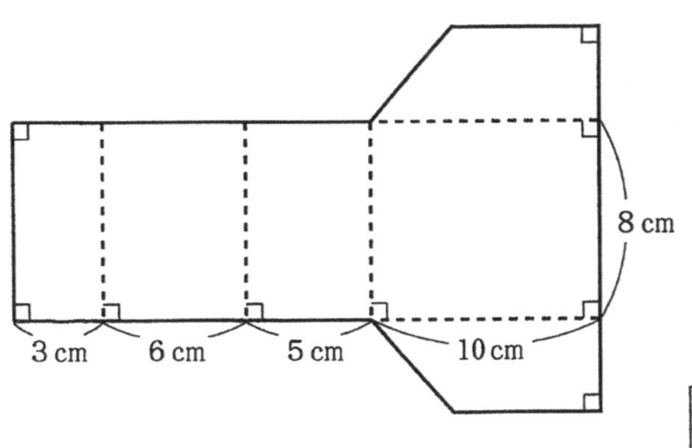

[答]

cm³

合計
※

２０２１年度

ノートルダム清心中学校　入学試験問題

算　数　その②

【３５分】

受験上の注意

（試験問題・解答用紙について）

１．試験問題は，１ページから３ページまで３問あります。

２．解答用紙は，問題用紙とは別に１枚あります。

３．解答は解答用紙に記入してください。

４．問題用紙を切り取ることは，しないでください。

５．この表紙と問題用紙は，監督の先生の指示にしたがって持って帰ってください。

1 清子さんと健太君は，発表会での２つの団体ＡとＢの発表時間について話し合っています。

清子「昨年の発表会の記録が残っていたよ。」

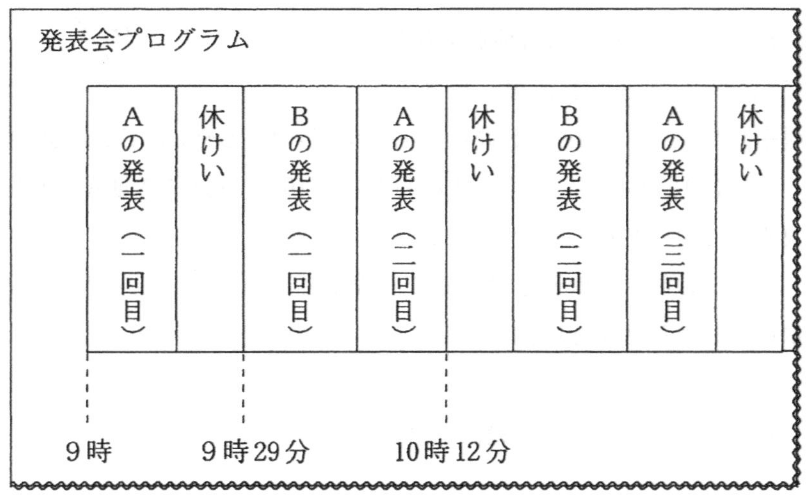

健太「昨年はＡ，休けい，Ｂの順に，同じ内容をくり返し発表して，１回あたりのＡの発表時間は，Ｂの発表時間の半分より４分長かったようだね。」

清子「じゃあ，１回あたりのＡの発表時間は［ア］分，休けい時間は［イ］分ということね。」

健太「では，今年の発表時間をどうするか考えよう。」

清子「Ａからは，自分たちの発表時間を１回あたり15分にしてほしいと言われたよ。またＢからは，自分たちの発表時間を合計３時間10分にしてほしいと言われたよ。これらの要望にかなうように，今年の発表会プログラムを作ろう。」

健太「休けい時間を10分間としよう。９時から昨年と同じ順にくり返し発表するとして，16時20分にＢの発表が終わるように考えよう。」

清子「ということは，１回あたりのＢの発表時間を［ウ］分にすればよいね。」

Ｂの発表からＡの発表にかわる時間を考えないものとして，次の問いに答えなさい。

（１）［ア］，［イ］にあてはまる数を求めなさい。

（２）［ウ］にあてはまる数を求めなさい。

2 時速3.75 kmの速さで流れている川があります。川にはＡ地点とＢ地点があり，Ｂ地点はＡ地点より２km下流にあります。

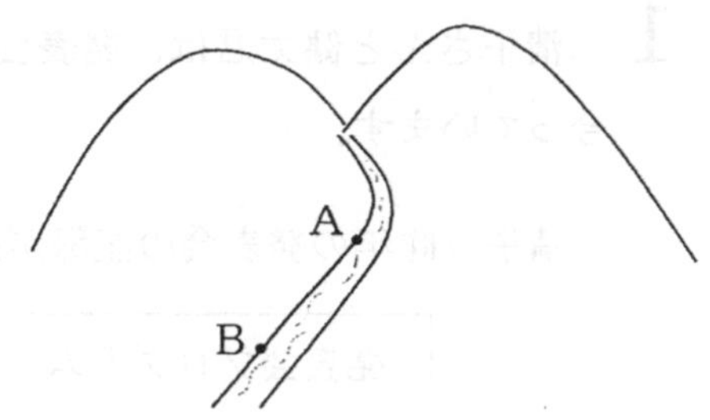

清子さんは，10時にＡ地点からボートで出発し，ＡＢ間を往復し続けます。愛子さんは，同じ時刻にＢ地点から川岸を歩いて出発し，ＢＡ間を往復し続けます。

２人は10時８分に初めてすれちがい，10時36分にＡ地点とＢ地点のちょうど真ん中で再びすれちがいました。

ボートの静水での速さは一定で，愛子さんの歩く速さも常に一定であるとして次の問いに答えなさい。

（１）愛子さんの歩く速さを求めなさい。

（２）ボートの静水での速さを求めなさい。

（３）２人が３回目にすれちがうのは，Ａ地点から何kmはなれた所ですか。

3　右の図１のように，円を２つの半径で切り取ってできる図形をおうぎ形といい，２つの半径の間の角を中心角といいます。

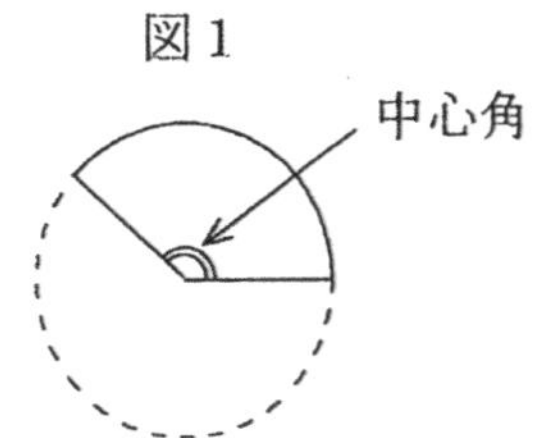

下の図２のように，半径２cmのおうぎ形Aと，半径３cmのおうぎ形Bがあり，AとBは同じ面積です。AとBを図３のように，中心と半径の一方をそろえて重ねてみると，図の印をつけた角の大きさが45°でした。下の問いに答えなさい。ただし，円周率は3.14とします。

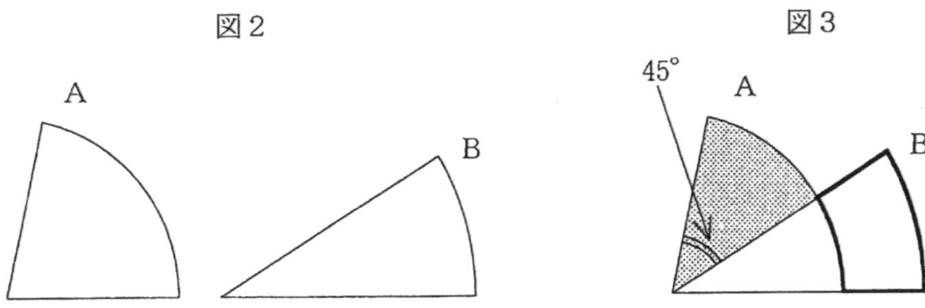

（１）「図３で，▒の部分の面積は，半径２cmの円の面積の ア 倍です。よって，▒の部分の面積は イ cm² です。」
ア にあてはまる数を分数で， イ にあてはまる数を小数でそれぞれ求めなさい。

（２）おうぎ形Bの中心角の大きさを求めなさい。

（３）図３の太線部分の長さを求めなさい。

２０２１年度

ノートルダム清心中学校　入学試験問題

理　科

【３０分】

受験上の注意

（試験問題・解答用紙について）

１．試験を始める合図があるまで，試験問題を見てはいけません。

２．試験問題は１ページから 16 ページまであります。

３．解答用紙は１枚，試験問題にはさんであります。

４．解答は解答用紙に記入してください。

（試験について）

５．「始めてください」の指示で鉛筆をとり，「やめてください」の指示があったらすぐに鉛筆を置いてください。

６．試験が始まったら，最初に受験番号と名前を書いてください。

７．印刷のわからないところやページのぬけているところがあったら，手をあげて監督の先生に知らせてください。

８．解答用紙を集めるまで席を立たないでください。

（その他）

９．試験問題は監督の先生の指示にしたがって持って帰ってください。

1　次のⅠとⅡの文を読み，それぞれあとの問いに答えなさい。

Ⅰ．清子さんは，夏の暑い日に，学校の理科の授業で，アサガオの蒸散について実験を行いました。そのときに思ったことを，姉のリカさんと話しています。

清子：学校で植物の蒸散を確かめる実験をしたよ。鉢(はち)植えのアサガオにポリエチレンの袋(ふくろ)をかぶせて，日なたに15分間置いただけで，アサガオからたくさんの水が出てきてびっくりした。
リカ：水はアサガオのどこから出てくるか知っているかな。
清子：葉の気孔(きこう)から出てくると習ったよ。
リカ：アサガオは蒸散によって，多いときは1日に自分のからだと同じくらいの重さの水を出していると言われているよ。
清子：そんなに多くの水を出すなんて，アサガオは水がいらないのかな。
リカ：そんなことはないよ。水やりをしないと，アサガオは枯(か)れてしまうでしょう。アサガオは，Ⓐたくさんの水を根から吸い上げて，その水を蒸散によって葉の気孔から出しているのよ。
清子：水が必要なのに，どうして水を出してしまうのかな。
リカ：おもしろい質問ね。アサガオは蒸散によって水を出すことで，自分のからだが熱くなりすぎるのを防いでいる，というのが理由の1つらしいよ。
清子：アサガオ以外の植物も同じように，蒸散によってからだが熱くなりすぎるのを防いでいるのかな。
リカ：多くの植物はアサガオと同じように蒸散をするよ。でも，砂漠(さばく)のような場所でも育つサボテン（図1）は，昼間に蒸散をしないことが知られているよ。
清子：じゃあ，Ⓑサボテンはどうやってからだが熱くなりすぎるのを防いでいるのかな。

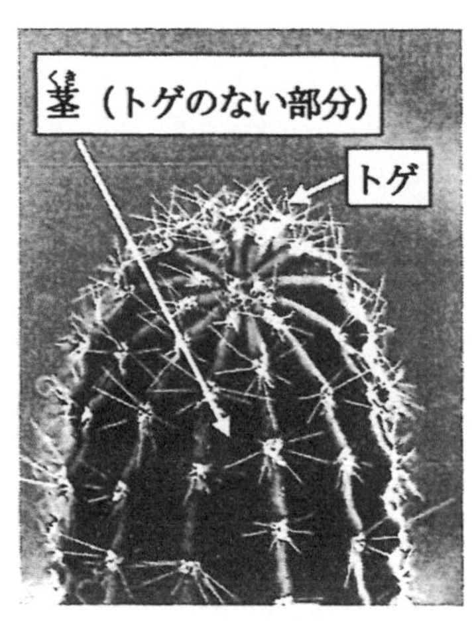

図1

問１　図２は，アサガオの花の断面のスケッチです。これについて，次の(1)と(2)の問いに答えなさい。

(1) 図２のｄとｅが示している部分の名前を，それぞれ答えなさい。

(2) 将来，実になる部分はどこですか。最も適当なものを次のア～クから選び，記号で答えなさい。

ア．ａのみ　　イ．ｂのみ　　ウ．ｃのみ
エ．ｄのみ　　オ．ｅのみ　　カ．ｂとｃ
キ．ｂとｄ　　ク．ｃとｄ

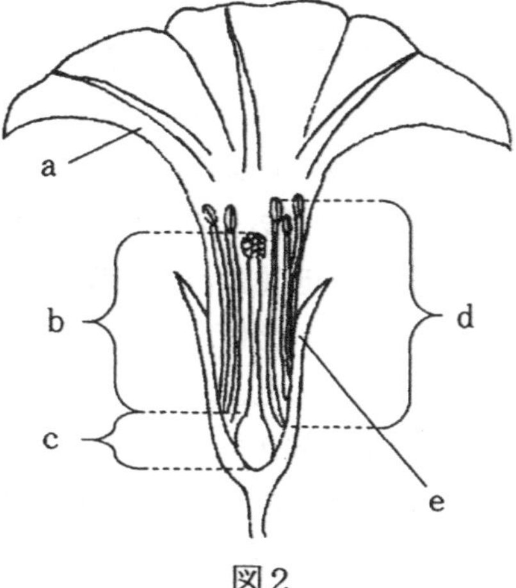

図２

問２　下線部Ⓐについて，アサガオの場合は，根から吸い上げた水などの必要なものは，茎にある管を通ってからだ全体に行きわたりますが，ヒトの場合は，養分などの必要なものは，何を通ってからだ全体に行きわたりますか。

問３　清子さんは下線部Ⓑの疑問について考え，「サボテンのトゲには，日光が当たったときに茎が熱くなりすぎるのを防ぐはたらきがある」と予想を立てました。そこで，２つのサボテンを使って，部屋の中で実験を行います。清子さんの予想が正しいかどうかを確かめるために必要なことを，次のア～カからすべて選び，記号で答えなさい。

ア．同じ種類のサボテンを用意する。
イ．部屋の中の日当たりのよい場所にサボテンを置く。
ウ．一方のサボテンを，日光をさえぎることができる箱の中に入れる。
エ．両方のサボテンを，日光をさえぎることができる箱の中に入れる。
オ．一方のサボテンのトゲをすべてぬく。
カ．両方のサボテンのトゲをすべてぬく。

Ⅱ．清子さんは，サボテンが昼間に蒸散を行わないことを不思議に思いました。そのことについて，リカさんと話しています。

清子：サボテンが昼間に蒸散をしないのは，サボテンに葉がないからなのかな。

リカ：たしかに，サボテンはアサガオのように大きな葉はもっていないわね。でも，サボテンの気孔は茎にあるのよ。

清子：気孔があるのに，どうして蒸散をしないんだろう。

リカ：その理由はね，サボテンが気孔を昼間に閉じているからなのよ。

清子：そういえば，気孔には蒸散だけでなく，二酸化炭素を取り入れるはたらきもあると習ったよ。

リカ：よく覚えていたわね。植物は気孔から取り入れた二酸化炭素と，根から吸い上げた水，そして日光を使って，©<u>養分をつくって生きている</u>のよ。

清子：サボテンはいつ養分をつくっているのかな。気孔を閉じていたら，二酸化炭素を取り入れることはできないよね。

リカ：実はサボテンは，夜間に気孔を開けているのよ。

清子：じゃあ，サボテンは夜間に養分をつくっているのかな。

リカ：それは違(ちが)うわ。夜間は（　①　）がなくて，養分をつくることができないの。サボテンは昼間ではなく夜間に（　②　）を取り入れておき，昼間に（　①　）を使って養分をつくっているのよ。

清子：サボテンは，夜間に取り入れた（　②　）を，昼間までためておくことができるんだね。

リカ：その通り。（　②　）をためておくことができるから，昼間に気孔を閉じていても養分をつくることができるの。サボテンが昼間に気孔を閉じていることには，（　　③　　）という利点があるのよ。

清子：なるほど。だからサボテンは，砂漠のような水が少ない場所でも育つことができるんだね。

問４　下線部©について，次の(1)と(2)の問いに答えなさい。

(1) 植物がつくる養分の１つにでんぷんがあります。何を使うと，でんぷんがつくられたことを確かめることができますか。

(2) 植物は自分で養分をつくって生きていますが，動物にはそれができません。動物はどのような方法で養分を得て生きていますか。10字以内で答えなさい。

問５　Ⅱの会話文中の（　①　）と（　②　）にあてはまることばを，それぞれ文中からぬき出して答えなさい。

問６　Ⅱの会話文中の（　　　③　　　）には，どのような内容が入ると考えられますか。20字以内で答えなさい。

2　次のⅠとⅡの文を読み，それぞれあとの問いに答えなさい。

Ⅰ．私たちが方位を調べるときに用いる方位磁針は，磁石の性質を利用しています。

問1　磁石に引きつけられるものを，次のア～キからすべて選び，記号で答えなさい。

ア．1円玉　　イ．10円玉　　ウ．スチールかん　　エ．アルミかん
オ．鉄くぎ　　カ．ガラス棒　　キ．ペットボトル

問2　次の文は，方位磁針について述べたものです。文中の①と②にあてはまることばを（　　）内からそれぞれ選び，記号で答えなさい。

> 方位磁針を用いて方位を調べるときは，方位磁針を水平に持ち，調べたいものの方向を向いて方位磁針を回し，磁針の色のついた方に①（ア．東　イ．西　ウ．南　エ．北）の文字を合わせる。そして，調べたいものの方位を読み取る。
> 磁針の色のついた方がN極であり，N極が①の方位を指すということは，地球を大きな磁石と考えた場合，北極は②（ア．N極　イ．S極）であることがわかる。

Ⅱ．清子さんと姉のリカさんは，方位を調べる道具を持って，家の近くの4つの層からなる地層P（図1）の観察に行き，不思議に思ったことについて話しています。

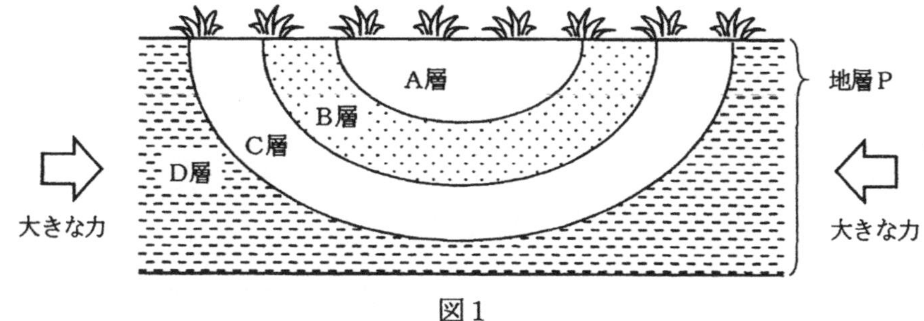

図1

清子：地層Pはなぜ曲がっているんだろう。

リカ：地層Pに左右から大きな力（⇨）がはたらいたからよ。地層Pだけでなく，多くの地層は大きな力で押(お)されて曲がっているの。曲がっていると，地層の方向をはかりやすいよ。

清子：地層の方向って何かな。

リカ：絵を描(か)きながら説明するね（図2）。地層は断面を観察する場合が多いけど，断面から奥(おく)にも地層は広がっているのよ。この絵の地層では矢印の方向（➞）が，断面から見た地層の方向よ。

清子：じゃあ，地層の方向は，どうやってはかるのかな。

リカ：クリノメーター（図3）という道具を使うと簡単にはかることができるよ。

清子：私が持ってきた方位磁針によく似ているけれど，クリノメーターと方位磁針はどこが違う（ちが）のかな。

リカ：方位磁針とクリノメーターの文字盤（ばん）を見比べたらわかるよ。

清子：「東」と「西」の位置が逆になっているんだね。

リカ：その通り。位置が逆になっているのは，地層の方向をはかりやすくするための工夫（くふう）なの。地層の方向をはかるときは（図4），地層の境目にクリノメーターの長い方の辺をあてて水平に持ち，地層の方向が北から何度東，または何度西かを，0～90度の範囲（はんい）で読み取るの。実際にはかるときは，境目が見えていないことが多いから，地層をけずって境目を出すのよ。この絵だと，地層の方向が「北から45度西」だとわかるね。

清子：なるほど，磁針の色のついた方が指す方位を読み取ればいいんだね。さっそく地層Pの方向を調べてみるよ。

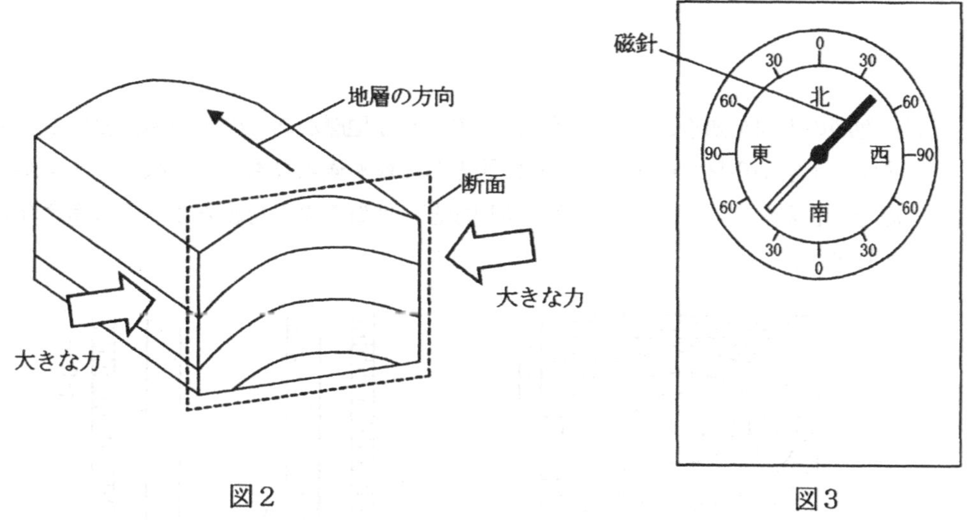

図2　　図3

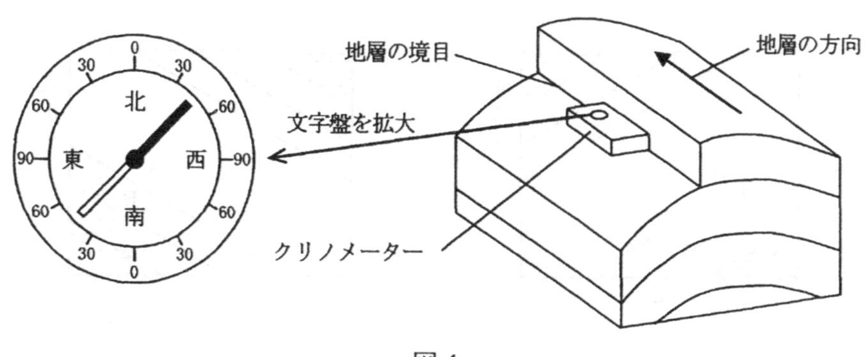

図4

問３　清子さんがクリノメーターを用いて図１の地層Ｐの方向をはかると，「北から60度東」であることがわかりました。次の(1)と(2)の問いに答えなさい。

(1) 最初に清子さんは，まちがって地層の境目に，クリノメーターの短い方の辺をあてて地層の方向をはかってしまいました。そのときのクリノメーターの文字盤として考えられるものを，次のア～エから２つ選び，記号で答えなさい。

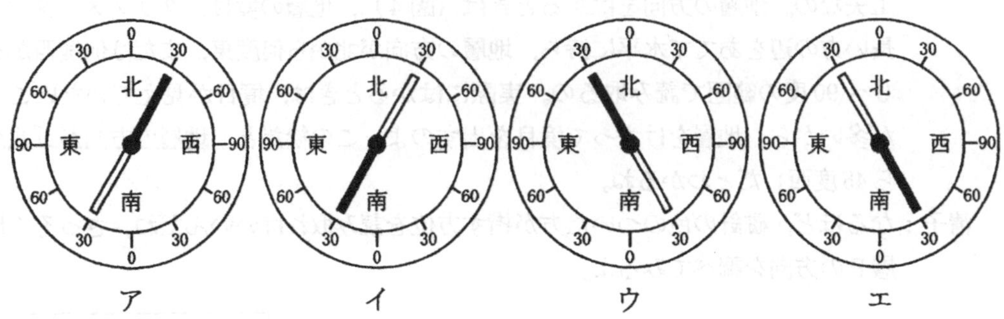

(2) 地層の方向を知ることで，どこにどのような地層があるのかを図に表すことができます。上空から見た地層Ｐを表した図として最も適当なものを，次のア～エから選び，記号で答えなさい。ただし，草や建物など，地層の表面をおおうものは考えないものとします。

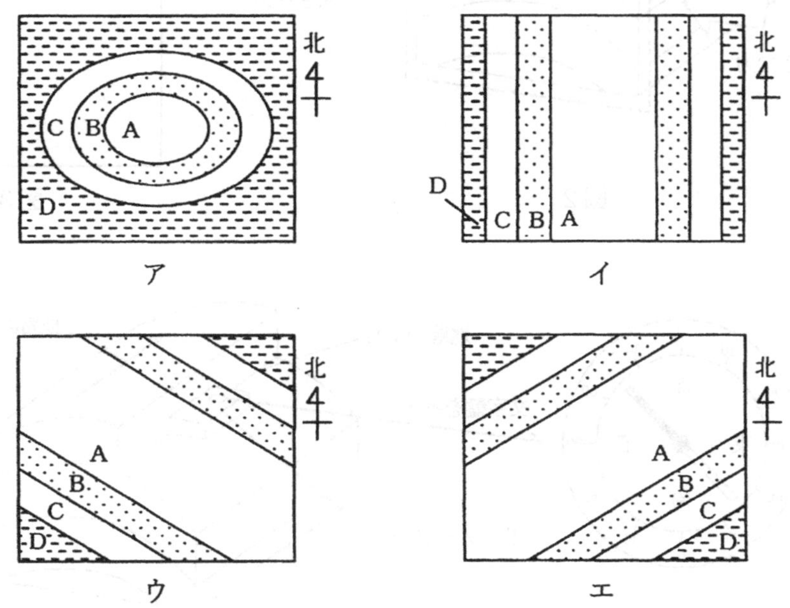

問４　図１の地層Ｐは，でい岩や砂岩からできており，Ｄ層のみからアンモナイトの化石が見つかりました。そして，地層Ｐは次の①～④の順番に形成されたことがわかっています。下の(1)～(3)の問いに答えなさい。

①　アンモナイトが（　ａ　）にすんでいた。
②　アンモナイトの死がいの上に，どろが積み重なってＤ層ができた。
③　どろや砂が積み重なってＣ層やＢ層やＡ層ができた。
④　地層が地上に出てきた。

(1)　（　ａ　）にあてはまる場所を漢字１字で答えなさい。

(2)　地層Ｐに左右から大きな力（⇨）がはたらいて地層が曲がったのは，次のア～エのいずれかの時期です。その時期として最も適当なものを選び，記号で答えなさい。ただし，大きな力がはたらいたのは１度だけとします。
ア．①の前　　イ．①と②の間　　ウ．②と③の間　　エ．③と④の間

(3)　Ｂ層は４ｍの厚みがあり，10万年かけて形成されました。Ｂ層は平均して１年間に何㎜ずつたい積したと考えられますか。

3　次の文を読み，あとの問いに答えなさい。

スーパーマーケットや自動販売機では，炭酸水をはじめとした，さまざまな炭酸飲料が売られています。炭酸水は，水に二酸化炭素という気体が溶けた水溶液です。二酸化炭素という気体は目に見えませんが，重さがあります。

問１　炭酸水の性質として正しいものを，次のア～オからすべて選び，記号で答えなさい。

ア．石灰水に入れると白くにごる。

イ．アルミニウムを入れると，泡を出してアルミニウムがよく溶ける。

ウ．つんとしたにおいがする。

エ．水を蒸発させると白いつぶが残る。

オ．青色リトマス紙を赤色に変える。

問２　次のア～オの水溶液のうち，水に気体が溶けてできたものはどれですか。あてはまるものをすべて選び，記号で答えなさい。

ア．食塩水　　イ．アンモニア水　　ウ．ミョウバンの水溶液

エ．塩酸　　オ．砂糖水

問３　次の文は，ペットボトルに半分くらい水を入れて残りを二酸化炭素で満たし，ふたをしっかりと閉め，よく振ったときの様子について述べたものです。文中の（　①　）と（　②　）にあてはまることばとして適当なものを，それぞれ下のア～カから選び，記号で答えなさい。

ペットボトルは（　①　），水と二酸化炭素の入ったペットボトルの重さは，振る前と比べて（　②　）。

（　①　）にあてはまるもの

ア．へこみ　　イ．変化せず　　ウ．ふくらみ

（　②　）にあてはまるもの

エ．増えた　　オ．変化しなかった　　カ．減った

炭酸水に溶けている二酸化炭素の量を調べるため，次の実験１を行いました。

【実験１】炭酸水１Ｌと水１Ｌを異なる２つのビーカーに入れた後，それぞれの重さをすぐにはかりました。その後，２つのビーカーを１日放置し，再び重さをはかりました。それらの結果をまとめたものが表１です。ただし，使用した２つのビーカーの重さは同じではありませんでした。

表１

	放置する前	放置した後
炭酸水とビーカーの重さの合計〔g〕	1304.2	1296.8
水とビーカーの重さの合計〔g〕	1300.3	1297.3

問４　実験１の結果から，放置する前の炭酸水１Ｌには何ｇの二酸化炭素が溶けていることがわかりますか。ただし，放置したことで，二酸化炭素はすべて炭酸水から出ていったものとします。また，実験中に，炭酸水と水から蒸発した水の重さは同じであるものとします。

水に二酸化炭素をより多く溶かす方法を調べるため，次の実験２と実験３を行いました。ただし，実験中の室温は一定であり，実験に用いたピストンは注射器内部でなめらかに動き，注射器とピストンのすき間から二酸化炭素がもれることはないものとします。また，気体は押し縮められても重さは変わりません。

【実験２】図１のように注射器に二酸化炭素を0.4ｇ入れてゴムの板で閉じ，水平な場所に垂直に固定して二酸化炭素の体積をはかりました。その後，ある重さのおもりをピストンに乗せ（図２），二酸化炭素の体積をはかりました。同様の実験を，注射器に入れる二酸化炭素の重さを変えて行いました。それらの結果をまとめたものが表２です。

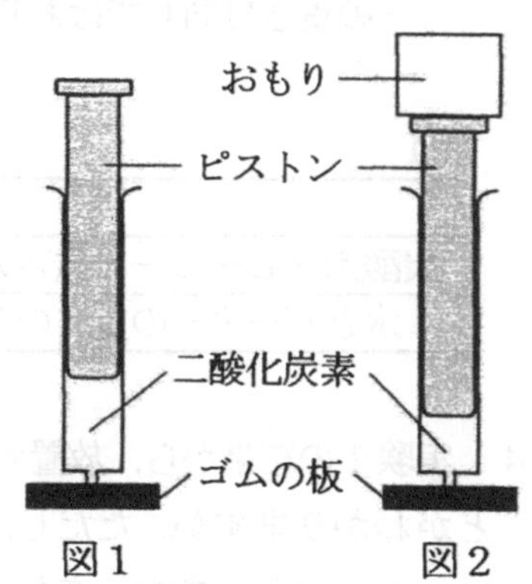

表２

入れた二酸化炭素の重さ〔ｇ〕	0.4	0.6	0.8
おもりを乗せなかったときの体積〔cm^3〕	200	300	400
おもりを乗せたときの体積〔cm^3〕	160	240	320

【実験３】実験２で用いたものと同じ注射器に二酸化炭素0.6ｇと水50cm^3を入れてゴムの板で閉じ，水平な場所に垂直に固定し（図３），水に溶けていない二酸化炭素の体積をはかりました。その後，実験２で用いたものと同じおもりをピストンに乗せ（図４），水に溶けていない二酸化炭素の体積をはかりました。それらの結果をまとめたものが表３です。ただし，注射器内部での水の蒸発は考えなくてよいものとします。

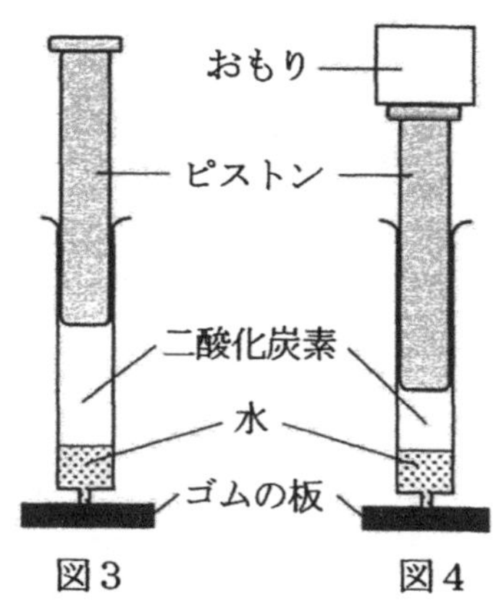

表３

入れた二酸化炭素の重さ〔ｇ〕	0.6
おもりを乗せなかったときの体積〔cm^3〕	250
おもりを乗せたときの体積〔cm^3〕	190

問５　次の文は，実験２と実験３の結果から考えられることをまとめたものです。文中の（　①　）～（　④　）にあてはまる数値をそれぞれ答えなさい。

> 実験２の結果から，同じ重さの二酸化炭素であっても，ピストンにおもりを乗せると，二酸化炭素が押し縮められて体積が変わることがわかる。このとき，ピストンにおもりを乗せたときの二酸化炭素の体積は，ピストンにおもりを乗せなかったときの二酸化炭素の体積と比べて（　①　）倍になっている。
>
> 水50cm³に溶けた二酸化炭素の量を調べるために実験２と実験３の結果を比べると，ピストンにおもりを乗せなかったときも乗せたときも，水50cm³に溶けていない二酸化炭素の体積は，ともに（　②　）cm³減っている。このとき減った分の二酸化炭素が水50cm³に溶けたと考えられる。
>
> 水50cm³に溶けた（　②　）cm³分の二酸化炭素の重さについて考える。ピストンにおもりを乗せなかったとき，二酸化炭素0.6ｇの体積は実験２の結果より300cm³であるから，（　②　）cm³分の二酸化炭素の重さは（　③　）ｇである。同じように考えると，おもりを乗せたときに水50cm³に溶けた二酸化炭素の重さは（　④　）ｇである。
>
> これにより，水に二酸化炭素をより多く溶かすためには，より強く押し縮められた二酸化炭素を水にふれさせる必要があると考えられる。

4　次のⅠとⅡの文を読み，それぞれあとの問いに答えなさい。

Ⅰ．回路に流れる電流の大きさは，電流計（図１）ではかることができます。

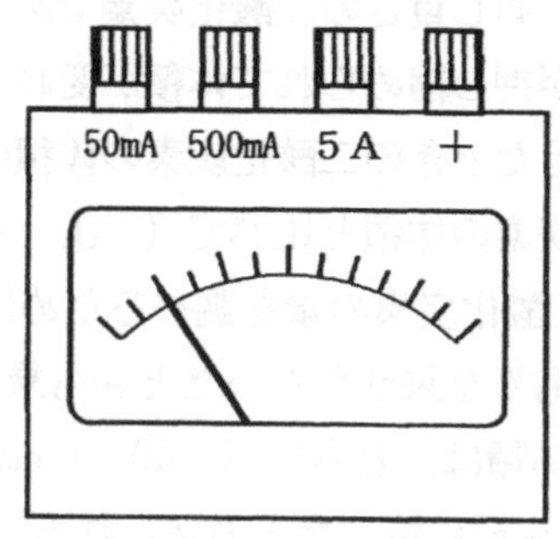

図１

問１　次の文は，電流計の使い方を説明したものです。文中の（　①　）と（　②　）にあてはまることばの組み合わせとして最も適当なものを，下のア～カから選び，記号で答えなさい。

> 電流計には図１のように，50mA，500mA，５Ａの－（マイナス）端子（たんし）と，＋（プラス）端子がある。電流計の＋端子には，かん電池の（　①　）極側につながっている導線をつなぐ。また，はじめにつないでおく－端子は（　②　）の端子である。

ア．①　＋　　②　50mA		イ．①　＋　　②　500mA
ウ．①　＋　　②　５Ａ		エ．①　－　　②　50mA
オ．①　－　　②　500mA		カ．①　－　　②　５Ａ

問２　500mAの－端子に導線をつないで電流の大きさをはかったところ，電流計の針は図２のようになりました。このときの電流の大きさはいくらですか。単位をつけて答えなさい。

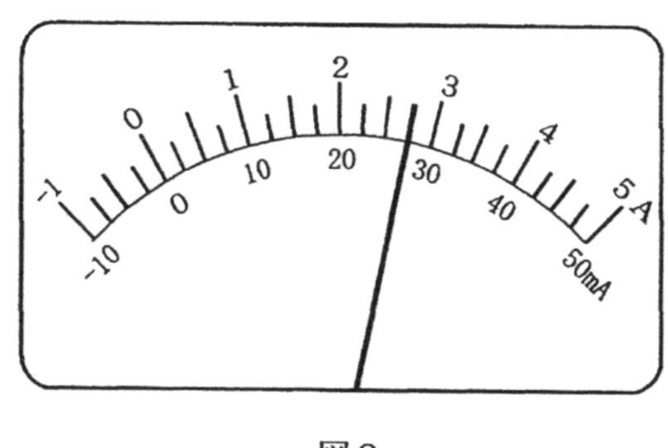

図２

Ⅱ．清子さんがデジタルキッチンスケール（電子てんびん）について調べたところ，電子てんびんのしくみの１つに，電磁石を利用したものがあることがわかりました。

そこで，清子さんは，電磁石を用いて図３のような装置をつくりました。この装置は，棒の中央を支点として左側に20.0 ｇの皿，右側に20.0 ｇの物体ａを取り付けて，支点から皿までの長さと，支点から物体ａまでの長さを等しくしています。このとき，電磁石に電流が流れていなくても，棒は水平につり合いました。この装置を用いて，下の実験１を行いました。ただし，物体ａは電磁石に電流が流れているときにのみ，電磁石に引き寄せられます。また，電源装置を用いると，電磁石に流れる電流の大きさを自由に変えることができます。

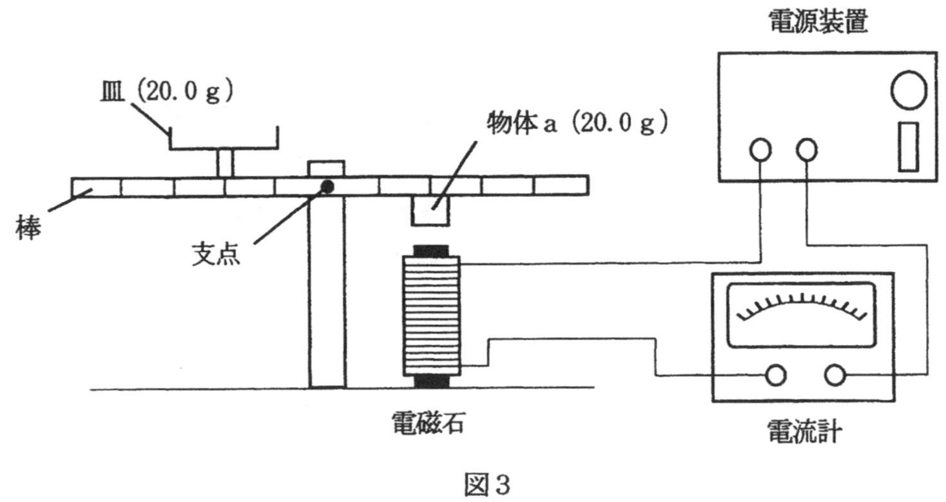

図３

【実験１】棒が水平になるように，棒の右端を手で支えながら皿に1.0ｇのおもりを乗せました。そして，電磁石に電流を流し，手をはなしても棒が水平につり合うときの電流の大きさを調べたところ0.8Ａでした。同様の操作を，皿に乗せるおもりの重さを変えて行いました。それらの結果をまとめたものが次の表です。

表

皿に乗せたおもりの重さ〔g〕	1.0	2.0	3.0	4.0	5.0
棒が水平につり合うときの電流の大きさ〔A〕	0.8	1.6	2.4	3.2	4.0

問３　ある重さのおもりＸを皿に乗せたとき，電磁石に3.0 Ａの電流を流すと手をはなしても棒が水平につり合いました。おもりＸは何ｇですか。

清子さんは，皿におもりを乗せたとき，より小さな電流で棒を水平につり合わせることができるように，装置を改善しようと考えました。そこで，図３の装置の支点から皿までの長さは変えずに，支点から物体ａまでの長さを２倍にして，図４のような装置をつくりました。このとき，電磁石に電流が流れていないと，棒は水平につり合わなくなりました。この装置を用いて，下の実験２を行いました。

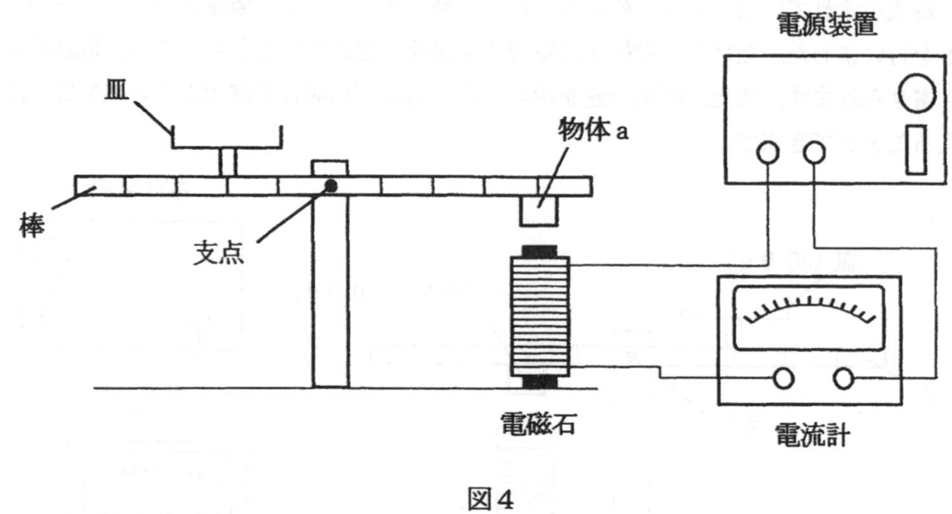

図４

【実験２】皿におもりＹを乗せたところ，電磁石に電流が流れていなくても，棒は水平につり合いました。さらに，皿に1.0ｇのおもりを加えると，棒は水平につり合わなくなりました。

問４　実験２について，次の(1)と(2)の問いに答えなさい。

(1) おもりＹは何ｇですか。

(2) 次の文は，皿に1.0ｇのおもりを加えたことで水平につり合わなくなった棒を，再び水平につり合わせる方法についてまとめたものです。文中の（　①　）と（　②　）にあてはまる数値をそれぞれ答えなさい。

20.0ｇの物体ａの重さを（　①　）ｇに変えると，電磁石に電流が流れていなくても棒は水平につり合う。また，物体ａの重さを変えなくても，棒が水平になるように，棒の右端を手で支えながら電磁石に（　②　）Ａの電流を流すと，手をはなしても棒が水平につり合う。

清子さんは，できるだけ重いものの重さをはかることができるように，図３の装置の支点から皿までの長さを半分に，支点から物体ａまでの長さを２倍にしました。次に，大きいものを乗せることができるように，皿に65.0 ｇの板を乗せました。また，電流計の５Ａの－端子に導線をつないだときに針が指す値が，板の上に乗せたものの重さを指すように，電流計の目盛りの数値や単位をはり替えました。

この装置で重さをはかるときは，棒が水平になるように，棒の右端を手で支えながら板の上に重さをはかりたいものを乗せます。その後，電磁石に電流を流し，手をはなしても棒が水平につり合うときに電流計の針が指す値を読みます。ただし，図５は，目盛りの数値や単位をはり替える前の電流計の一部を示しています。

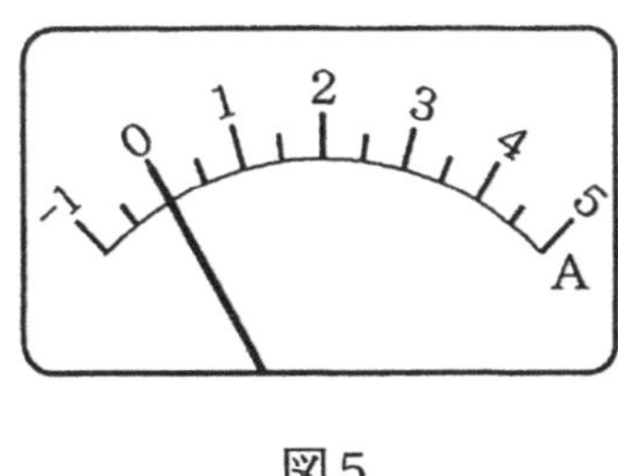

図５

問５　はり替えた目盛りの数値や単位として最も適当なものを，次のア～カから選び，記号で答えなさい。

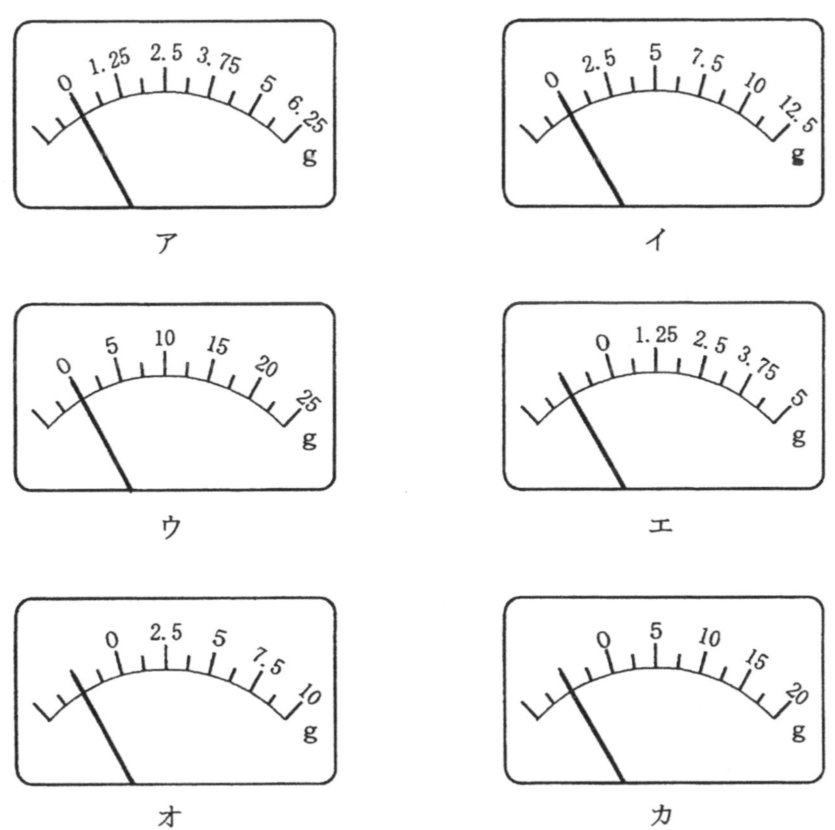

清子さんは，できるだけ重いものの重さをはかることができるように，図3の装置の支点から皿までの長さを半分に，支点から物体aまでの長さを2倍にしました。次に，大きいものを乗せることができるように，皿に65.0gの板を乗せました。また，電流計の5Aの一端子に導線をつないだときに針が指す値が，板の上に乗せたものの重さを指すように，電流計の目盛りの数値や単位をはり替えました。

この装置で重さをはかるときは，棒が水平になるように，棒の右端を手でおさえながら板の上に重さをはかりたいものを乗せます。その後，電磁石に電流を流し，手をはなしても棒が水平につり合うときに電流計の針が指す値を読みます。ただし，図5は，目盛りの数値や単位をはり替える前の電流計の一部を示しています。

図5

問5 はり替えた目盛りの数値や単位として最も適切なものを，次のア～カから選び，記号で答えなさい。

２０２１年度

ノートルダム清心中学校　入学試験問題

社　会

【３０分】

受験上の注意

（試験問題・解答用紙について）

1．試験を始める合図があるまで，試験問題を見てはいけません。

2．試験問題は１ページから 15 ページまであります。

3．解答用紙は１枚，試験問題にはさんであります。

4．解答は解答用紙に記入してください。

（試験について）

5．「始めてください」の指示で鉛筆(えんぴつ)をとり，「やめてください」の指示があったらすぐに鉛筆を置いてください。

6．試験が始まったら，最初に受験番号と名前を書いてください。

7．印刷のわからないところやページのぬけているところがあったら，手をあげて監督(かんとく)の先生に知らせてください。

8．解答用紙を集めるまで席を立たないでください。

（その他）

9．試験問題は監督の先生の指示にしたがって持って帰ってください。

1　次の各問いに答えなさい。

問１　統計をもとに知りたいことを分かりやすく表すには，グラフを使う方法があります。右の表は，広島県の田の面積を示した統計です。この統計をもとにしたグラフの使い方を説明した次の**あ**，**い**について，適切か，適切でないかの組み合わせとして正しいものを，下のア〜エから１つ選び，記号で答えなさい。

	田の面積（ha）
2004年	45500
2005年	44200
2006年	43800
2007年	43500
2008年	43200
2009年	43000
2010年	42700
2011年	42400
2012年	42300
2013年	42100
2014年	41900
2015年	41600
2016年	41400

〔『データブック・オブ・ザ・ワールド』などより作成〕

あ．2004年から2016年の間に，広島県の田の面積がどのように変化したのかを表すために，棒グラフを使う。

い．2005年と2006年の広島県の田の面積を比較(かく)して表すために，円グラフを使う。

ア．**あ**，**い**はどちらも適切である。
イ．**あ**は適切であるが，**い**は適切でない。
ウ．**あ**は適切でないが，**い**は適切である。
エ．**あ**，**い**はどちらも適切でない。

問２　次の表は，広島県の人口と面積（2020年４月現在）を示したものです。表中の（　①　）・（　②　）にあてはまる数字の組み合わせとして正しいものを，下のア〜エから１つ選び，記号で答えなさい。

人口	面積
約（　①　）万人〔全国第12位〕	約8480㎢〔全国第（　②　）位〕

ア．①－280　②－11　　イ．①－280　②－22
ウ．①－510　②－11　　エ．①－510　②－22

問３　次の地図に示された地域が属する都道府県は，陸続きで３つの県と接しています。接している県を，**３つすべて**答えなさい。

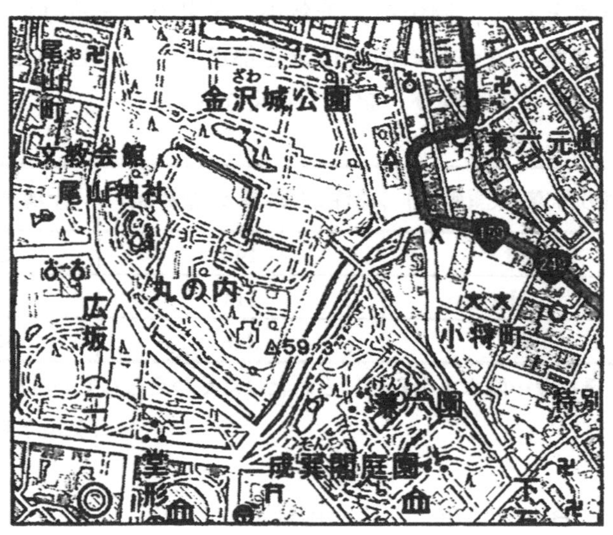

問４　尖閣諸島の位置として正しいものを，次の地図中の**ア**～**エ**から１つ選び，記号で答えなさい。

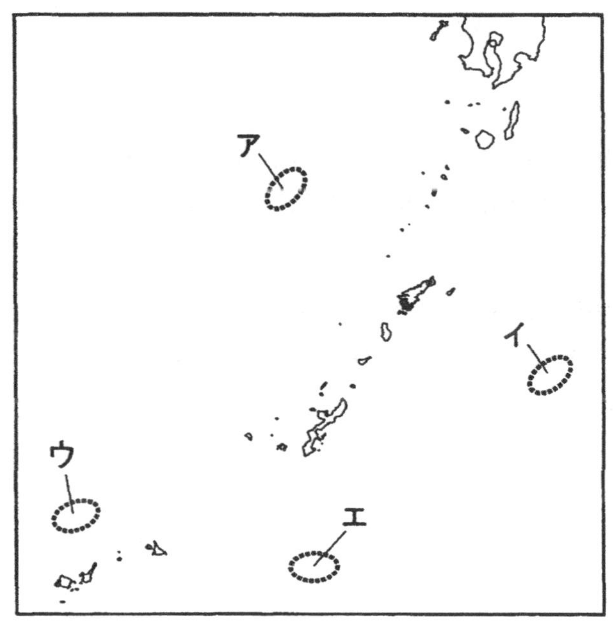

問５　近年，日本各地で大雨特別警報が発表されることが多くなっています。この警報が発表される基準は，地域によって異なります。次の表は，大雨特別警報が発表される基準として，岡山市，千葉市，尾鷲(わせ)市（三重県）で使われる数値をまとめたものです。Ａ～Ｃにあてはまる都市名の組み合わせとして正しいものを，下のア～カから１つ選び，記号で答えなさい。

	48時間の間に降った雨量（㎜）	3時間の間に降った雨量（㎜）	土壌(じょう)雨量指数(注)
Ａ	350	144	224
Ｂ	271	111	187
Ｃ	987	248	427

（注）土壌雨量指数…降水が土の中にどれだけたくわえられているかを計算したもの。

［気象庁資料より作成］

ア．Ａ－岡山市　Ｂ－千葉市　Ｃ－尾鷲市
イ．Ａ－岡山市　Ｂ－尾鷲市　Ｃ－千葉市
ウ．Ａ－千葉市　Ｂ－岡山市　Ｃ－尾鷲市
エ．Ａ－千葉市　Ｂ－尾鷲市　Ｃ－岡山市
オ．Ａ－尾鷲市　Ｂ－岡山市　Ｃ－千葉市
カ．Ａ－尾鷲市　Ｂ－千葉市　Ｃ－岡山市

問６　2019年，自然災害伝承碑(ひ)の地図記号が，記念碑の地図記号をもとに新しくつくられました。自然災害伝承碑について，次の(1)・(2)の問いにそれぞれ答えなさい。

(1)　右の図は，記念碑の地図記号です。解答用紙にある地図記号に足りない部分をかき加えて，自然災害伝承碑の地図記号を完成させなさい。

(2)　次の**あ**～**う**は，火山災害，津波，土砂災害のいずれかに関係する自然災害伝承碑の分布を示したものです。**あ**～**う**にあてはまる自然災害の組み合わせとして正しいものを，下のア～カから１つ選び，記号で答えなさい。

あ

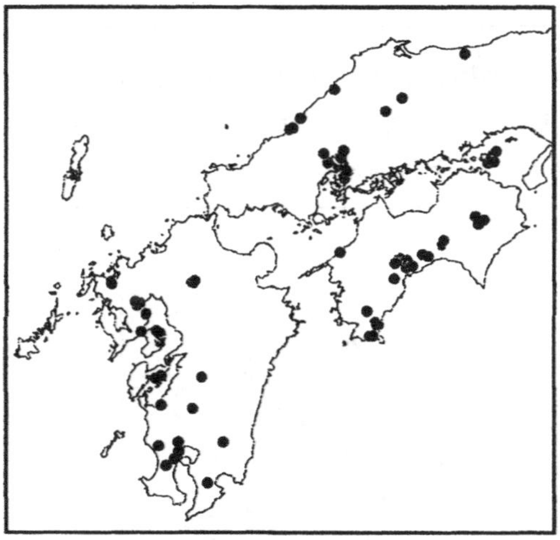

い

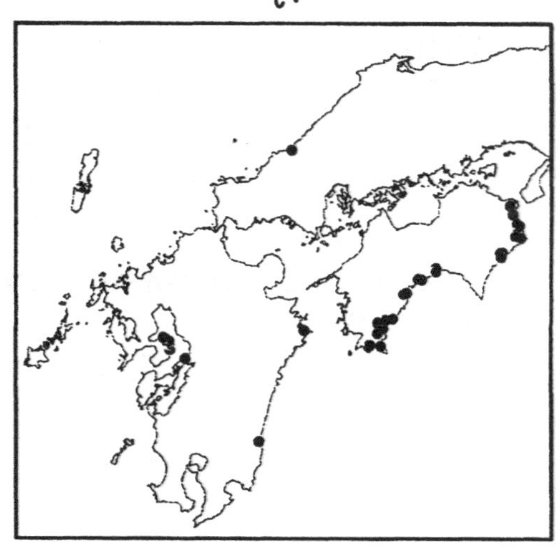

う

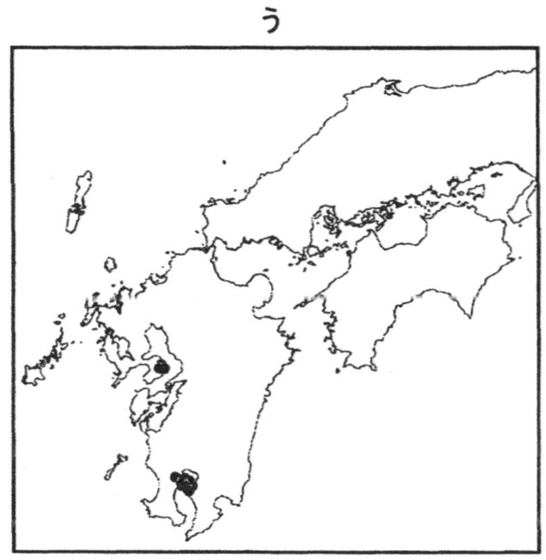

ア．あ－火山災害　　い－津波　　　　う－土砂災害
イ．あ－火山災害　　い－土砂災害　　う－津波
ウ．あ－津波　　　　い－火山災害　　う－土砂災害
エ．あ－津波　　　　い－土砂災害　　う－火山災害
オ．あ－土砂災害　　い－火山災害　　う－津波
カ．あ－土砂災害　　い－津波　　　　う－火山災害

問７　清子さんと先生は，東西冷戦に関する【資料】と【地図】について話し合いました。下の会話文中の［　①　］～［　③　］にあてはまる内容を，それぞれ10字以内で答えなさい。ただし，［　①　］と［　②　］は，【地図】中の語を使って答えなさい。

【資料】

第二次世界大戦後，世界の国々はソビエト連邦(ぼう)側とアメリカ合衆国側とに分かれて，激しく対立しました。これを「東西冷戦」といいます。「東」はソビエト連邦を中心とする国々，「西」はアメリカ合衆国を中心とする国々を示しています。

【地図】1955年ごろの東西冷戦のようす

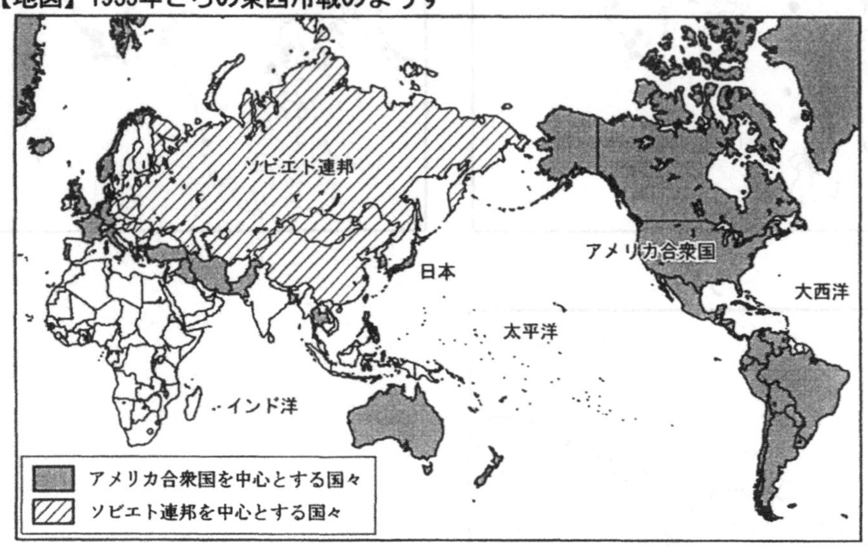

清子さん：【資料】と【地図】を比べてみると，【資料】の説明はまちがっている気がします。【資料】の「東」と「西」が逆になっていると思うのですが。

先　　生：【資料】の説明はまちがっていません。この【地図】は，私たちが見慣れている［　①　］世界地図を使って表しているから，【資料】の「東」と「西」とが逆になっているように見えるのです。では，どのような地図を使えば，【資料】の内容と合いますか。

清子さん：あ，分かりました。［　②　］世界地図を使えば，【資料】の内容と合います。

先　　生：その通りです。地図の表し方は一つではありません。例えば，私たちは上が北になっている地図に慣れていますが，オーストラリアには南が上になっている世界地図もあるのですよ。

清子さん：世界地図には［　③　］が反映されることがあるのですね。そのことにも注意しながら，地図を見たり使ったりすることが大切だとわかりました。

問８　次の①～⑥のカードと【表】は，砂糖の原料や生産に関連するものです。これらをよく見て，下の(1)～(3)の問いにそれぞれ答えなさい。

①
精製糖(注１)をつくるための作物です。この作物は，同じ畑で年ごとに異なる作物を，順番を決めて作付けする方法で栽培(さいばい)されることが多いです。

②
原料糖(注２)をつくるための作物です。地下深くまで根を張るので，台風や日照りに強いことが特徴(ちょう)です。

③
世界的にみると，ブラジルやインドなどの暖かい地域で生産がさかんな作物です。

④
世界的にみると，フランスやロシアなどのすずしい地域で生産がさかんな作物です。

⑤
日本で生産される精製糖の約６割は，タイやオーストラリアなどから原料糖を輸入してつくられています。

⑥
日本の精製糖は，都道府県別にみると，三大工業地帯の中心となっているところで多く生産されています。

【表】精製糖の生産額の多い都道府県（2017年）

	精製糖の生産額（億円）
北海道	813.2
千葉県	342.0
X	303.2
東京都	142.0
大阪府	111.4
沖縄県	10.8
鹿児島県	6.8

［経済産業省「工業統計調査 2018年確報 品目別統計表」より作成］

（注１）精製糖…一般的に家庭で使われる砂糖のこと。作物から取り出した糖分や原料糖から，不純物を取り除くなどの工程を経てつくられる。

（注２）原料糖…精製糖のもとになるもの。原料となる作物のしぼり汁(じる)を煮(に)つめてつくられる。

(1)　カード①の下線部の農業の方法を何といいますか。漢字２字で答えなさい。

(2)　①～④のカードのうち，てんさいの特徴が書かれているカードはどれですか。あてはまるものを**すべて**選び，番号で答えなさい。

(3)　カードの内容を手がかりに，【表】中のＸにあてはまる都道府県を答えなさい。

問９　次の図は，工業製品の輸送方法を示したものです。これを見て，下の(1)・(2)の問いにそれぞれ答えなさい。

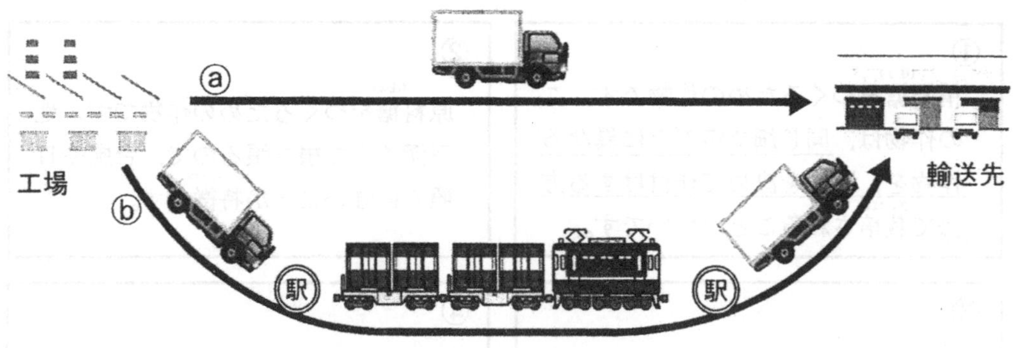

(1)　ⓐの輸送方法からⓑの輸送方法に変えることを何といいますか。

(2)　ⓐからⓑに輸送方法を変える取り組みは，「ＳＤＧｓ（持続可能な開発目標）」のうち，右の図で示された目標の達成につながると考えられています。その理由を説明しなさい。

13
気候変動に
具体的な対策を
※省略

二〇二一年度入学試験問題　国語　解答用紙

※印のところには、何も記入しないでください。

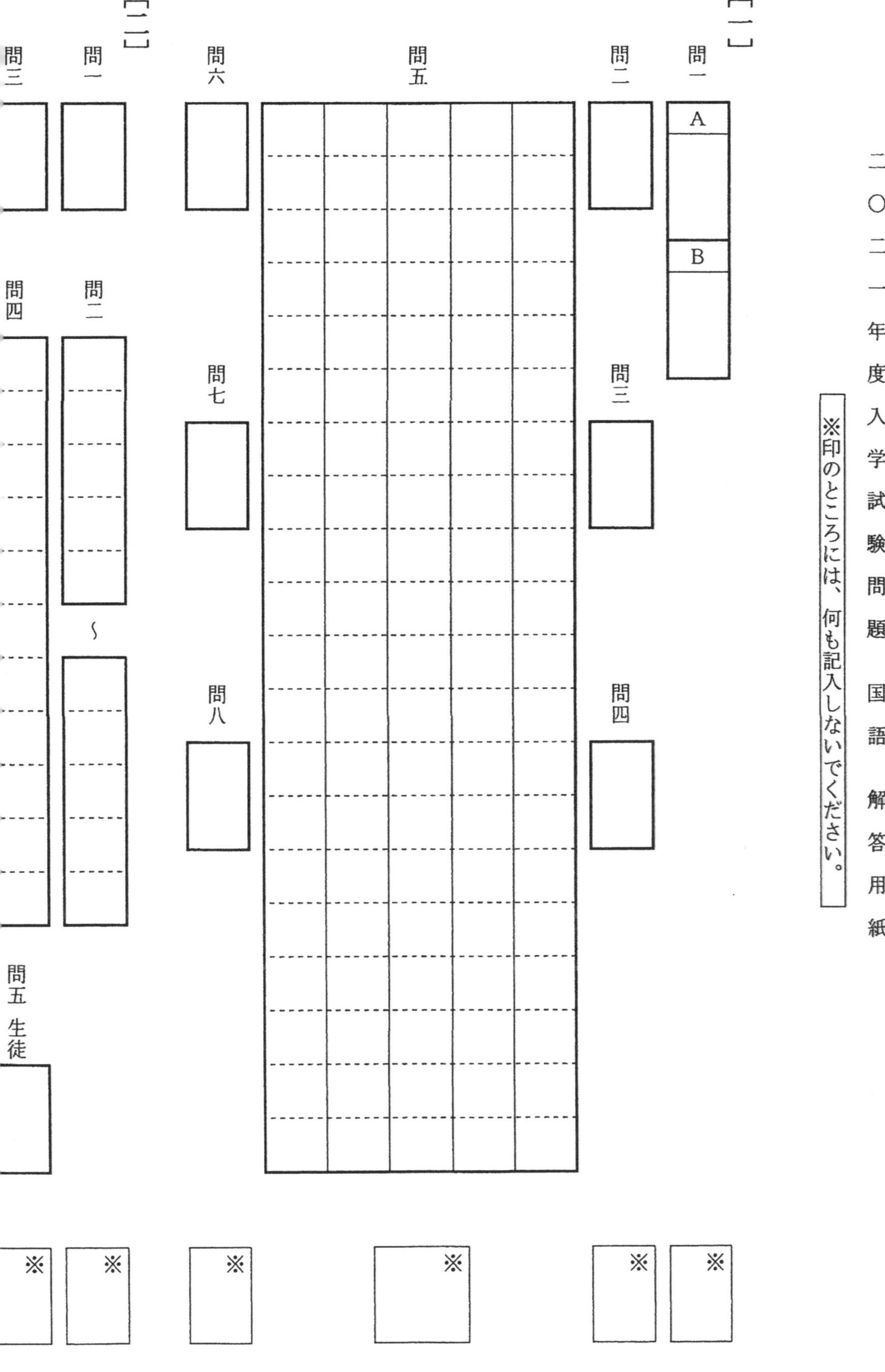

〔一〕

問一　A　B

問二

問三

問四

問五

問六

問七

問八

〔二〕

問一

問二　〜

問三

問四

問五　生徒

※　※　※　※　※　※　※

受験番号		名　前	

2

(3)［式］

答＿＿＿＿＿＿＿＿

2
※

3

(1) ア［答］	イ［答］

(2)［式］

答＿＿＿＿＿＿＿＿

※①＋②
100点満点
(配点非公表)

(3)［式］

答＿＿＿＿＿＿＿＿

3
※

合計
※

	①	②	(1)	(2)

問4		
(1)	(2)	(3)
		mm

※

3

問1	問2	問3		問4
		①	②	
				g

問5			
①	②	③	④

※

4

問1	問2	問3
		g

問4			問5
(1)	(2)		
	①	②	
g			

※

問4		問5	
(1) 化	(2)	(1)	(2)

※

問5
(3)

※

問6	問7

※

3

問1	問2	問3	問4

※

問5

※

4

問1	問2	問3	問4	問5

※

問6	問7	問8

※

問6	問7	問8

※

問1	問2	問3	問4	問5

※

2

問2

※

問1	問2	問3	問4

※

3

問6	問7

※

(2)
問8

※

(1) 年	(2)	(1)	(2)
問8		問9	

※

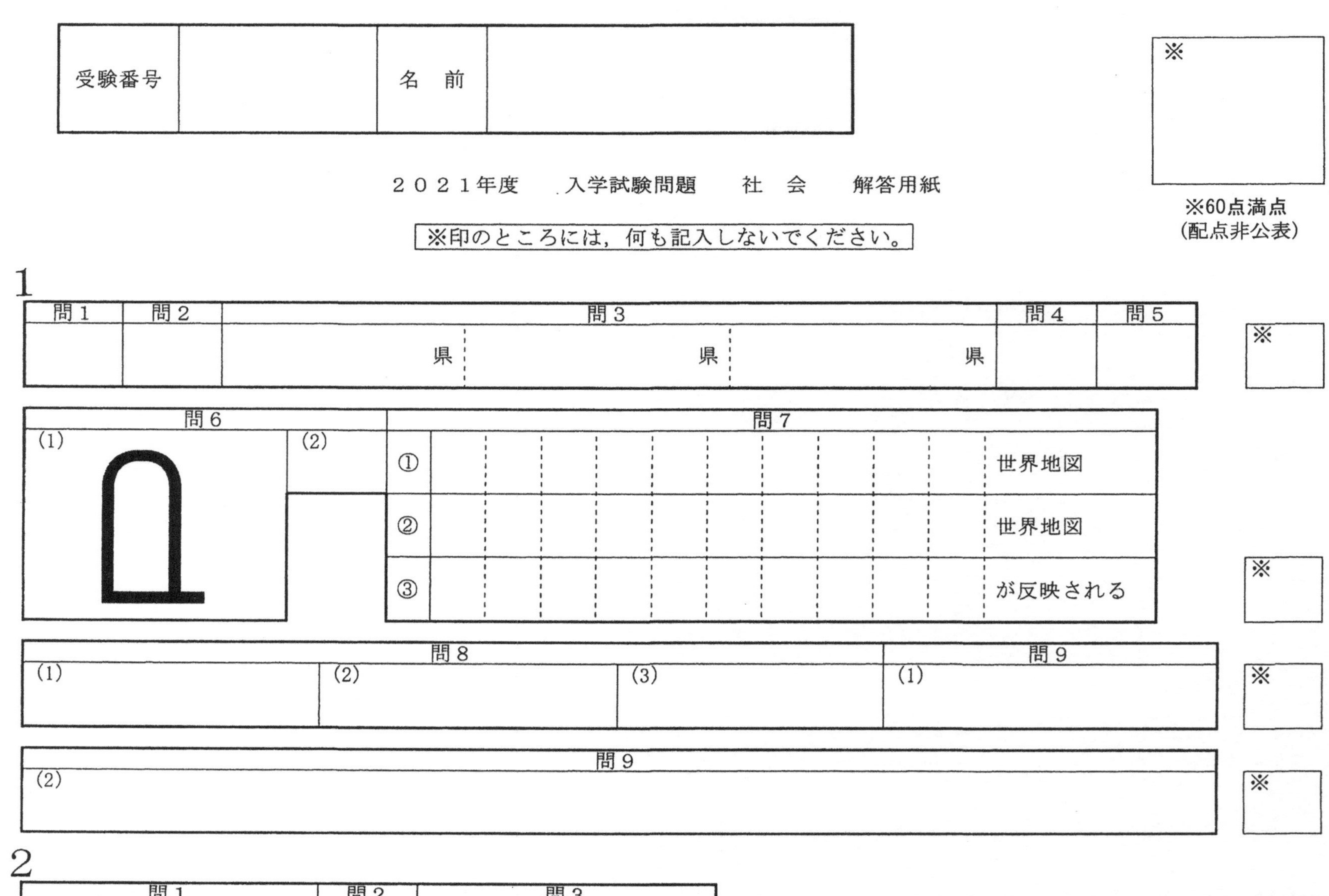

受験番号		名　前	

※

※60点満点
(配点非公表)

２０２１年度　入学試験問題　社　会　解答用紙

※印のところには，何も記入しないでください。

1

問1	問2	問3			問4	問5
		県	県	県		

※

問6 (1)	問6 (2)	問7		
		①		世界地図
		②		世界地図
		③		が反映される

※

問8 (1)	問8 (2)	問8 (3)	問9 (1)

※

問9 (2)

※

2

問1	問2	問3

【解答用

受験番号		名　前	

※

※60点満点
(配点非公表)

２０２１年度　入学試験問題　理　科　解答用紙

※印のところには，何も記入しないでください。

1

問1			問2
(1)		(2)	
d	e		

※

問3	問4	
	(1)	(2)

※

問5	
①	②

※

問6

※

【解答用

２０２１年度　入学試験問題　算　数　その②　解答用紙

※印のところには，何も記入しないでください。

1

（１）［式］

答　ア　　　イ

（２）［式］

答

1
※

2

（１）［式］

答

（２）［式］

答

【三】

問一

①	②	③	④	⑤

※

問二

①	②	③	④	⑤
⑥	⑦	⑧	⑨	⑩
⑪	⑫	⑬	⑭	⑮

※

問六

※

受験番号

名前

※100点満点
（配点非公表）

※

2　次の各問いに答えなさい。

問１　中国の制度を手本として飛鳥（あすか）につくられた，日本で最初の本格的な都の名前を答えなさい。

問２　13世紀は何時代にあたりますか。正しいものを，次のア～エから１つ選び，記号で答えなさい。

ア．鎌（かま）倉時代　　イ．平安時代　　ウ．室（むろ）町時代　　エ．奈良時代

問３　江（え）戸時代の産業に関する説明として**適当でないもの**を，次のア～カから**すべて**選び，記号で答えなさい。

ア．桑（くわ）を原料とする和紙の生産がさかんになり，紙を利用して小説や浮（うき）世絵などの娯（ご）楽が発展した。

イ．イワシを原料とする肥料がさかんに使われるようになり，網（あみ）を使った漁法が発達した。

ウ．小さな工場を建てて，綿織物や酒，しょうゆなどをつくる商人や村の有力者が現れた。

エ．麦や稲（いね）を脱（だっ）穀する千歯こきなどの新しい農具が登場して，作業が速くできるようになった。

オ．松前藩（はん）の支配する北海道では，アイヌの人々がサケやコンブをとったり，毛皮などを生産したりした。

カ．西日本を中心に，稲を刈（か）り取ったあとの田で麦などをつくる二毛作が行われるようになった。

問４　次の人物紹介（しょうかい）の文について，下の(1)・(2)の問いにそれぞれ答えなさい。

「薩摩（さつま）藩出身で，1871年に出発した明治政府の使節団に加わり，約２年間，欧（おう）米の国々を視察した。帰国後，古いしくみや考え方などを改めて，産業をはじめ政治や社会，経済のしくみなどを変えていく（　　　）化を中心となって進めたが，政府に不満をもつ士族に暗殺された。」

(1)　（　　　）にあてはまる語を漢字２字で答えなさい。

(2)　この文が紹介しているのは，だれですか。

問５　第二次世界大戦について，次の(1)～(3)の問いにそれぞれ答えなさい。

(1)　日本軍の最大勢力範囲として最も適当なものを，次のア～エから１つ選び，記号で答えなさい。

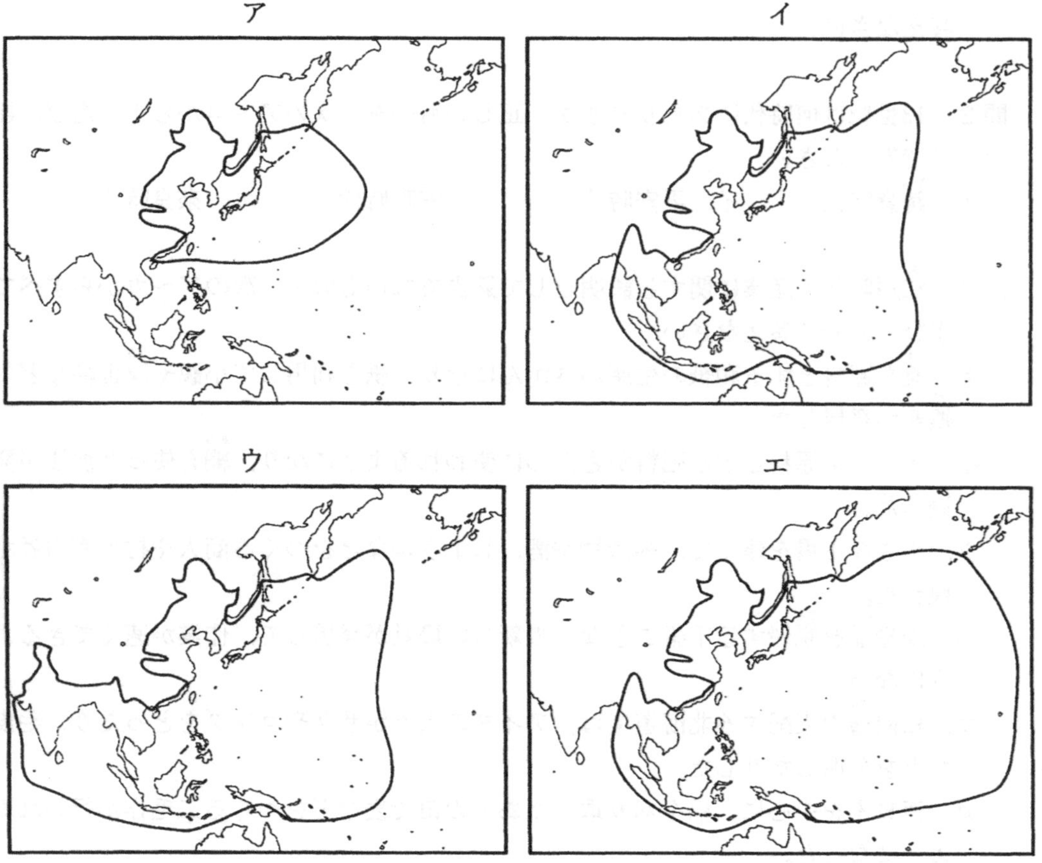

(2)　戦争が長引くにつれ食料や物資が不足したので，米など食料のほとんどは，政府が量を決めて国民それぞれに割り当てるしくみがとられました。このしくみを何といいますか。漢字３字で答えなさい。

(3)　次の資料は，ドイツと日本それぞれの戦争に関するメモリアルデー（記録・記念すべき日）を表しています。２つの国のメモリアルデーの意味を比べて，ちがいを説明しなさい。ただし，日本の日にちの説明は省略してあります。

ドイツ	1月27日（アウシュビッツの収容所(注1)が解放された日） 1月30日（ナチス(注2)を率いるヒトラーが首相(しょう)になり，内閣を組織した日）
日本	3月10日・6月23日・8月6日・8月9日・8月15日

（注１）アウシュビッツの収容所…ナチスがつくった強制収容所。ユダヤ人をはじめ，ポーランド人，ロシア人などを収容し，強制的に働かせたり，殺害したりした。

（注２）ナチス…ヒトラーが率いたドイツの政党。

問６　次の資料は，サンフランシスコ平和条約の内容の一部を示したものです。資料中の（　ⓐ　）・（　ⓑ　）にあてはまる語の組み合わせとして正しいものを，下のア～エから１つ選び，記号で答えなさい。

日本は，朝鮮(せん)の（　ⓐ　）を認める。 日本は，台湾(わん)，千島列島，樺(から)太の南半分などを（　ⓑ　）する。

ア．ⓐ－自立　ⓑ－返還(かん)　イ．ⓐ－自立　ⓑ－放棄(き)
ウ．ⓐ－独立　ⓑ－返還　エ．ⓐ－独立　ⓑ－放棄

問７　次の**あ**～**う**のできごとを，年代の古い順に正しく並べたものを，下のア～カから１つ選び，記号で答えなさい。

あ．日本と韓(かん)国が国交を開いた。
い．日本とソ連が国交を回復した。
う．日本と中華(か)人民共和国の国交が正常化した。

ア．**あ** → **い** → **う**　イ．**あ** → **う** → **い**　ウ．**い** → **あ** → **う**
エ．**い** → **う** → **あ**　オ．**う** → **あ** → **い**　カ．**う** → **い** → **あ**

3　清子さんたちは社会の時間に，次の**【資料】**を見ながら，「江戸幕府はアメリカの軍事力を恐(おそ)れて開国したのか」というテーマで話し合いました。**【資料】**と清子さんたちの会話をよく読んで，あとの問いに答えなさい。なお，**【資料】**は現代のことばを使って，わかりやすくしています。

【資料1】（　①　）から幕府へ届けられた情報

アメリカは日本の港を開かせ，中国との航路にしたい考えである。中国の周りにはアメリカ船が増えている。使節は江戸に行くよう命じられている。ミシシッピ号にペリーが乗る。使節の出発は来年４月以降。アメリカは通商を望んでいる。

【資料2】ペリーが持参したアメリカ大統領からの国書（一部）

日本とアメリカ両国の利益のために，貿易をしましょう。日本が中国と（　①　）以外との貿易を禁止していることは知っていますが，世界は変わり新しい国もできているから，新しい決まりを作ることも必要です。日本には豊富な（　②　）と食料があります。我(わ)が国の蒸気船や帆(はん)船が日本に寄港し，必要な（　②　）と水などを補給することを許可してください。

【資料3】ペリーと幕府との交渉(しょう)

ペリー：あなたの国は人命を大切にしていない。難破(ぱ)船を救助せず，海岸近くに寄ると発砲(ぽう)し，日本へ流れ着いた外国人を罪人のように扱(あつか)う。これは，まともな人間のすることではない。日本がこのような方針を改めないなら，戦争で勝負をつける準備を整えている。

林(注)：あなたの言うことはまちがっている。我が国は人命を大切にしてきたから，200年以上平和な時代が続いているのだ。難破船は救助した。漂(ひょう)流民も救助してきた。戦争となる理由がない。

ペリー：なぜ，貿易を認めないのか。貿易は利益のあることで，あなたの国のためにもなる。

林：日本においては，自国の産物で十分に足りており，外国の品がなくても困らない。［　　　　　　　　　　］。だから，貿易をすることは拒(きょ)否する。

（注）林…学者で，幕府の交渉担当役。

清子さん：**【資料1】**を見ると，幕府はペリーが来ることや目的も事前に知っていたことがわかるわ。

愛子さん：ペリーは，日本に来る途(と)中でいろいろ情報を集めたみたい。日本のことをしっかり研究し，交渉のやり方を考えて来航したんだって。

聖子さん：ペリーは先に③琉球にも立ち寄って，【資料２】にあるのと同じような要求をしたみたいよ。

愛子さん：幕府は【資料２】のアメリカ大統領からの国書にどう答えたらいいか，大名たちに意見を聞いたと教科書に書いてあるわ。それは，開国することを幕府がとても大きな問題だとみなしたからでしょう。

清子さん：当時の世界の動きを理解して，自分の意見を言った大名もいたみたいよ。

聖子さん：幕府の交渉担当である林さんの【資料３】の発言は，すごい。アメリカの軍事力を恐れず，ちゃんと交渉して，④条約を結んだのだとわかるわ。

問１　（　①　）にあてはまる国名を答えなさい。

問２　（　②　）にあてはまる資源を答えなさい。

問３　下線部③に関連して，琉球や沖縄についての説明として**誤っているもの**を，次のア～オから**２つ**選び，記号で答えなさい。

ア．琉球王国は15世紀初めに成立し，日本や中国，東南アジアとの貿易で栄えた。

イ．琉球は江戸時代の初め，島津氏に攻められた。

ウ．江戸時代には琉球藩が置かれ，国王は藩王とよばれていた。

エ．明治政府は，琉球を沖縄県と改め，士族などを送って，開拓を進めた。

オ．初めての衆議院議員総選挙は，沖縄県では実施されなかった。

問４　下線部④について，ペリーとの間で結んだ条約で開港するとされた港を，右の地図中の**ア～キ**から**すべて**選び，記号で答えなさい。

問５　【資料３】の［　　　　　　　　　］には，貿易を拒否する理由が入ります。【資料３】の会話文全体から考えて，あてはまる内容を答えなさい。

4 次の各問いに答えなさい。

問１　日本国憲法で保障されている，健康で文化的な最低限度の生活を営む権利を何といいますか。

問２　日本の国会が行う仕事として**誤っているもの**を，次のア～エから１つ選び，記号で答えなさい。
ア．国の政治のやり方を調査する。
イ．外国と結んだ条約を承認(にん)する。
ウ．法律が憲法に違(い)反していないかどうかを審(しん)査する。
エ．裁判官をやめさせるかどうかの裁判をする。

問３　日本の祝日は，「国民の祝日に関する法律」で定められています。９月の第３月曜日に定められている祝日の意味として最も適当なものを，次のア～エから１つ選び，記号で答えなさい。
ア．自由と平和を愛し，文化をすすめる。
イ．長い間社会につくしてきたお年寄りを敬い，長生きを祝う。
ウ．勤労を尊び，生産を祝い，国民がたがいに感謝し合う。
エ．大人になった若者を祝い，はげます。

問４　国に納められる税金のうち，会社からもらう給料や自分でかせいだお金などにかかる税を何といいますか。

問５　次の文は，コンビニエンスストアやスーパーマーケットなどの小売店で，2020年７月から始まったレジ袋(ぶくろ)有料化について述べたものです。文中の［　　　］にあてはまる語を答えなさい。なお，［　　　］には，すべて同じ語が入ります。

「［　　　］は非常に便利な素材で，さまざまな分野で私たちの生活に役立っています。一方で，海洋［　　　］ごみが大きな問題となっています。こうした問題への対策の一つとして，全国で［　　　］製レジ袋の有料化が始まりました。」

［経済産業省ホームページなどより作成］

問６　次の図は，日本の１世帯あたりの１年間の上下水道費，ひ服・はき物費(注)，通信費の変化を示しています。**あ**～**う**にあてはまる費用の組み合わせとして正しいものを，下のア～カから１つ選び，記号で答えなさい。

(注) ひ服・はき物費…衣服やくつなどに関する費用のこと。

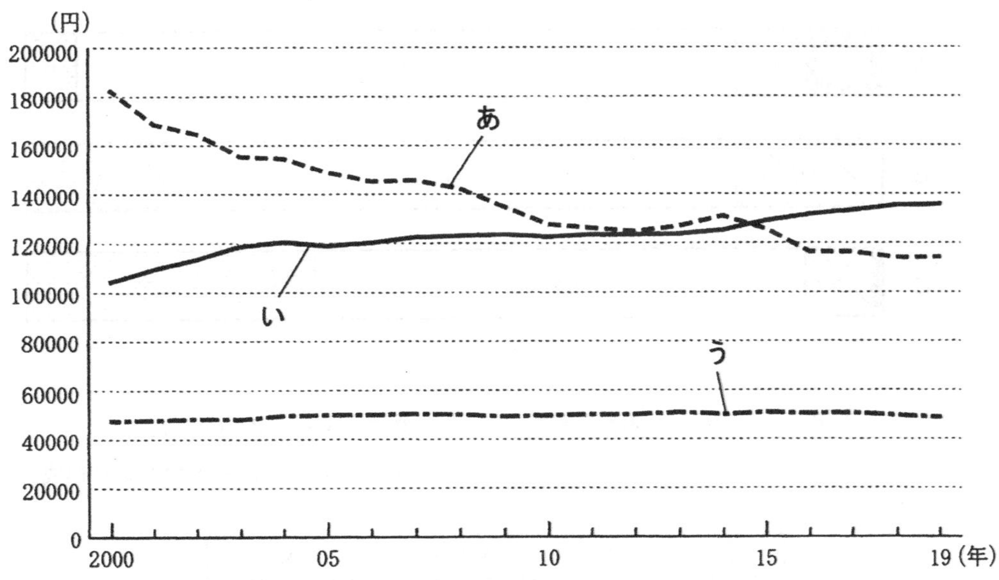

［総務省統計局ホームページより作成］

	あ	い	う
ア	上下水道費	ひ服・はき物費	通信費
イ	上下水道費	通信費	ひ服・はき物費
ウ	ひ服・はき物費	上下水道費	通信費
エ	ひ服・はき物費	通信費	上下水道費
オ	通信費	上下水道費	ひ服・はき物費
カ	通信費	ひ服・はき物費	上下水道費

問７　次の図は，日本のエネルギー別発電量の割合を示したもので，Ａ～Ｃは1980年，2000年，2018年のいずれかです。年とＡ～Ｃとの正しい組み合わせを，下のア～カから１つ選び，記号で答えなさい。

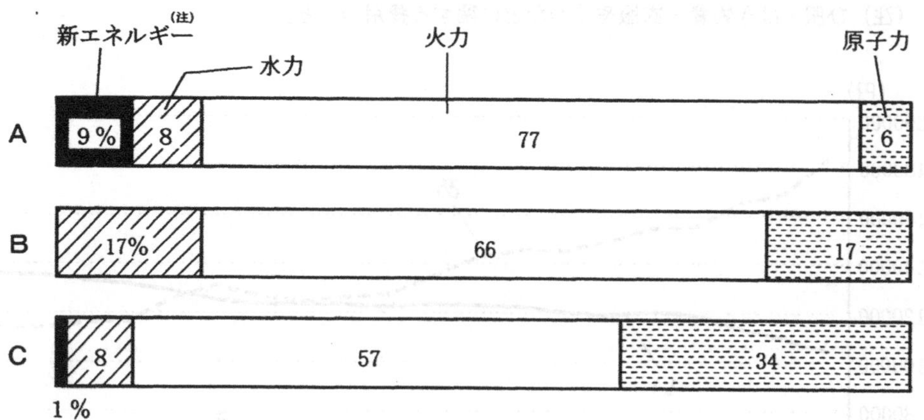

（注）新エネルギー…太陽光や風力といった自然エネルギーなどのこと。

［資源エネルギー庁資料などより作成］

	1980年	2000年	2018年
ア	A	B	C
イ	A	C	B
ウ	B	A	C
エ	B	C	A
オ	C	A	B
カ	C	B	A

問８　次の説明にあてはまる国際協力事業を何といいますか。

「教育や医療(りょう)，農業などの分野に関する知識や技術を持つ20～45才の人たちを，ボランティアとして開発途上国へ派遣(けん)するＪＩＣＡの事業。」

2021(R3) ノートルダム清心中
K 教英出版